近代チェコ住宅社会史

新国家の形成と社会構想

森下嘉之 著

北海道大学出版会

カバー左上：ブルノ集合住宅（*Stavba*, 11, no.5, 1933, p.67）
カバー右上：ブルノ集合住宅（筆者撮影）
カバー下：プラハ・ヨゼフォフ地区（筆者撮影）
カバー袖：Karel Teige, *Nejmenší byt*, Praha, 1932.
本　扉：プラハ城（筆者撮影）
カバー裏：チェコスロヴァキア第一共和国（一九一八―一九三八年）国章

装幀：須田照生

目次

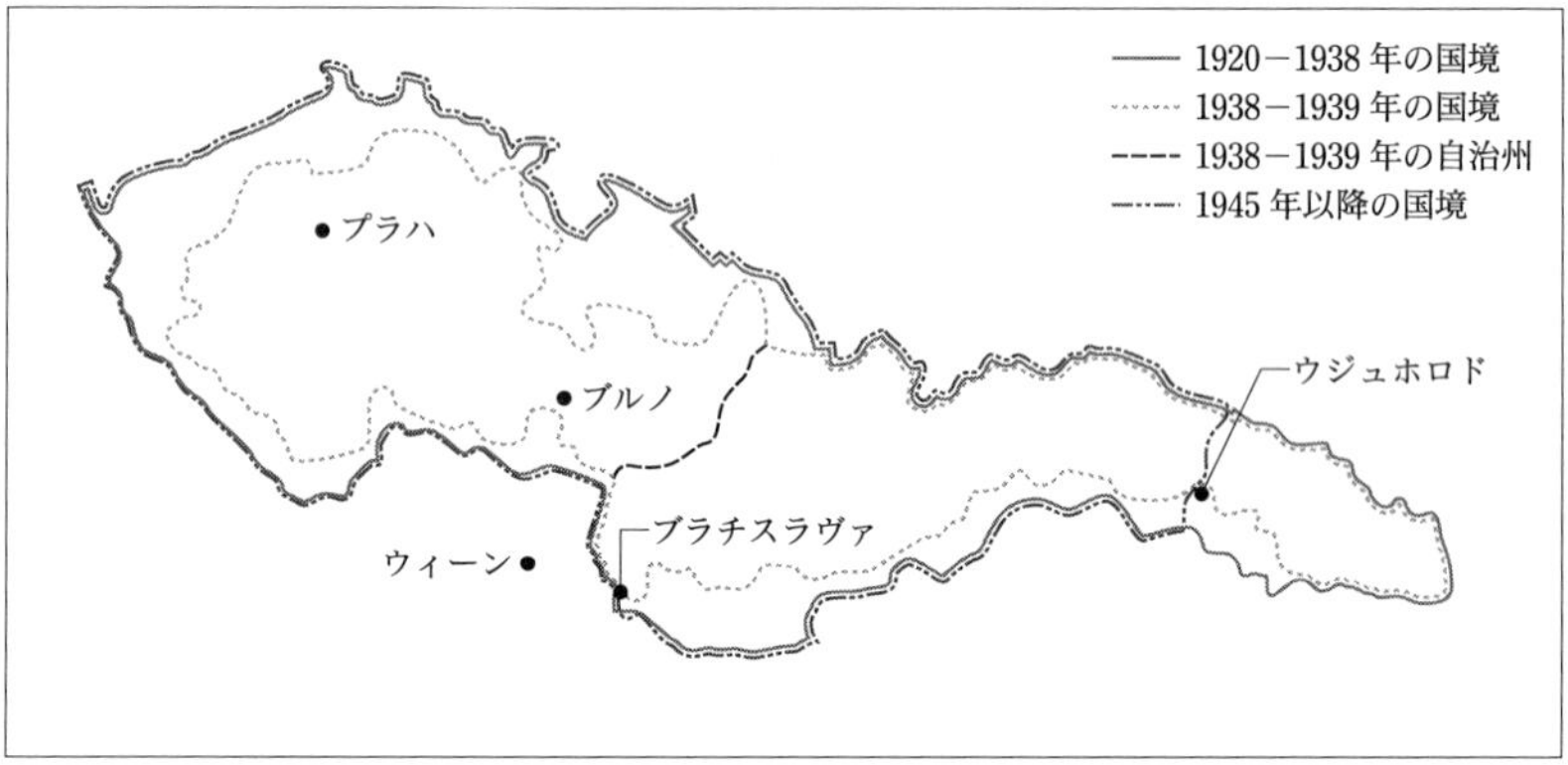

1919-1938 年におけるチェコスロヴァキア共和国の領土

出典）Paul Robert Magocsi, *Historical atlas of Central Europe*, Seattle: University of Washington Press, 2002, p. 141.

序章

はじめに

一九八九年に東欧社会主義体制が崩壊して、二〇年以上の月日が流れた。その間、旧東欧諸国は陸続とEU加盟を果たし、国境を超えた人の移動の自由も実現した。その一方、ヨーロッパ統合へと回帰しつつあるように見える旧共産圏諸国にも、社会主義時代の「遺産」は目に見える形で残っている。その象徴の一つが、旧共産圏で共通して見られる、大規模な高層住宅団地であろう。

住宅の間取りやそこで営まれた家族生活は、高度経済成長期の日本で建設されたニュータウンと、大きく変わらない。高度に規格化・合理化された住宅設計も、何も旧共産圏に特殊な設計とはいえない。旧共産圏の住宅の特徴は、このような目に見える風景だけではない。年季の入った学生寮では、部屋の設備は極限まで切り詰められ、炊事や水回りなど数多くの設備が共同化されている。設備の共同化自体は決して珍しいことではないが、旧共産圏でのその規模は群を抜いている。画一化した住宅が大規模に建設されたように、すべての国民に等しく住を提供するという社会主義の「理想」を見出すのはたやすいだろう。

チェコの諸都市は、首都プラハに代表されるように、中世以来の街並みを残した都市が多い。しかし、古い歴史建築を残す旧市街から一歩足を踏み出したとたんにモノトーンの高層住宅が広がる風景は、東欧の街が複雑に折重なった歴史を歩んできたことを示してくれる。周知のように、東欧諸国は第二次世界大戦後に、社会主義の道を四〇年以上にわたって歩み続けてきた。もっとも、東欧諸国を、西欧とは異なる道を歩んできた社会主義国と見るだけでは、その風景に現れる複雑な歴史を理解することはできない。現存する住宅という場一つをとっても、そうした歴史の一端が垣間見えるのである。

チェコでは二〇世紀初頭から共産主義体制が成立するまでに、市民層の社会改革家や都市官僚層、前衛的建築家、さらには共産党員らが、独自の住宅・社会改革を打ち出していった。社会主義体制下で建設された高層住宅は、このように模索された様々な社会改革運動の末に選択された形式であり、その過程で様々な社会の在り方が構想され、また消去されていった。そのプロセスは、帝国崩壊から新国家の独立、二つの世界大戦と住民移動、社会主義化という東欧現代史の一つの側面を映し出す鏡でもあった。特に、二〇世紀前半のチェコで展開された住宅改革構想には、一九世紀以来の自由主義でもなく、のちにチェコ自身が組み込まれる社会主義でもない、独自の社会構想が現れていた。つまり、住宅・社会問題を解決するという思想は、上のような大規模住宅建設へと単線的に結実していったわけではなかったのである。

第一節　本書の目的と方法

本書では新国家チェコスロヴァキアが目指した国家・社会像を考察するにあたって、住宅政策に着目する。歴史学における住宅問題の重要性は、近年特に着目されているが、その背景には、近代における社会変容を分析するにあたって、都市化が引き起こした社会問題が着目されるようになったことがあげられる。

近代は都市化の時代でもあった。特に一八世紀末から一九世紀の工業化が進展した時代には、都市部に不衛生な街区が生み出され、伝染病をはじめとする数々の社会問題が引き起こされた。都市部や工業地域において出現した大量の労働者層は、城壁に囲まれた市域の外部に居住し、一八四八年革命に代表されるような数々の歴史的騒擾において、無視できない役割を果たすファクターとして立ち現れた。

地方の農村部から流入した労働者層の多くは、先に居住していた親類を頼りに都市部での生活を始めた。また、女中や奉公人として、市民層家族のもとで働く者も多かった。しかし、単身労働者は、都市部での社会的生活がほとんど保障されないまま、都市社会の中に放り込まれた。ヨーロッパ諸都市の為政者にとって、社会問題とは何よりもまず、社会騒擾の温床となる「危険な階級」によって引き起こされる問題であり、支配層は都市の社会秩序を維持する必要性を認識することになった。

その最も顕著な対応策が、一九世紀中葉のパリやウィーンに代表される大規模な都市改造であった。一八四八年革命などを契機に着手された都市改造は、政治や経済の表舞台に立とうとしていたブルジョワジーによる壮麗な建築を実現する大事業であると同時に、都市の「衛生化」を目的に、労働者たちの居住空間であった古い街区を撤去し、暴動抑止のために公権力の側が掌握可能な都市空間を形成する試みでもあった。都市問題・社会問題の深刻化に伴って着手された一九世紀後半の救貧政策もまた、民間の慈善事業によって担われていた地域社会の管理を、公権力の側に移行させる意味合いを有していた(1)。

こうした都市の社会問題が最も鮮明に表れたのが、住宅問題であった。前述の都市社会問題を受けて、西欧諸国では住宅立法の整備が一九世紀末から進められた。このため、住宅問題に関する研究は、これまで主に政策面の研究が重点的に取り組まれ、国家や自治体といった公的機関が果たした役割を中心に分析されてきた(2)。これは、住宅政策を福祉政策、現代の社会(福祉)国家の一環として捉え、その歴史的な形成過程を分析することに重点が置かれてきたためであった。このような研究が陸続と現れ始めた背景には、戦後の欧州・日本で形成された福祉国家(社会国家)体制が、一九七〇年代以降の新自由主義の勃興に伴って岐路に立たされることになったという、極めてアクティヴな問題認識が背景にあることも指摘されうる(3)。

住宅研究に関する近年の研究史

その一方で、住民たちを住宅・社会政策の客体としてだけではなく、都市住民の主体形成の場として捉えなおし、彼らの生活圏としての住宅を位置づけなおす研究も表れた(4)。

さらに近年では、前述のような住宅政策研究に加えて、住宅問題を解決するためにヨーロッパ各国で一九世紀に実施された様々な住宅改革運動についても、研究が積み重ねられてきた。当該期の住宅改革運動の担い手となったのが、一九世紀に大きく勢力を伸張したブルジョワジー・市民層及び彼らによって構成された市民結社・中間団体であった(5)。特に一九世紀において顕著な発展を示した市民結社において活躍した市民層の社会改革家が、一主な研究対象として取り上げられてきた。とりわけ、労働者の居住実態と不衛生な住環境を改善することが、一九世紀以降の市民層・社会改革家たちの主目標であった。彼らの社会改革構想は、住宅政策の法制化のみならず、家族の在り方やジェンダー規範の問い直しにまで踏み込むものであった。

このような観点から住宅改革運動と住宅政策を扱った研究は、近年日本でも豊富に表れている。主にイギリスやドイツの住宅改革運動を考察したこれらの研究では、担い手である市民層が目指した社会改革の規範が具体化し、実施に移される一九世紀後半から一九二〇年代頃を主要な研究対象としている。具体的には、一九世紀に台頭した市民層が主体となって推進した都市改造や郊外田園都市の建設、及びこれらの住宅改革思想が結実した一九二〇年代におけるモダニズム住宅団地などがあげられる。欧州諸国や日本との比較を視野に入れ、同時代とりわけ一九世紀後半から一九二〇年代における住宅改革運動と郊外住宅団地の誕生、モダニズム建築が住生活に及ぼした影響が、分野横断的に取り上げられているのが特徴的である。(6)

その一方で、市民層による住宅改革運動そのものに内在していた問題点もまた指摘されなければならない。一九世紀市民層による住宅改革運動に大きな影響を及ぼしたのは、当時の欧州で展開された自由主義の諸潮流であった。その中で生み出された経済体制を支えるための市民的規範、すなわち、教養と財産を有する自立した個人(男性)がその担い手となるという考え方が表れ始めた。(7) 住宅政策において自由主義の思想は、郊外田園都市に代表されるように、家族住宅と持家の購入を促進する政策において顕著に表れた。(8)

こうした政策においては、労働者層や財産を持たない層は市民的規範を獲得しない限り、政府及び市民層改革家が推進する住宅政策からは排除されることになった。さらに、当該期の中東欧地域では、自由主義・市民的規範が内在する排他性は、国民国家形成の進展とも相まって、より複雑な形で表出することになった。(9) このような問題点を考慮すれば、西欧を舞台に展開された住宅研究を安易にチェコにもあてはめることに対しては慎重でなければならない。

第二節　チェコスロヴァキアという舞台

本書の目的は、二〇世紀前半の激動期に数度の体制転換を経たチェコスロヴァキアが、どのような国家・社会像を構築することを目指していたのか、チェコ社会における「国民化」がどのように展開されたのか、その一端を、住宅問題を通して明らかにすることにある。

ここで、本書の舞台となるチェコスロヴァキアという国について、詳しく見てみよう。

一九一八年、第一次世界大戦の終結に伴うハプスブルク帝国の崩壊によって、チェコスロヴァキア共和国が誕生した。帝国の西半分のボヘミア領邦、モラヴィア辺境伯領、オーストリア・シレジアという、「チェコ王冠諸邦(所謂、聖ヴァーツラフの王冠諸邦)」と称された地域(10)と、帝国の東半分であるハンガリー王国に属するスラヴ系住民の居住地域、すなわちスロヴァキア及びカルパチア・ウクライナ(現ウクライナ領、本書ではポトカルパツカー・ルスと表記する)を統合することで構成された(目次裏地図参照)。

二〇世紀において、チェコ及びスロヴァキアという地域は、時に中欧、時に東欧の国と紹介され、東西冷戦の中でも変わらない共通の歴史を歩んできた。より詳細に見ると、チェコ側は二〇世紀最初の半世紀の間に、幾多の体制転換を経た。現在のチェコ地域は、中世にはボヘミア王国として栄え、神聖ローマ帝国の一部をなした。一五二六年から一九一八年まで、およそ四〇〇年にわたるハプスブルク帝国の統治を経て、中世よりハンガリー王国の一部であったスロヴァキアとともに、第一次世界大戦終結の一九一八年に、チェコスロヴァキアとして独立を果たした。しかし新国家は、一九三八年にドイツとの国境沿いの、所謂「ズデーテン地方」のナチ・ドイツへの割譲を決定したミュンヘン協定によって大きく領土を失い、一九三九年三月のドイツによるチェコの占領によって消滅した。

一九一八年の独立から一九三八年のミュンヘン協定までのチェコスロヴァキアは、第一次世界大戦後に独立した東欧諸国の中で唯一、議会制民主主義が機能した体制として知られ、「第一共和国」と呼ばれた。一方、ミュンヘン協定から一九三九年三月のナチによる解体までの時期は「第二共和国」と呼ばれ、ナチの影響を受けた権威主義体制が敷かれた。一九三九年三月以降、チェコ側は「ボヘミア・モラヴィア保護領」としてナチの統治下に置かれ、スロヴァキア側は（独立）スロヴァキア国として、一九四五年の終戦までナチス・ドイツの影響下に入った。第二次世界大戦の終結によって国土を回復したチェコスロヴァキアは、一九四五年から一九四八年までは「第三共和国」と称された。共産党の勢力が拡大する中で、「東西の架け橋」を自認する、「チェコスロヴァキアの道」と呼ばれる国家体制が目指された。しかしこの過程は、わずか三年間で終息し、以降四〇年にわたる共産党独裁の時代へと突入した。

このように、チェコでは二〇世紀最初の五〇年の間に幾多の体制転換を経た。この背景には、第一次世界大戦による独立運動、パリ講和会議での領土画定、一九三〇年代の世界恐慌とナチズムの台頭、ヤルタ会談における大国間の戦後構想と冷戦の激化といった国際社会の激変があった。同国を取り巻く環境を踏まえれば、東欧諸国は大国に振り回された小国という見方も、故なきことではない。

本書はむしろ内的要因に目を向け、新国家チェコスロヴァキアで目指された社会改革を問い直すものである。一九一八年に成立したチェコスロヴァキア共和国は、東部のポトカルパツカー・ルス（現ウクライナ）を除けば、現在のチェコとスロヴァキアにほぼそのまま引き継がれている。他方で、同国は国内に多様な民族を抱え、また都市と農村の地域格差も小さくなかった。

チェコとスロヴァキアは、文化・言語的な類似性はあるが、これまで全く違う歴史を歩んできた。そのようにして誕生した国家を、チェコスロヴァキア人の国民国家として、様々な住民層を統合する必要性があった。一九二〇年のチェコスロヴァキア憲法は、「我々チェコスロヴァキア国民」という文言を加えることで、同国がチェコスロヴァキア人の国民国家であることを宣言していた。しかし実際には、ここでのチェコスロヴァキア国民とは、ナショナリティの相違を超えたチェコスロヴァキア市民という意味ではなく、チェコ人とスロヴァキア人に限定されていた(11)。チェコスロヴァキア国民として統合されなかった、ドイツ系住民をはじめとする諸集団は、戦間期にはマイノリティとしての地位にとどめ置かれ、第二次世界大戦後には同国から追放されることになる。

チェコにおける住宅改革

次に、近代チェコ史における住宅改革の動きを概観してみよう。

前述したような自由主義の諸潮流は、一九世紀後半にチェコにも及び、チェコ系ブルジョワジー・市民層が育成された。彼らは経済的には大きな力を有するようになったが、ハプスブルク帝国の政治体制のもとでは、政治基盤の確立は緒に就いたばかりであり、国内のドイツ系勢力との対立も顕在化した。このため、上述した西欧諸国での住宅改革運動に比して、帝政期のチェコにおいて住宅改革の成果は散発的であった。

チェコでは新国家独立によって、チェコ系ブルジョワジーの政治的主導権が確立され、世界的に確立されつつあった国民国家体系への参入を実現した。新政府の社会改革家たちは、西欧諸国で展開されたような住宅改革運動と住宅政策を実施した。その担い手となったのは、社会民主党や国民社会党など社会主義政党、さらにはブルジョワ改革家、官僚、統計政策などの知識人層であった。市民層のための住宅供給を広範な層に広げる役割を果たしたのが、住宅組合などの市民層結社であった。第二章及び三章で見るように、首都プラハの郊外開発において、チェコ系ブルジョワジーや社会主義政党、及び住宅組合は、帝政期には見られなかったような大規模な住宅政策を実施しえた。その成果は、現代にも残る郊外住宅団地や労働者社宅、戦間期のモダニズム建築において結実した。

他方で、このように展開したチェコの住宅改革運動は、新国家の広範な住民層に届くものではなかった。経済恐慌によって一九三〇年代に顕在化した住宅状況の悪化を前に、持家や家族住宅を基盤とする市民的規範に基づく住宅政策とは異なる、新しい潮流が現れ始めた。住宅による社会改革の主唱者としてクローズアップされたのが、アヴァンギャルド系知識人及び機能主義の建築家であった。チェコで戦間期に台頭した建築家の中からは、一九二〇年代におけるアヴァンギャルド芸術の影響を受けて、一九世紀以来の市民的な家族住宅を模範とした住宅改革運動を克服し、よりラディカルなチェコの住宅・社会改革を提唱するグループが現れるようになった。彼らが目指した新しい住宅・社会像は、一九三〇年代さらには第二次世界大戦直後の時期に、共産党の政策と連動しながら現れ、変容していく。

本書では一九三〇年代以降にチェコで現れた新しい住宅改革構想に着目し、政府の住宅政策や一九世紀以来の市民的な住宅改革とは異なる改革運動が、どのような社会構想を有していたのか、その運動がチェコ現代史の中でどのように実現されたのか、実現されなかったのかを問う。

近代チェコ都市史研究

以上で見たチェコの社会状況を踏まえて、チェコにおける都市・住宅研究を整理しておく。

住宅を舞台とした社会経済史研究は、チェコでは社会主義期からの研究蓄積がある。中でも、ロベークが編集したプラハの労働者研究(一九八一)は、帝政末期から戦間期までの労働者の生活を結社、家族、文化などから多面的に捉えた貴重な成果である。帝政期に関しては、カールニーコヴァーの人口史研究(一九六五)、ホルスカーの都市経済史(一九七〇、二〇〇二)についての詳細な研究が存在する。こうした社会経済的発展をもとに、帝政末期チェコの政治、社会変容過程を描き切ったウルバンの研究(一九七八、一九八二)があげられる。[12]

住宅問題と密接に関係する都市史・都市政策に関しては、近年のドイツ市民層研究の成果がチェコにおいても参照されている。プラハの都市化・郊外開発をチェコ系市民層の台頭から説明したペシェクの研究、ブルノの都市開発とチェコ系・ドイツ系市民層の関係を考察したファゾラの研究は、ドイツ市民層研究の手法を導入することで、チェコの社会発展をヨーロッパ市民社会の中に位置づけることを試みている。[13]近年のチェコ都市史研究では、都市社会政策を事例に、チェコ系市民層が帝政末期に都市自治を展開しえたことが積極的に評価されていることが特徴である。[14]

チェコスロヴァキア成立後の社会経済史についてはラチナ(一九九〇)、プルーハ(二〇〇四)らの研究が、チェコにおける工業化や社会政策、土地政策などを包括的に扱っている。とりわけ、デイルの研究(一九八五)は、独立後の社会政策をまとめた数少ない成果であり、本書も多くを参照している。[15]失業問題を事例に独立後のチェコスロヴァキアの社会政策を扱ったラーコスニーク(二〇〇八、二〇一〇)の研究は、[16]近年のドイツ史研究における「社会国家」の問い直しという課題を共有しており、参照すべき点が多い。他方で、独立以降の都市社会史についても、社会主義期からの蓄積がある。労働者のエスノグラフィー研究において、ヒバ(一九七二)やトゥーモヴァー(一九七一)らの研究が、当該期のチェコ人労働者の社会生活を明らかにしている。[17]

独立以降の住宅問題を扱った研究としては、チェコ東部ズリーンの労働者社宅を考察したシェヴェチェク(二〇〇九)の研究があげられる。[18]しかし、住宅問題を最も包括的に扱っているのは、主に建築史での研究である。戦間期のアヴァンギャルド建築史を包括したシュヴァーハの研究(一九九五)を嚆矢に、都市化と博覧会といった切り口からチェコ住宅建築を扱ったヤナトコヴァー(二〇〇六、二〇〇八)の研究、さらにはチェコ前衛的建築家と第二次世界大戦後の社会主義建築との関係を扱ったザルツァー(二〇一一)の研究が重要な成果として指摘できる。[19]本書は、帝政期から一九二〇年代までの住宅改革運動の克服を目指したチェコの前衛的知識人・建築家たちの改革運動に着目するものであるが、戦間期以降の建築家の住宅構想については、本書はこれらの研究成果に多くを負っている。

最後に、チェコ近現代史の欧米及び日本における研究状況について簡潔に示しておく。日本でも近代チェコ史は、近年の中東欧史研究において、特に成果が現れている領域である。一九世紀チェコにおける国民形成に関して、「国民社会」という概念を導入した篠原琢(一九九一、二〇〇三)の研究を嚆矢に、チェコ系とドイツ系との民族問題に着目した福田宏(二〇〇六)、京極俊明(二〇〇六)、農村社会の国民化を考察した桐生裕子(二〇一二)の研究が陸続と現れている。[20]

独立後から共産主義期までのチェコスロヴァキアに関しても、初代大統領マサリクの政治活動を扱った林忠行(一九九三、二〇〇八)、チェコ社会民主党と共産党を分析対象とした高橋和(一九八九)、建国期の土地改革政策を扱った佐藤雪野(二〇〇九)らの研究があげられる。さらに、議会制民主主義や独自の政党間協調システムを分析した中田瑞穂(二〇一二)の研究は、チェコスロヴァキア政治史を研究動向も含めて包括しており、本書も多くを負っている。[21]さらに近年では、中央の政治史にとどまらず、国内のドイツ系政党やスロヴァキアの自治構想を扱った研究成果が現れている。[22]

英語圏を含めたチェコ近現代史、とりわけ国民形成並びに民族問題の研究史については、近年の研究において詳細に整理されているので、本書では屋上屋を架すことは控える。[23]東欧地域で見られるように、国民(ネイション)は実体的な存在ではなく可変的であるということは既に随所で指摘されている。それにとどまらず、近年の研究で求められていることは、西欧で規範とされてきた市民社会や国民国家、さらには「東欧」などの地域概念そのものの問い直しである(24)。研究史で、チェコ都市史研究が、ヨーロッパ市民社会の中での位置づけを目指して行われている点を指摘した。しかし、こうした点を考慮すれば、チェコを「西欧に比して遅れた」特殊な地域の事例として扱うことも、逆にチェコ社会が西欧と同様にヨーロッパ近代市民社会の規範を有していると指摘して事足れりとすることも不十分である。

他方で、住宅問題という事例を通して近代ヨーロッパの社会変容を問い直すうえで、チェコを取り上げる積極的な意味も見出されなければならない。本書では戦間期から第二次世界大戦直後のチェコスロヴァキアで展開された住宅改革、さらにはそのような改革思想を生み出したチェコ社会の「特殊性」を、相対化しつつも積極的に意義づけたいと考える。

本書の扱う対象と史料

本書はまず、戦間期を中心とした社会・住宅政策を考察するにあたって、二〇世紀前半チェコスロヴァキアにおける政党の住宅政策への取り組みを明らかにする。特に、住宅政策に主体的にかかわった国民社会党と社会民主党、共産党などの社会主義政党を重点的に取り上げる。さらに具体的なフィールドとして、郊外住宅団地が建設され、アヴァンギャルド建築家が活躍した首都プラハとチェコ第二の都市ブルノにおける、建築家の住宅改革運動が積極的に取り上げられる。

以上の関心から、本書では主に、チェコ国立文書館(社会福祉省・公共事業省史料)から、当時の社会政策・住宅政策の展開を明らかにするほか、プラハ市文書館の住宅組合の史料、プラハ市当局の行政・統計文書を用いて、当時の市や組合の住宅・福祉政策を明らかにする。こうした文書館史料に加えて、両大戦間期に刊行された各種の新聞、雑誌、機関誌を用いる。特に、戦間期の建築雑誌から、当時の社会構想と政策の実態を明らかにする。

さらに、第二次世界大戦直後の「第三共和国期」における住宅政策については、チェコ国立文書館史料に加えて、オパヴァ文書館地区国民委員会史料、入植局官報によって、政府側の住宅政策を分析するほか、戦後の建築家集団が発行した機関誌を用いることで、当該期の住宅構想に迫りたい。

本書の構成

本書は、二部構成に分かれる。

第Ⅰ部は、ハプスブルク帝国末期からチェコスロヴァキア第一共和国の形成と、国家形成が軌道に乗る一九二〇年代後半までを扱う。

第一章では、独立前のハプスブルク帝国期チェコにおける都市化の概要と住宅問題の形成過程を概観する。第二章では、新国家チェコスロヴァキアの政治体制や諸政党の特徴を概観したうえで、同国において住宅政策がどのように施行され、一連の政策が新国家においてどのような性格を有していたのかを明らかにする。第三章では、新国家の首都となったプラハの市政と郊外住宅開発を事例に、チェコにおける住宅改革構想の理念と実態を、プラハの都市社会の現実を踏まえて考察する。チェコにおける住宅問題の現状と改革の必要性の認識に対して、この時期に支配的であった、主に新中間層を対象とした住宅政策の実態を明らかにするのが、第Ⅰ部の狙いである。

第Ⅱ部は、一九二〇年代より現れ出た新しい世代による住宅改革の流れ、さらには第二次世界大戦後の政策の中で、こうした戦間期の住宅改革構想がどのように引き継がれたのかを追う。

第四章では、一九三〇年代の経済恐慌期における政府の住宅政策の変容を確認した後、第五章では、戦間期チェコで台頭したアヴァンギャルド知識人・機能主義建築家の住宅改革運動が、二〇年代以前の市民的な住宅改革運動とはどのように異なる社会構想を提唱したのかを考察する。第六章では、チェコのドイツ人社会において展開された住宅改革の議論、及びナチの影響下で実施された第二次世界大戦期の住宅政策を取り上げる。第七章では終戦直後から一九四八年の社会主義政権成立までの、「第三共和国」期を扱う。一九四五年に再建されたチェコスロヴァキアの住宅政策が、戦前の住宅政策をどのように乗り越え、どのような住宅建設を実施したのか、それによってどのような戦後チェコ社会を構築しようとしたのかを考察する。

用語について

本書では、時期区分として、一九一八年のハプスブルク帝国解体までの時期を「帝政期」、とりわけ一九〇〇年前後の時期を「世紀転換期」として呼び表す。また、チェコスロヴァキアにおける一九一八年から一九三八年までの時期を「戦間期」と呼び表す。

ハプスブルク帝国は、一八六七年に西半分のオーストリア側と東半分のハンガリー側において和協(アウスグライヒ)による二重制を成立させた。国制のうえでは「君主国(Monarchy)」との呼称も成立するが、本書では帝国で統一する。

また、特に断らない限り、「ハプスブルク帝国」は帝国西半分(ライタ川以西)を指す。[25]ハプスブルク帝国期における「ボヘミア」とは、現在のチェコ共和国の西半分にあたるボヘミア地域を指す行政単位として、「チェコ」は東部のモラヴィアも含めた現在のチェコ共和国を指す領域として用いる。

戦間期以降は、「チェコスロヴァキア共和国」の略として「チェコ」と表記するが、国家の西半分のチェコ側を指す場合は適時指摘する。本書は、基本的にはチェコ側を考察の対象としているため、本書で「チェコ社会」

という語を用いる場合、チェコ側に居住するすべての国民を含めた社会という意味で用いる。

次に、ハプスブルク帝国、及びチェコスロヴァキアにおける「ネイション(nation)(nārod)」及び「ナショナリティ(nationality)(národnost)(Nationalität)」が示す概念と、その歴史的な変遷過程について示しておきたい。

ハプスブルク帝国では、一八八〇年より開始された言語統計によって、「ドイツ語話者」「チェコ語話者」などの言語使用を申告する必要が生じた。帝国政府は、この調査によって「ナショナリティ」の帰属を確定させることを目的としたわけではなかったが、このことが国内のナショナリストの運動を活発化させ、ドイツ人、チェコ人といった各「ネイション」の形成を促したことが指摘されている。(26) 実際には、家庭内で用いる母語、職場などで用いられる「日常語」にはしばしば互換性があり、戦間期に「ナショナリティ」が統計にとられたことをもって「ネイション」が実体化され、所与のアイデンティティとして受け入れられたわけではなかったことを指摘しておく。

本書では、「ネイション」として表出したドイツ人、チェコ人、「チェコスロヴァキア人」を、基本的には一九世紀以降に構築された「国民(nation)(nārod)」であるとして訳出する。他方、戦間期にはドイツ人など「チェコスロヴァキア人」以外の国民が、政治的・国際的背景から「マイノリティ」として規定された点を考慮して、統計においてナショナリティの帰属が問題となっている場合には「民族(nationality)(nārodnost)」という語も用いる。政治的言説を扱う場合には、「ネイション」であっても「民族」という語も適宜用いることにする。(27) なお、上述の「チェコスロヴァキア国民」という概念は、チェコ人とスロヴァキア人が、言語的・文化的な近似性を理由に、一つの「ネイション」として構築された事例である。

本書で扱う地域は、歴史的にチェコ語地名及びドイツ語地名によって表記されてきたが、便宜上、現チェコ領の地名に関しては、第六章を除いて現在のチェコ語表記で記述し、ドイツ語表記も適時挿入する。

プラハに関しては、帝政期の場合は一七八四年に統合された「歴史的地区」を中心とした行政機関として「プラハ市」という表現を用い、建国後については、一九二二年の隣接自治体の合併に伴って形成された市域を「大プラハ」及び「プラハ市」と呼ぶことにする。

また、本書で用いる「郊外(předměstí)」という語は、基本的には市周縁部の、所謂「田園都市」地域という意味であるが、市中心部と隣接する労働者及び中産階級の居住区を含める場合もある。周縁部の「郊外」と区別する場合には、「隣接自治体」あるいは「隣接地域」と呼び表すことにする。

本書で訳語とした「自治体(obec)(Gemeinde)」は、広義には郡、県といったより広域の公的機関を含む概念であり、字義的には「市村」がより正確であるが、本論文では「市村」の意味で「自治体」という語を使用する。都市行政に関する用語については、本文中で適時説明する。

(1) 例えば、下記の文献を参照。喜安朗『パリ—都市統治の近代—』岩波新書、二〇〇八年、良知力『青きドナウの乱痴気—ウィーン一八四八年—』平凡社、一九八五年、田口晃『ウィーン—都市の近代—』岩波新書、二〇〇八年。

(2) 小玉徹ほか『欧米の住宅政策—イギリス・ドイツ・フランス・アメリカ—』ミネルヴァ書房、一九九九年、後藤俊明『ドイツ住宅問題の政治社会史—ヴァイマル社会国家と中間層—』未來社、一九九九年。

(3) 近代における社会問題の認識と福祉国家(社会国家)の形成過程については、さしあたって以下の文献を参照。柴田寿子「福祉国家形成の思想—近代初期から第二次世界大戦まで—」田中浩編『現代世界と福祉国家』御茶の水書房、一九九七年、一五—四四頁、高田実「福祉国家」の歴史から『福祉の複合体』史へ—個と共同性の関係史を目指して—」社会政策学会編『「福祉国家」の射程』ミネルヴァ書房、二〇〇一年、二三—四一頁、川越修、辻英史編『社会国家を生きる—二〇世紀ドイツにおける国家・共同性・個人—』法政大学出版局、二〇〇八年。

(4) 小沢弘明、佐伯哲朗、相馬保夫、土屋好古『労働者文化と労働運動—ヨーロッパの歴史的経験—』木鐸社、一九九五年、中野隆生『プラーグ街の住民たち―フランス近代の住宅・民衆・国家―』山川出版社、一九九九年、中野隆生編『都市空間と民衆―日本とフランス―』山川出版社、二〇〇六年。

(5) シュテファン＝ルートヴィヒ・ホフマン(山本秀行訳)『市民結社と民主主義一七五〇―一九一四』岩波書店、二〇〇九年。

(6) 以下の代表的な研究を参照。北村昌史『ドイツ住宅改革運動―一九世紀の都市化と市民社会―』京都大学学術出版会、二〇〇七年、相馬保夫『ドイツの労働者住宅』山川出版社、二〇〇六年、柳沢のどか「一九二〇年代ドイツにおける新築借家入居と社会階層間格差―ゾーリンゲン・ヴェーガーホーフ団地の世帯モデルの事例―」『社会経済史学』七四巻二号、二〇〇八年、一七一―一九三頁、椿建也「大戦間期イギリスの住宅改革と公的介入政策―郊外化の進展と公営住宅の到来―」『中京大学経済学論叢』一八号、二〇〇七年、七九―一二二頁。

(7) 一九世紀欧州の自由主義については例えば、小沢弘明「新自由主義時代の自由主義研究」『人民の歴史学』一七四号、二〇〇七年、一三―二〇頁を参照。

(8) 住宅政策に現れた市民的規範については、イギリスに関する下記の研究を参照。島浩二『住宅組合の史的研究―イギリスにおける持家イデオロギーの源流―』法律文化社、一九九八年。

(9) 立石博高、篠原琢編『国民国家と市民―包摂と排除の諸相―』山川出版社、二〇〇九年。

(10) 「チェコ王冠諸邦」には、ドイツのラウジッツ(チェコ名ルサスコ)や現ポーランド領のシレジア(チェコ名スレスコ)も含まれていたが、一七―一八世紀にかけて、ラウジッツ全域とシレジアの大部分が失われた。

(11) チェコ人とスロヴァキア人が一つの国民であるという考え方は、「チェコスロヴァキア主義」と呼ばれた。しかし実際には、チェコ人の側からは、スロヴァキア人を含む「チェコスロヴァキア国民」とはチェコ国民の単なる拡張と捉えられており、政治的言説の中ではチェコ国民のみを指す場合が多かった。Elisabeth Bakke, "The Making of Czechoslovakism in the First Czechoslovak Republic", in: Martin Schulze Wessel (Hg.), *Loyalitäten in der Tschechoslowakischen Republik 1918-1938*, München, 2004, pp. 23-44.

(12) Antonín Roběk, Miilijan Moravcová, Jarmila Šťastná (ed.), *Stará dělnická Praha. život a kultura pražských dělníků 1848-1939* (『昔の労働者のプラハ―プラハ労働者の生活と文化一八四八―一九三九年―』), Praha, 1981; Ludmila Kárníková, *Vývoj obyvatelstva v českých zemích 1754-1914* (『チェコ人口史一七五四―一九一四年』), Praha, 1965.; Pavla Horská-Vrbová, *Kapitalistická industrializace a středoevropská společnost: příspěvek ke studiu formování tzv. průmyslové*

společnosti（『資本主義工業化と中欧社会』）, Praha, 1970; Pavla Horská, Eduard Maur, Jiří Musil, *Zrod velkoměsta. Urbanizace českých zemí a Evropa*（『大都市の誕生―チェコと欧州の都市化―』）, Praha, 2002; Otto Urban, *Kapitalismus a česká společnost. k otázkám formování české společnosti v 19. Století*（『資本主義とチェコ社会―一九世紀チェコ社会の形成―』）, Praha, 1978/2003; Urban, *Česká společnost 1848-1918*（『チェコ社会一八四八―一九一八年』）, Praha, 1982.

（13） Jiří Peššek, *Od aglomerace k velkoměstu. Praha a středoevropské metropole 1850-1920*（『集積から大都市へ―一八五〇―一九二〇年のプラハと中央ヨーロッパの首都―』）, Praha, 1999.; Fasora, Lukáš, *Svobodný občan ve svobodné obci?*（『自由な自治体の自由な市民？』）, Brno, 2007.

（14） Milan Hlavačka, *Zlatý věk české samosprávy. Samospráva a její vliv na hospodářský, sociální a intelektuální rozvoj Čech 1862-1913*（『チェコ自治の黄金期―ボヘミア経済・社会・知的発展への自治とその影響一八六二―一九一三年―』）, Praha, 2006.; Pavel Kladiwa, *Obecní výbor Moravské Ostravy 1850-1913: komunální samospráva průmyslového města a její představitelé*（『オストラヴァの自治体委員会』）, Ostrava, 2004; Lukáš Fasora, Jiří Hanuš, Jiří Malíř (ed.), *Občanské elity a obecní samospráva 1848-1948*（『市民エリートと自治一八四八―一九四八年』）, Brno, 2006.

（15） Vlastislav Lacina, *Formování československé ekonomiky 1918-1923*（『チェコスロヴァキア経済の形成一九一八―一九二三年』）, Praha, 1990; Václav Průcha (ed.), *Hospodářské a sociální dějiny Československa 1918-1992*（『チェコスロヴァキア社会経済史一九一八―一九九二年』）, Brno, 2004; Zdeněk Deyl, *Sociální vývoj Československa 1918-1938*（『チェコスロヴァキアの社会発展一九一八―一九三八年』）, Praha, 1985.

（16） Jakub Rákosník, *Odvrácená tvář meziválečné prosperity. Nezaměstnanost v Československu v letech 1918-1938*（『戦間期の繁栄の反対の顔―一九一八―一九三八年のチェコスロヴァキアにおける失業問題―』）, Praha, 2008.; Rákosník, *Sovětizace sociálního státu, lidově demokratický režim a sociální práva občanů v Československu 1945-1960*（『社会国家のソヴィエト化―人民民主主義体制と市民の社会権一九四五―一九六〇年』）, Praha, 2010.

（17） Antonín Chyba, *Postavení dělnické třídy v kapitalistickém československu*（『資本主義チェコスロヴァキアにおける労働者階級』）, Praha, 1972.; Vanda Tůmová, *Pražské nouzové kolonie*（『プラハの仮設住宅』）, Praha, 1971. これらの研究を踏まえた、近年の労働者の社会史研究の成果としては、戦間期のプラハの労働者を扱ったホルベツの研究を参照。Stanislav Holubec, *Sociální postavení a každodennost pražského dělnictva v meziválečné době*（『戦間期プラハ労働者の社会的地位と

日常生活』), Plzeň, 2010.

(18) Ondřej Ševeček, *Zrození Baťovy průmyslové metropole. Továrna, městský prostor a společnost ve Zlíně v letech 1900-1938*(『バチャ工業首都の誕生—ズリーンにおける工場・都市空間・社会一九〇〇—一九三八年—』), Ostrava, 2009.

(19) Rostislav Šváha, *Od moderny k funkcionalismu*(『モデルネから機能主義へ』), Praha, 1995; Alena Janatková/Hanna Kozińska-Witt (Hg.), *Wohnen in der Großstadt 1900-1939. Wohnsituation und Modernisierung im europäischen Vergleich*, Stuttgart, 2006.; Alena Janatková, *Modernisierung und Metropole. Architektur und Repräsentationauf den Landesausstellungen in Prag 1891 und Brünn 1928*, Stuttgart, 2008.; Kimberlay Elman Zarecor, *Manufacturing a Socialist Modernity: Housing in Czechoslovakia, 1945-1960*, University of Pittsburgh Press, 2011.

(20) 篠原琢「一八四八年革命とボヘミアの農村住民」『史学雑誌』一〇〇巻一〇号、一九九一年一〇月、一六七三—一七一二頁、同「文化的規範としての公共圏—王朝的秩序と国民社会の成立—」『歴史学研究』七八一号、二〇〇三年一〇月増刊号、一六—二五頁、福田宏『身体の国民化—多極化するチェコ社会と体操運動—』北海道大学出版会、二〇〇六年、京極俊明「「ブルノ学校教会(Matice školská v Brně)」による「少数民族学校」建設運動(一八七七—一八八九)」『東欧史研究』二八号、二〇〇六年、四五—六四頁、桐生裕子『近代ボヘミア農村と市民社会—一九世紀後半ハプスブルク帝国における社会変容と国民化—』刀水書房、二〇一二年。

(21) 林忠行『中欧の分裂と統合—マサリクとチェコスロヴァキア建国—』中公新書、一九九三年、同「戦略としての地域—世界戦争と東欧認識をめぐって—」家田修編『講座　スラブ・ユーラシア学一　開かれた地域研究へ—中域圏と地球化—』講談社、二〇〇八年、九一—一一八頁、中田瑞穂『農民と労働者の民主主義—戦間期チェコスロヴァキア政治史—』名古屋大学出版会、二〇一二年、佐藤雪野「第一次チェコスロヴァキア土地改革における民族主義的性格—ボヘミアにおける収用の継続をてがかりに—」『国際文化研究科論集』一七号、二〇〇九年、七五—九〇頁、高橋和「チェコスロヴァキア共産党結成期における民族問題とボフミール・シュメラル(一九一八—二一年)—最近の研究動向を中心に—」『東欧史研究』一二号、一九八九年、二—二〇頁。

(22) 渡邊竜太「戦間期チェコスロヴァキアにおけるドイツ人社会民主党の自治行政実践とその財政的背景」『社会経済史学』七五巻五号、二〇一〇年、五四一—五六一頁、香坂直樹「一九二〇年代初めのスロヴァキアの地位に関する諸構想—自治論と県制度擁護論に見るスロヴァキアの定義—」『東欧史研究』二八号、二〇〇六年、二—二三頁。

(23) 具体的には、福田『身体の国民化』、桐生『近代ボヘミア農村と市民社会』、中田『農民と労働者の民主主義』の各序章を参照。

(24) 中東欧に関する近年の研究成果を参照。小沢弘明「東欧における地域とエトノス」歴史学研究会編『現代歴史学の成果と課題一九八〇―二〇〇〇年―国家像・社会像の変貌―』青木書店、二〇〇三年、二二三―二三七頁、中澤達哉『近代スロヴァキア国民形成思想史研究―「歴史なき民」の近代国民法人説―』刀水書房、二〇〇九年、割田聖史『プロイセンの国家・国民・地域―一九世紀前半のポーゼン州・ドイツ・ポーランド―』有志舎、二〇一二年。

(25) ハプスブルク帝国の国制については、大津留厚『ハプスブルクの実験　増補改訂―多文化共存を目指して―』春風社、二〇〇七年を参照。

(26) 福田『身体の国民化』二四頁。

(27) ジョセフ・ロスチャイルド（大津留厚監訳）『大戦間期の東欧―民族国家の幻影―』刀水書房、一九九四年、八五―八七頁; Tara Zahra, *Kidnapped Souls. National Indifference and the Battle for Children in the Bohemian Lands, 1900-1948*, Cornell University Press, 2008, pp. 118-133.

第Ⅰ部　郊外住宅団地の実験

――帝政期から一九二〇年代まで――

第一章　帝政期ボヘミアとプラハの都市・住宅・社会

一八世紀末に西欧諸国で始まった工業化の波は、ヨーロッパの社会構成を大きく変化させた。工業化や都市化に伴う近代産業社会の形成や政治革命を経て、英仏などでは国民国家体制が姿を現し始めた。国民国家体制のもとで、西欧諸国の政府は言語政策など様々な施策によって、地域住民を統合することを試みた。

このような社会変容は、一九世紀から二〇世紀初頭にかけて、西欧に遅れて工業化を体験し、身分制社会から近代市民社会への移行期にあったハプスブルク帝国においても現れ出ていた。中でも、ボヘミア領邦(Böhmen)(Čechy)は帝国屈指の工業地域として、その影響が最も色濃く現れた地域であった。ボヘミアでは一八世紀末より、織物工業などの工業化が進展していたが、一八四八年革命後に実施された隷農制廃止に伴って生み出された大量の移動労働力によって、当地の工業化が推進された。こうした社会経済的変革を受けて、ハプスブルク帝国では、一八四八年革命を契機とする一連の国制改革、及び一八六七年の二重帝国体制の成立によって、住民に対する居住権付与と救貧対策、及びそれらの実施主体である自治体(Gemeinde)(obec)の権限が確立された。このような帝国の成長を支えたのが、一八六〇年代に台頭した、産業ブルジョワジーなどに代表されるような自由主義勢力であった。彼らはオーストリアやチェコ、ハンガリーなど帝国の諸地域において勢力を拡張し、農民など広範な社会層を包摂しつつあった[1]。

こうした社会変容は、大都市において顕著に現れた。二〇世紀初頭の帝都ウィーンは人口二〇〇万人を超え、欧州屈指の大都市となった。さらに、ハンガリー側の首都ブダペシュトも人口八〇万人、ボヘミア領邦のプラハも隣接自治体を含めると五〇万人を超えるなど[2]、一九世紀末における帝国各地の都市化は急速に進んだ。その一方で、人口増大に伴って衛生環境の悪化など深刻な社会問題が引き起こされた。中でも住宅問題は、人口過密や衛生問題と密接に結びついた重大な都市問題として、政府及び自治体に対応を迫るものであった。こうして欧州諸都市の為政者の間では、行き過ぎた自由放任を抑制し、住宅問題を都市計画や社会政策の整備によって解決すべきという認識が共有されるようになった[3]。

本章では、ハプスブルク帝国期におけるボヘミア領邦、及び領邦王都としての歴史を有するプラハの概略について整理したのち、一九世紀後半以降の都市化の時代に焦点を当てて、帝政期の諸都市がどのような問題に直面し、どのような対応を示したのかについて考察する。

第一節　帝政期チェコの都市化と住民構成

（一）　チェコ諸領邦の都市化

ハプスブルク帝国は、一八世紀のオーストリア継承戦争及び七年戦争でプロイセンに敗れ、シレジアの領有権を失ったことから、ボヘミアにおいて重点的に経済振興策を図った。これに伴い、現在のチェコに相当する領域(以下、チェコ諸領邦)では一八世紀末より、織物や製糖工業などを中心とした産業化が進展した。一八五〇年代の新絶対主義期は、同業組合などの封建体制を解体し、資本主義的な商品経済への転換を準備した。プラハ、ブルノ(Brno)(Brünn)、プルゼン(Plzeň)といった中核都市において工業化が進展し、一八七〇年代以降にはオストラヴァ(Ostrava)などの北モラヴィア、テプリツェ(Teplice)(Teplitz)、モスト(Most)(Brüx)など北西ボヘミアを中心に炭鉱開発に伴う重工業化が進んだ。(4)

このような帝国内の大規模な工業化の進展に伴い、ライタ川以西の人口は、一八七〇年から一九一〇年には二〇〇〇万人から二八〇〇万人へと増加した。中でも、チェコ諸領邦では、死亡率の低下も相まって、同時期に人口が七六〇万人から一千万人へと増加した(図1-1)。チェコ諸領邦の中でもボヘミア領邦の人口は一八六九年には五一四万人、一九〇〇年には六三二万人へと増加したが、(5)ボヘミアの人口構成が変化したのが、一八八〇年代以降であった。一八七〇年代の大恐慌の影響で生じた一八八〇年代の農業不況が、未婚の若い世代が都市へと流入する契機となった(図1-2)。一八六九年の統計では、ボヘミア領邦の二〇〇〇人以上の自治体に居住している都市住民と農村住民の比率は三四・四対六五・六、モラヴィア及びシレジアでは三六・六対六三・四であった。しかし、南ボヘミア、東ボヘミア、モラヴィアとの境界地域からの人口流出によって、一九一〇年にはそれぞれ四五・一対五四・九、四四・二対五五・八へとその差が接近した(図1-3)。(6)人口の流入が顕著であったのが、プラハ、クラドノ(Kladno)を中心とする中央ボヘミア、プルゼンを中心とした西ボヘミア工業地帯と温泉地帯、リベレツ(Liberec)(Reichenberg)などの北ボヘミア諸都市や褐炭産出地帯であった。一八八〇年から一九〇〇年にかけて、一万人以上の自治体に居住する住民数は、五三万一二七八人から一〇一万六四一一人へと倍

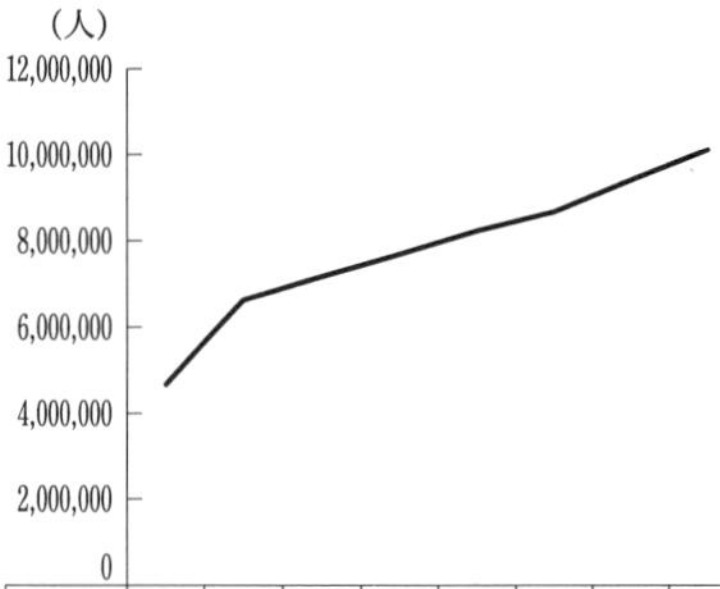

年	1800	1850	1860	1870	1880	1890	1900	1910
人口(千人)	4,671	6,624	7,166	7,685	8,230	8,673	9,401	10,112

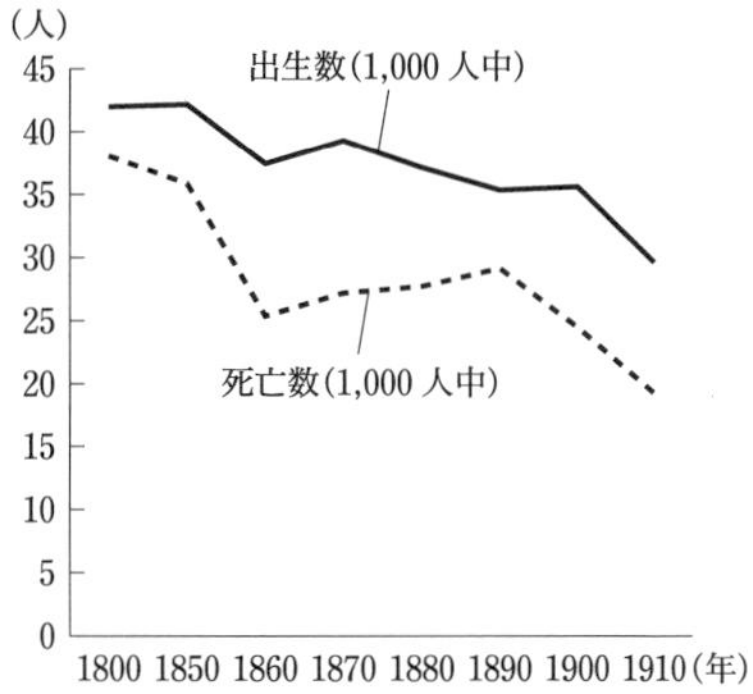

図 1-1　1800 年から 1910 年におけるチェコ諸領邦における人口増加

出典）Ludmila Kárníková, *Vývoj obyvatelstva v českých zemích 1754-1914*（『チェコ人口史 1754-1914 年』), Praha, 1965, p. 322 より作成。

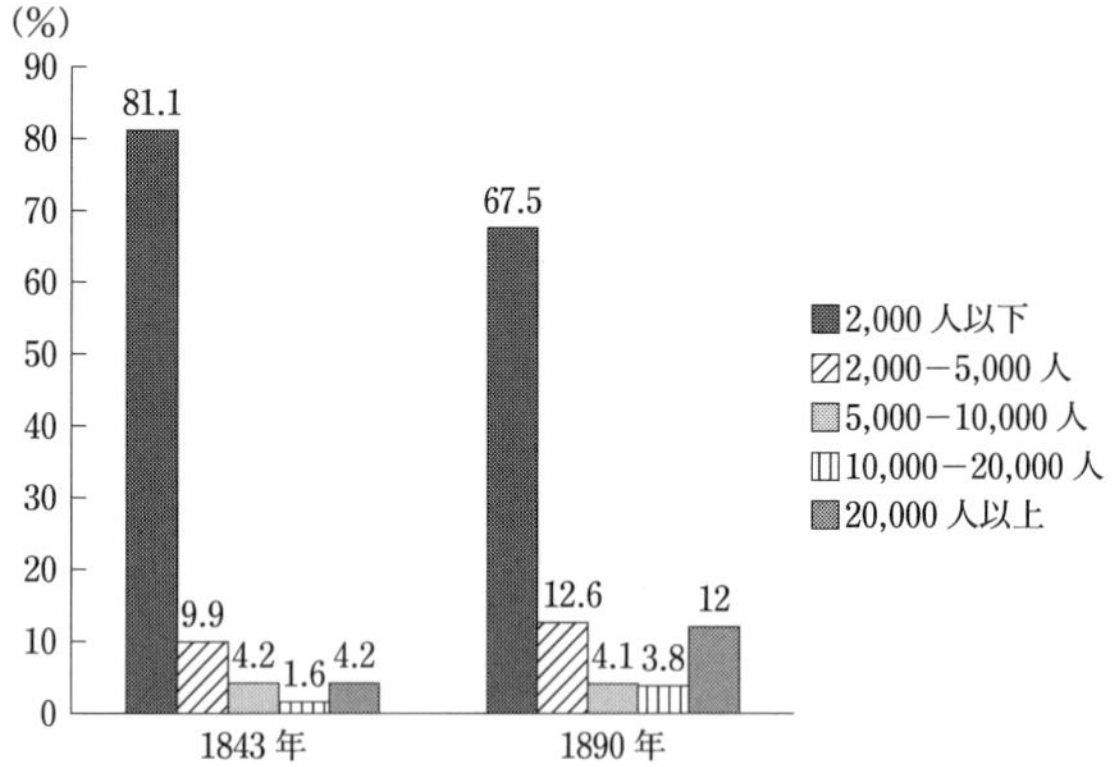

図 1-2　ライタ川以西における都市居住人口の比率

出典）Heinrich Rauchberg, "Innere Wanderungen in Oesterreich", in: *Allgemeine statistisches Archiv*, Bd. 3, 1893, p. 183.

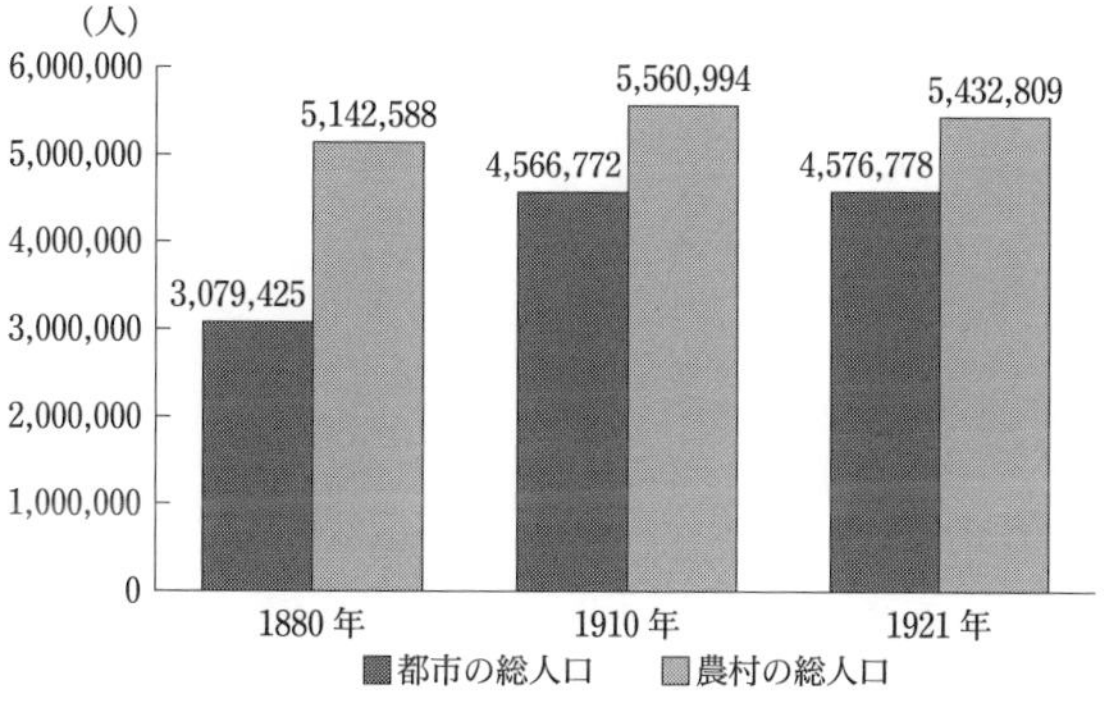

図1-3　1880-1921年のチェコ諸領邦における人口2000人以上の都市と農村の人口

出典) Zdeněk Kárník, *České země v období 1. republiky díl. I* (『戦間期チェコ史』), Praha, 2002, p. 278.

増した。農業人口は、一八六九年には二二九万二六〇二人であったのに対して、一九一〇年で二一四万二五九一人と実数的には大きな変化はなかったが、人口比においては五四%から三九%へと減少しており、その一方で工業人口が一九三万五七二七人、商業・交通従事者が五五万九一八九人と増加していた。[7] この時期には経営の集中化が進展しており、一九〇二年には、一―五人規模の経営が九三・三%を占めていたが、従業員数では四一・八%、生産力では七・九%にとどまっていた。他方で、二一人から千人を抱える企業は一・五%にすぎなかったが、従業員数は四一・九%、生産力では六四%を占めたのである。[8] 一八六〇年代以降は、チェコ系資本家が台頭する一方で、小規模経営に基盤を置く小ブルジョワジー及び工業労働者層が形成された。

(二)　プラハの都市化

ボヘミア工業の中心地となったプラハでは、人口が一八五〇年の一一万八四〇五人から一九〇〇年には一六万五四四八人へと増加した。[9] とりわけ、市を取り囲むようにして発展したカルリーン(Karlín)、ジシュコフ(Žižkov)、ヴィノフラディ(Vinohrady)、スミーホフ(Smíchov)といった自治体では、プラハ市内を大幅に上回る人口増加が見られた。カルリーンでは一八五〇年の人口が九六二七人であったのが、一九〇〇年には二万一五五五人に、スミーホフでは五二三七人から四万七一三五人に、さらにジシュコフでは四三三六人(一八六九年)から五万九三二六人に膨れ上がった。スミーホフの人口は、北ボヘミアのウースチー・ナド・ラベム(Ústí nad Labem)(Aussig)と同規模にまで膨れ上がり、ジシュコフの人口は、北ボヘミアの工業都市リベレツの住民数を超えるまでに至った。ヴィノフラディの人口はオロモウツ(Olomouc)(Olmütz)、チェスケー・ブジェヨヴィツェ(České Budějovice)(Budweis)、カルリーンの人口はモストと同規模にまで達しており、隣接自治体の人口は、他の主要工業都市をも上回る勢いで増加していた。一九世紀後半の間にこの四自治体で、人口は一万八四三三人から二一万六六六三人に急増したのである。この結果、プラハ都市圏の人口は一五万七二三三人から五一万四三四五人へと増大することになり、とりわけ隣接自治体の割合が大きくなった(図1-4)[10]。

住民構成において地域間で明確な相違が表れるようになったのも、この時期であった。伝統的に手工業者や小規模営業者を多く抱えるプラハ市内に対し、東部のジシュコフやヴィノフラディには地方の手工業者・小営業者が流入した。他方、カルリーンとスミーホフは、機械工場ダニェク(のちのチェーカーデー(ČKD)機械工場)や、従業員数千人を超えるリングホフェル(Ringhoffer)機械工場を抱え、労働者街の様相を呈していた。一八六九年の統計によると、スミーホフでは人口一万五三八二人のうち四一九二人、就労者の実に五七%が工業に従事していた[11]。熟練手工業者も数多く工業に吸収されたが、地方から流入した労働者層は未熟練の者が多く、いきおい彼らは、労働市場の最下層に組み込まれることになった。一九〇〇年には、市域における手工業・工場・日雇い労働者の割合は三七・三%に達していた[12]。労働者家族にとって、生活を維持するために女性の賃労働は欠かせないものであったが、工場労働者において女性の占める比率は五分の一程度であり、労働者の職業においても明確な

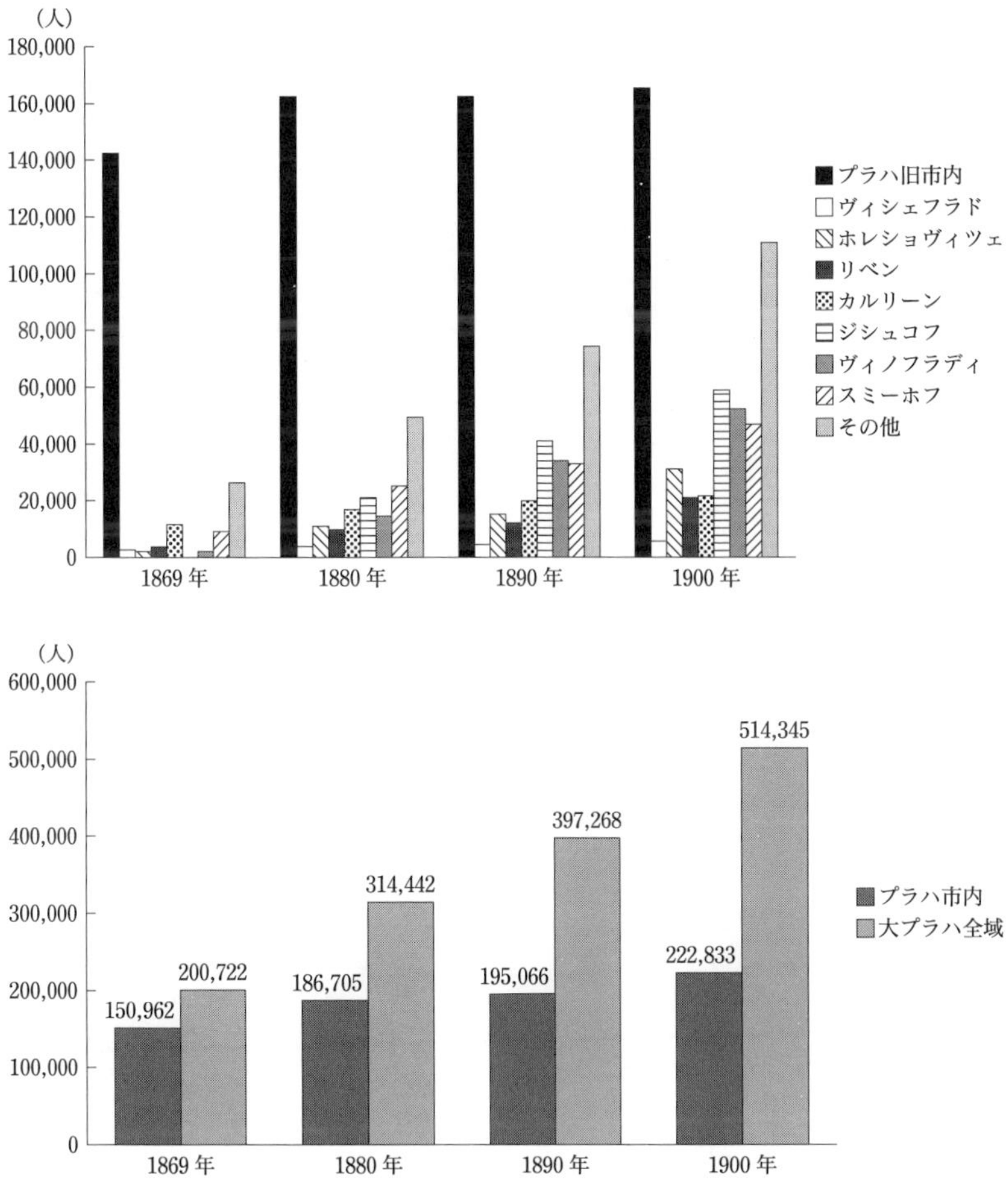

図1-4　19世紀後半におけるプラハの人口増加

出典）Jan Havránek, "Demografický vývoj Prahy v druhé polovině 19. století"（「19世紀後半のプラハにおける人口動態」), in: *Pražský sborník historický*, 5, 1969-70, p. 73.

男女の相違が存在したことがうかがえる。市内においても営業の自由に伴う階層分化が進み、富裕な市民層が出現する一方、貧困化する下層中産階級が増大した(13)。このように、プラハの市中心部と市域外では住民構成において明確な違いが生じていた。

流入民が多い地域では若年層の比率が高まり、市域内における出生率は増加した。人口増加は、死亡率を上回る高い出生率に支えられていたが、一八五〇年から一九一〇年の間に、死亡率は千人中三二・九人から二一・二人に低下した。他方で、婚姻年齢の上昇と出生率の低下により、第一次世界大戦前には人口増加のペースは鈍化した(14)。

しかし、出生率は社会階層によって大きく異なっていた。八〇年代から九〇年代にかけて、プラハ新市街では一五歳以下の子どもの比率は六％程度であったのに対して、労働者層の多い隣接自治体では軒並み一〇％を超えていた。住民の死亡率も一八八三年から一九〇九年の間に、一七・三九％から一〇・九七％へと低下する一方、住民の年齢構成は地区によって大きな違いが生じていた。プラハ旧市内(新市街地区)では一九〇〇年には一五歳以下の人口比率が二〇％、一六―三〇歳が三五％以上であったのに対して、北東部のリベン(Libeň)地区では一六―三〇歳は二八％、一五歳以下が三五％を占めていた(15)。地方出身の独身労働者の大部分は、同郷の者同士で婚姻関係を結んでいたが、隣接地域における若年層の比率の増大は、プラハで生まれ育った者同士の結婚が増えたこと、同地で出産する世帯が増加していたことを示していた(16)。

他方で、一九〇〇年には、プラハ市内においては世帯主の四分の一が一年以内に住居を変え、六年以上とどまらない者の比率は七〇％にのぼっていた。隣接自治体では、一年以内に住居を変える者が三二％と、市内に比して若干高かったが、六年以上とどまらない者の比率は七七・九％と、市内とさほど変わらなかった。プラハ市内の生まれでない住民は五九・四％、隣接自治体では八〇・七％に達しており、プラハ市内に居住権のない者は七四・七％、隣接自治体では九五・七％を数えていた。[17] このように、世紀転換期には総じて市域全体で、高い流動性があった。

第二節　帝政期における都市政策と住宅改革運動

（一）都市政策の変容

一九世紀後半のハプスブルク帝国では、都市化の進行に伴う大規模な都市開発によって、現在の都市の姿がほぼ完成された。ウィーンでは一八五七年に「リングシュトラーセ（環状通り）」建設が行われ、ブダペシュトにおいても一八七二年のブダ＝ペシュト市統合に伴う都市開発が進展した。[18] プラハにおいても、一九世紀後半に入ると国民劇場をはじめ、ルドルフィヌムや美術工芸博物館など、多くの文化的建築物が建設された。

この時期の都市政策の特徴は、上下水道の敷設や電力・ガスの供給、都市交通など都市インフラを公営化することによって市の歳入を確保する、「給付行政」による資本整備が進んだことにある。[19] プラハでは一八九一年に、市北部のストロモフカ地区において開催された内国博覧会を機に、初めて市電が敷設された。内国博覧会は、チェコ系ブルジョワジーが自らの工業力を誇示する場であったが、[20] 都市交通の市営化という時代を象徴していたといえる。さらに、一八九〇年代にプラハ市政は、市中心部のかつてのユダヤ人ゲットーを、「衛生化措置」と呼ばれる大規模な都市再開発によって取り壊し、アールヌーヴォーの高級住宅地へと改造した。

このような都市開発を支えたのは、当時台頭していたブルジョワジー・自由主義勢力であった。チェコでは、一九世紀後半に入って台頭したチェコ系ブルジョワジーが数多くの金融機関を設立し、経済力を高めていた。一八四七年にオーストリア国立銀行のプラハ支店が開設されたのを皮切りに、一八五七年にはクレジット・アンシュタルト銀行のプラハ支店、さらには当時のチェコ資本を代表するジヴノステンスカー銀行(Živnostenská banka)が一八六八年に創設されるなど、プラハはボヘミア経済の中心としての地位を確かなものにしていた。

こうしたチェコ系ブルジョワジーの台頭を背景に、一八六〇年代に入るとチェコ系名望家層を支持基盤とする老チェコ党(Národní strana)(Staročeši)がプラハ市議会でドイツ系勢力を圧倒した。さらに七〇年代には、自由主義[21]の立場に立つ青年チェコ党(Národní strana svobodomyslná)(Mladočeši)が伸長した。こうしたブルジョワジーや名望家を支持基盤とする両政党は、納税額の多寡に応じて教養と財産を有する男性市民に選挙権を限定する制限選挙制に支えられていた。特に青年チェコ党は、自由主義と民族主義的な政治思想を掲げて帝国議会での議席を伸ばし、帝政末期のチェコ人勢力を代表する政党となった。特にプラハ市政においては、青年チェコ党は老チェコ党とともに、帝政崩壊までプラハ市政を掌握した。

他方で、帝政末期のボヘミア社会においては、ブルジョワジーや工業・農業労働者に加えて、都市官吏、知識人などの中間層(střední stav)が形成され、階層分化が進展した。こうした帝政末期のボヘミアにおける社会変容に伴い、帝国内の政治勢力も階層や民族によって細分化された。世紀転換期のチェコでは、労働者層を基盤とするチェコスラヴ社会民主党(Českoslovanská sociálně demokratická strana dělnická)が一八七〇年代に設立されたのを皮切りに、一八九〇年代に入ると青年チェコ党の内部からは、農村の土地所有者を基盤とする農業党や、労働者及び中間層を支持基盤にチェコ民族主義的な主張を掲げる国民社会党が分離・設立された。さらに、キリスト教社会主義を掲げるカトリック系政党が九〇年代以降に相次いで設立されるなど、政治活動は下方拡大していた。これらの政党の要求を受けて、ハプスブルク帝国議会では一九〇七年に男子普通選挙法が導入されたことによって、社会民主党やキリスト教社会党などの大衆政党が大きく躍進した。

しかし、地方自治体では制限選挙制が撤廃されず、キリスト教社会党及び社会民主党、国民社会党といった大衆政党は帝国崩壊まで市政に参加できなかった。このため自治体レベルでは、ブルジョワ勢力の支配が続けられた。彼らブルジョワ・自由主義勢力は世紀転換期以降、社会民主党など大衆政党への対抗から、市に無償の職業紹介所や住宅斡旋施設などを開設したほか、一九〇〇年には救貧政策を司る「社会人道部局(Humanitní referát)」を設置するなど、福祉政策にも着手した[22]。プラハ市政は、大衆政党側が要求する福祉政策を漸進的に取り入れ、社会改革に着手する姿勢を示した。しかしその一方で、自由主義体制下の都市政策においては、住宅問題に代表されるような多くの都市問題が未解決のまま残されていた。以下では、自由主義市政から排除された大衆政党及び社会改革家たちは、どのような場において、住宅問題への対処法を見出そうとしたのか、そこではどのような問題が生じたのかを考察したい。

(二)　住宅問題の出現

都市化の進展に伴い、一九世紀末のハプスブルク都市社会においてはこれまでとは全く異なる、人口過密な集合住宅がひしめく都市景観が出現した。ハプスブルク帝国内の大都市では、住宅不足を解消するために家屋は高層化し、巨大な賃貸集合住宅が都市中心部を取り囲むように出現した。典型的ともいえるのが、現代にも残る、中庭を囲む四―六階建てのパヴラッチェン家屋(pavlačový dům)と呼ばれる家屋であった。これらの住宅は多くの場合、トイレや洗濯などの水回りは共用、建蔽率は非常に高く、部屋によっては採光もままならない環境であった。[23] 居住空間は、人数を確保するために最小限に抑えられ、ウィーンやプラハでは、三部屋以下の小住宅が占める割合が四分の三にのぼっていた。プラハでは、台所付き一部屋住宅の居住者の割合は四六・八％に達し、台所のない一部屋住宅の居住者も一一・六％、隣接自治体では、二三・四％を占めていた。[24] ウィーンでは平屋家屋の割合は一二・一％、プラハでは八・六％にとどまる一方、二階建て以上の家屋の割合はウィーンでは五〇％、プラハに隣接するヴィノフラディ地区では六五％であった。一八八六年のプラハ市建築条例では、非建設地帯は敷地の一五％を確保すればよく、高さ二五メートルまでの高層建築も認められていた。[25] 住宅設備も貧弱であり、水道の普及率は三〇％前後、ガスは九％、電力はわずか一・六％であった（表1-1）。一九〇〇年の段階でも家の中にトイレがあるのは四分の一程度にとどまっていたほか、ガス照明は家屋の半分から三分の一にしかいきわたらず、パラフィンランプで賄っていた。[26]

隣接自治体では人口の増加に対して住宅建設が追いつかない状態が続き（図1-5）、住宅内の人口過密が深刻化した。プラハ市統計局は、一部屋に三人以上が居住する住宅を「過密住宅」と定義したが、プラハの住民の四分の一が過密住宅に居住する計算であった。[27] 集合住宅における平均戸数及び住民数は、ウィーンでは一二戸五八人、プラハでは九戸四二人（ジシュコフでは平均六〇人、カルリーンでは五二・一人、スミーホフでは五〇人、ヴィノフラディでは四九・三人）に達した。このような居住空間の過密化を促したのが、下宿人やベッド借りの存在であった。都市部の集合住宅では多くの世帯において、借家人が家賃を賄うために下宿人、さらには夜間にベッドのみを単身者に提供する慣習が見られた。ベッド借りは、季節労働者など主に地方出身の男性の単身労働者が増加したことによって引き起こされた。プラハにおける下宿人及びベッド借りの比率は、一九〇〇年には全住民の一〇％前後を占めていた。特に、隣接自治体の集合住宅において、下宿人の増加は顕著であった。市北東部のリベン地区の集合住宅では、六四戸中五六戸が一部屋住宅によって占められ、同棟の一六世帯に居住する九

表 1-1　1900 年のプラハ市街におけるインフラ整備率

(単位：%)

	水道	ガス	電力	設備なし
旧市街	29.4	14.4	0.6	67.3
新市街	43.7	22.0	1.8	52.1
小地区	28.2	11.0	0.8	69.8
フラッチャニ	9.1	3.3	1.1	88.6
ヨゼフォフ	4.8	2.7	—	93.9
ヴィシェフラド	6.5	2.2	—	92.6
ホレショヴィツェ	13.0	4.2	0.6	85.5
カルリーン	27.7	6.5	6.3	64.2
スミーホフ	29.6	2.4	1.7	67.1
ヴィノフラディ	54.4	8.6	0.4	45.1
ジシュコフ	32.4	0.2	2.4	83.2
合計	31.3	9.3	1.6	66.1

出典）Jan Havránek, “Životní podmínky dělnických rodin roku 1900 ve světle demografické statistiky”（「人口統計に見る 1900 年における労働者家族の生活状況」）, in: *Etnografie dělnictva* 9, 1977, p. 88.

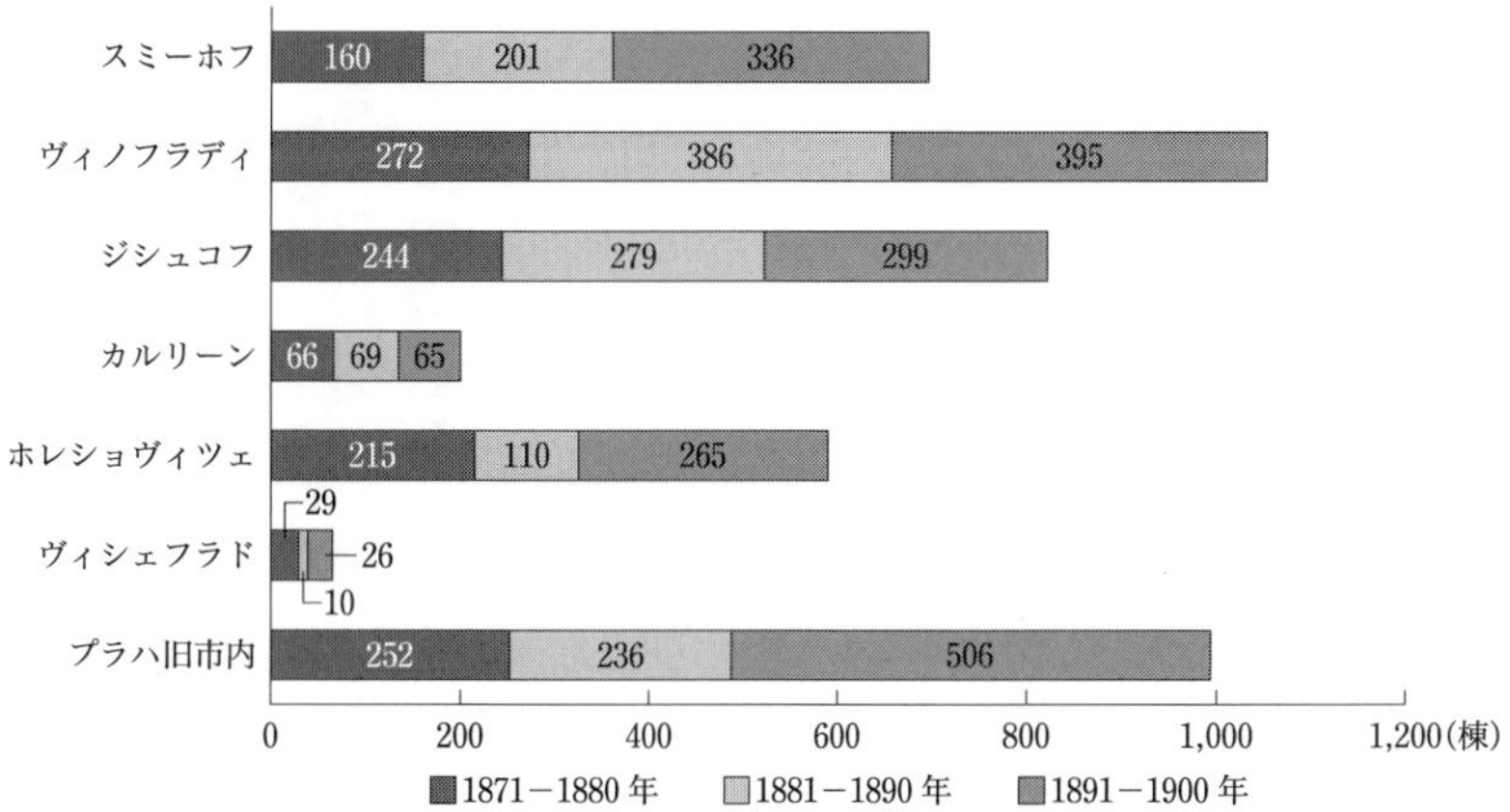

図 1-5　プラハ市街の住宅建設数（棟数）

出典）Wilibald Mildschuh, *Mietzinse und Bodenwerte in Prag in den Jahren 1869-1902*, Wien, p. 191.

六人中、下宿人やベッド借りは三五人に及んでいた。[28] 狭い住居に家族以外の人間が、男女混合で居住していた様子がうかがえる。リベレツ、プルゼン、ブルノ、オパヴァなど、工業化が進みつつあった地方中核都市においても、一部屋住宅の半分以上、二部屋住宅の四分の一以上が過密住宅であったという。[29]

このようなベッド借りの増加に対しては、ブルジョワ社会政策家のみならず社会民主党も激しい批判を浴びせた。チェコ社会民主党のランゲル(Leopold Langer)は、経済状況のために狭い部屋に下宿人を受け入れざるをえない状況を考慮しつつ、ドイツ犯罪学者の見解を論拠に、「わずかな金のために家族の中に他人を受け入れるために、赤の他人と接触することで庶子が増加し、反道徳性が目に見えて増加している」ことを憂慮した。

「近代資本主義国家は反道徳的な悪を支援している。商工業は都市で非道徳的な方法で人々を害している。単身者の数が増え、結婚数が減少している。他方、非嫡出の出産は増加している。常に引っ越しする必要があり、反道徳が増えている。このような住宅状況が偏見を増長する。親は子どもと一緒に寝ており、ベッド借りは子どもを汚す。家族生活は大いに傷つけられている。アルコールや快楽に走ることがこれによって増えている。特に母親のきつい仕事が自分の体をむしばんでいる。[30]」

ブルジョワ層も社会民主党も、家庭内に家族以外の者が居住している状態は家族規範を脅かすものであるという点で、共通の認識を有していた。このような居住形態は周縁部の労働者住宅のみならず、市中心部の職人層の家屋においても見られた。奉公人、小営業における徒弟など、世帯内に家族以外の者が占める比率は、むしろ市内のほうが高かった一方で、隣接自治体の労働者家族では、下宿人やベッド借りを抱える世帯は一〇%前後と、際立って高いわけではなかった(表1-2)。しかし、隣接自治体では大規模集合住宅の比率が高く、その不衛生

表 1-2　1890 年におけるプラハ市街の世帯内の構成員比率

(単位：%)

	世帯数	家族構成員	下宿人	ベッド借り	その他
旧市街	8,423	69.4	9.0	4.4	17.2
新市街	15,269	67.8	6.6	3.0	22.6
小地区	4,736	73.4	6.3	2.6	17.8
フラッチャニ	1,352	74.3	1.9	5.3	19.5
ヨゼフォフ	2,006	64.1	14.7	14.6	6.6
ヴィシェフラド	974	82.9	5.5	4.7	6.9
ホレショヴィツェ	3,122	83.4	6.1	5.2	5.3
プラハ市内	35,882	70.6	7.4	4.3	17.7
カルリーン	3,271	77.0	5.2	4.4	13.4
スミーホフ	7,023	80.8	6.4	2.6	10.2
ヴィノフラディ	7,535	78.7	6.9	1.9	12.5
ジシュコフ	8,843	83.1	7.6	4.1	6.2
その他	8,517	85.4	5.9	2.1	6.6

注）その他：従業員，客(奉公人，女中など)
出典）*Schriften des Vereins für Socialpolitik*, 94, 1901, p. 29. より作成。

で過密な住宅環境が問題視されていたことから、下宿人及びベッド借りはその象徴的な存在として、ブルジョワ社会改革家の批判の対象となった。

ハプスブルク帝国において住宅問題への対応を示した最初の法律は、一八九二年に制定された労働者住宅立法であった。「健康で安価な労働者住宅の建設促進」を目的に制定された同法は、一九〇二年の法改正によって、一部屋住宅は一六—二五㎡、二部屋住宅は二〇—三五㎡、三部屋以上の住宅は三〇—八〇㎡と定め、新築住宅において二四年間の税免除を規定した。しかし、同法で援助の対象とされたのは、三—四階建てを上限とする六家族以下の「家族住宅」であり、一八九二年法では、税免除の申請数一一九二に対して、認められたのは三一九例のみであった。当時の住宅建設において大部分を占めていた高層の集合住宅には無縁の規定であり、同法ではベッド借り及び下宿人の受け入れが禁止されたため、このような条件を満たす住宅に入居できる層は限定されていた。(31)

（三）二〇世紀初頭における住宅組合の形成と住宅改革運動の勃興

帝政期には、都市社会政策の中でも最大の問題であった住宅問題に対する自治体の介入政策はほとんど見られなかった。しかし、帝政末期のボヘミア都市社会における住宅改革は、市政外の多様な改革運動によって担われることになった。

その代表例が、協同組合活動に代表される、中間団体を通した相互扶助的な援助システムであった。組合員の出資による、「自助」に基づいて生活必需品などを扱うことを目指した協同組合は、一八六〇年代のシュルツェ＝デーリッチュ（Franz Schulze-Delitzsch）らの協同組合運動を起源に、世紀転換期の労働運動においては一大勢力となった。[32] こうした流れを受けて、一九〇八年四月には、チェコスラヴ社会民主党のモドラーチェク（František Modráček）らが、「チェコ消費・生産・経済組合中央連盟（Ústřední svaz československých konsumních, vyrobních a hospodářských družstev v Praze）」（以下、中央連盟）を設立した。中央連盟は組合活動の統合、生産者・消費者の支援、農業・工業の社会化、及び国内に組合を広めることを目標に据え、消費組合、生産組合、各種協会、住宅組合、農業組合、金融機関の参加を呼びかけた大規模な組織であった。[33] 中央連盟に参加した協同組合は、一九一〇年には一一組合一一〇六会員から、一九二〇年には一八〇組合一万六五一九人を数えた。同組合は戦後、「チェコスロヴァキア消費・生産組合連盟（Ústřední svaz československých konsumních, vyrobních a hospodářských družstev v Praze）」に改組され、一九三四年までに二三九〇の組合が加入するほどの組織力を有した。[34] このように、一九世紀末から二〇世紀初頭のチェコ社会においては、協同組合による生活援助は国民生活の中に深く入り込むようになった。

協同組合は、相互扶助によって住民の消費生活を援助することを目的としていたが、その中でも住宅は特に重要な意味を持った。都市住民が住宅を購入するにあたっては、食品などの生活必需品とは比較にならない多額の資金が必要であった。住宅組合はそのような都市住民の負担を軽減し、住宅供給を促進することが期待されたのである。一九〇三年にチェコで最初に誕生した住宅組合(stavební družstvo)は、企業が労働者住宅の建設を目的とした組合であった。[35] 同年に、国内各地の住宅組合を統合するための「チェコ住宅組合連盟(Ústřední svaz československých družstev v Praze)」が設立され、一九〇七年には、住宅組合に対する理論的指導を行う「チェコ住宅改革協会(Český zemský spolek pro reformu bytovou)」が設立された。中心設立者のロシュチャーク(Jan Nepomuk Lošťák)は、ボヘミア領邦銀行の常務を務めた人物であり、企業家の観点から住宅供給の促進による住環境の改善を訴えた。ほかにも、プラハの大企業家で帝国議会議員のクシジーク(František Křižík)や建築家のベルトル(Josef Bertl)といった人物が執行部に入り、協会の政治力強化に貢献した。同協会はプラハに本部を置き、学問・宣伝活動を通したボヘミアの住宅状況の改良を目指した。具体的には、住宅組合の設立を支援し、貸付基金の運用を行うことを主な活動内容とした。会費は年額二クローネであり、委員会は四つの部門(司法、建築技術、医師、宣伝部門)から構成され、チェコ系住民のために業務を行うとされた。

チェコ住宅改革協会や有識者らによる住宅改革の要求は、一九一〇年一二月に制定された「帝国小住宅法(Kleinwohnungsgesetz)」(第二四二号法)に表れていた。この法律によって、一九一一年から一九二一年までに一六五〇万クローネの予算が小住宅建設のための基金として設定された。同法は小住宅を、居間、小部屋、台所から構成された八〇m²を超えない家屋、及び各戸に一―三人程度を収容する独身者寮ならびに夜間宿泊所を小住宅と定義した。住宅供給基金の給付対象とされたのは、郡、自治体、及び各種の住宅建設組合ならびに基金団体であった。さらに、国の援助を受ける組合とは、規約によって会員に支払われる分け前の額が、支払額の最高五％に限られ、組合解散に際して会員に支払った分担額以上の額の払い戻しがなされず、組合財源が公益的な目的に使用されるような団体であるとされた。同法によって、これらの団体が小住宅の建設及び地所の確保、貸付による援助を行うことを基金によって支援されることが定められた。

このような住宅組合に対する補助金の制度化によって、帝国内の住宅組合は大きく増加した。ウィーンにおいても、公益的組合数は一九一〇年に七つであったのが、一九一二年には六〇へと増加した。(36) チェコ住宅改革協会の活動も、ボヘミアのみならずモラヴィア、シレジアにも及んだ。第一次世界大戦までに協会は一一二の住宅組合を組織し、一〇九三家屋二七二八戸の建設を援助した。(37) 一九一二年には、ボヘミアの住宅組合数は合計で二七二にのぼったが、これはモラヴィアの一〇三、下オーストリア邦の三〇と比しても圧倒的な数であった。(38) 住宅改革家が推進した住宅組合は、二〇世紀初頭には公的機関においても重要な改革団体として位置づけられるようになったのである。

小括

ハプスブルク帝国において、一九世紀後半は都市化への対処を迫られた都市支配層が、古典的な自由放任主義から、社会問題の解決のための公的介入へと舵を切った時代であった。一八七三年にドイツで設立された「社会政策学会」では、一九世紀前半以来のマンチェスター学派に代表されるような自由主義に反対する形で、社会問題に対する公的介入の必要性が主張され、公衆衛生、労働者福祉など、様々な社会問題に取り組む協会の形成が、一八八〇年代以降に各国で進展した。(39)

住宅問題は都市問題の中でも最重要の課題として、各国の社会改革家や官僚層によって認識されるようになり、公的介入を含めた抜本的な改革案が模索された。この時期の社会改革案は、制度的・技術的な対応にとどまらず、共同生活がもたらす性の乱れをただし、家族のみが居住する住宅を模範とする生活改革をも含むものであった。こうした住宅改革構想は、労働者層に市民層の家族生活を訓育することを根本としており、ブルジョワジー支配層の理念とも合致するものであった。特に、会員の自助を基盤とするリベラリズムの原則に基づく住宅改革を、「上から」実現しようと試みたことが当時の住宅改革運動の特徴だったといえよう。

しかし、ハプスブルク帝国では、福祉事業や衛生政策と異なり、自由主義体制下で支配層であったブルジョワジーや家主層、土地所有者の間では、民間の住宅市場への公的介入は最小限に抑えるべきという見解が支配的であった。都市住民の生活に直結する住宅供給政策は、第一次世界大戦後に残されることになった。

（1）以下の文献を参照。Pieter M. Judson, *Exclusive revolutionaries. Liberal politics, social experience, and national identity in the Austrian Empire, 1848-1914*, University of Michigan Press, 1996. 桐生裕子『近代ボヘミア農村と市民社会―一九世紀後半ハプスブルク帝国における社会変容と国民化』刀水書房、二〇一二年。

（2）Jiří Pešek, *Od aglomerace k velkoměstu. Praha a středoevropské metropole 1850-1920*（『集積から大都市へ―プラハと中欧の首都一八五〇―一九二〇年―』), Praha, 1999, p. 169.

（3）一九世紀における都市計画と住宅問題の関係、及び都市政策における市民層のかかわりを論じた研究としては、以下を参照。Brian Ladd, *Urban planning and civic order in Germany, 1860-1914*, Harvard University Press, 1990.

（4）一九世紀チェコ諸領邦の工業化及び人口動態の変化については、Ludmila Kárníková, *Vývoj obyvatelstva v českých zemích 1754-1914*（『チェコ人口史一七五四―一九一四年』), Praha, 1965.; Ludmila Fialová, Milan Kučera, Eduard Maur, *Dějiny obyvatelstva českých zemí*（『チェコ人口史』), Praha, 1996 を参照。

（5） Heinrich Rauchberg, *Der nationale Besitzstand in Böhmen*, Leipzig, 1905, pp. 126-127.
（6） Pavla Horská, Eduard Maur, Jiří Musil, *Zrod velkoměsta. Urbanizace českých zemí a Evropa*（『大都市の誕生─チェコと欧州の都市化─』）, Praha, 2002, pp. 202, 341.
（7） Horská, *Zrod velkoměsta*, p. 186.
（8） Otto Urban, *Kapitalismus a česká společnost k otázkám formování české společnosti v 19. Století*（『資本主義とチェコ社会─一九世紀チェコ社会の形成─』）, Praha, 1978/2003, p. 86.
（9） 一八八〇年代にはホレショヴィツェ（Holešovice）、ヴィシェフラド（Vyšehrad）など一部の隣接自治体がプラハ市に合併されている。
（10） Jan Havránek, "Demografický vývoj Prahy v druhé polovině 19. století"（「一九世紀後半のプラハの人口統計」）, in: *Pražský sborník historický*, 5, 1969-70, p. 73.; Pavla Horská, "Podíl urbanizační vlny z přelomu 19. a 20. století na vytváření životních podmínek pražské dělnické třídy"（「プラハ労働者階級の生活条件の形成における世紀転換期の都市化の影響」）, in: *Etnografie dělnictva* 5, 1975, p. 108.
（11） Erika Kruppa, *Das Vereinswesen der Prager Vorstadt Smichow 1850-1875*, München, 1992, p. 66.
（12） 伝統的な手工業労働において日給で支払われる場合も、統計上は「日雇い」として数えられていた。Jan Havránek, "Životní podmínky dělnických rodin roku 1900 ve světle demografické statistiky"（「人口統計に見る一九〇〇年における労働者家族の生活状況」）, in: *Etnografie dělnictva* 9, 1977, p. 57.
（13） Elisabeth Lichtenberger, *Wien-Prag. Metropolenforshung.*, Wien, 1993, pp. 59-81.
（14） Ivan Jakubec, Zdeněk Jindra (ed.), *Dějiny hospodářství českých zemí*（『チェコ経済史─工業化初期からハプスブルク帝国末期まで─』）, Praha, 2007, pp. 81-85.
（15） Horská, *Zrod velkoměsta*, p. 225.
（16） Antonín Robĕk, Milijan Moravcová, Jarmila Šťastná (ed.), *Stará dělnická Praha. život a kultura pražských dělníků 1848-1939*（『昔の労働者のプラハ─プラハ労働者の生活と文化　一八四八─一九三九年─』）, Praha, 1981, pp. 110-111.
（17） Heinrich Rauchberg, "Der Zug nach der Stadt", in; *Statistische Monatsschrift*, 19, 1893, p. 161.
（18） 帝政期の都市改造については、カール・E・ショースキー（安井琢磨訳）『世紀末ウィーン─政治と文化─』岩波書店、一九八三年、ジョン・ルカーチ（早稲田みか訳）『ブダペストの世紀末―都市と文化の歴史的肖像―』白水社、一九九一年；Gerhard Melinz, Susan Zimmermann (Hg.), *Wien Prag Budapest. Urbanisierung, Kommunalpolitik, gesellschaftliche Konflikte (1867-1918)*, Wien, 1996. などを参照。

（19）「給付行政」については、今井勝人、馬場哲編『都市化の比較史―日本とドイツ―』日本経済評論社、二〇〇四年を参照。

（20）市営化によって文字通り「市電」となったのは一八九七年のことである。Jiří Pešek, *Prag*, Praha, 2000, pp. 505-508.

（21）Jakubec, Jindra, *Dějiny hospodářství českých zemí*, p. 325.

（22）Cyril Horáček, “Die Gemeindebetriebe der Stadtgemeinde Prag”, in: *Schriften des Vereins für Socialpolitik*, 130. Band, Teil. 1, München-Leipzig, 1909, pp. 1-21; Merinz/Zimmermann, *Wien, Prag, Budapest*, pp. 142-152.

（23）Robék, *Stará dělnická Praha*, pp. 158-164.

（24）Albín Bráf, *Život a dílo díl čtvrtý*（『人生と成果。第四巻』）, Praha, 1923, pp. 94-104.; Robék, *Stará dělnická Praha*, p. 156.

（25）*Schriften der Zentralstelle für Wohnungsreform in Oesterreich* Nr. 16, Wien, 1913, p. 17.

（26）Horská, “Podíl urbanizační vlny”, p. 123.

（27）Lichtenberger, *Wien, Prag: Metropolenforschung*, p. 72.

（28）Olga Skalníková, Jiřina Svobodová, *Etnografie pražského dělnictva*（『プラハ労働者のエスノグラフィー』）, 1, no. 1, Praha, 1975, pp. 430-434.

（29）一部屋に三人以上、二部屋に五人以上が過密住宅とされた。Bráf, *Život a dílo*, p. 103.

（30）Leopold Langer, *Bytová otázka a dělnictvo*（『住宅問題と労働者』）, Praha, 1912, p. 18.

（31）*Reichsgesetzblatt für die im Reichsrate vertreten Königreiche und Länder 1902, Nr. 144, Gesetz vom 8. Juli 1902, betreffend Begünstigungen für Gebäude mit gesunden und billigen Arbeiterwohnungen*, pp. 491-498. 一九〇二年の労働者住宅立法によっても、一九〇九年までに適用されたのはわずか四九八家屋であった。*Sociální reforma*,（『社会改革』）, 3, no. 6-7, 1911, p. 91.

（32）Vladimír Šorm, *Dějiny družstevního hnutí Díl. 3*（『組合運動の歴史第三巻』）, Praha, 1961, pp. 222-224.: Kruppa, *Das Vereinswesen der Prager Vorstadt Smichow*, pp. 113-114.

(33) Šorm, *Dějiny družstevního hnutí III. Díl*, p. 258.

(34) *ČS stavební a bytová družstva*（『チェコスロヴァキアの住宅組合』）, Praha, 1935, pp. 69–70.

(35) Šorm, *Dějiny družstevního hnutí III. Díl*, p. 232.

(36) Banik-Schweitzer, "Vienna", M. J. Daunton (ed.), *Housing the Workers, 1850–1914*, Leicester University Press, 1990, p. 144.

(37) *O pozemkové, stavební a bytové politice v českoslov. republice*（『チェコスロヴァキア共和国における土地・住宅政策』）, Praha, 1928, p. 13.

(38) *Mitteilungen der Zentralstelle für Wohungsreform in Österreich*, 28, 1913.3, p. 13.

(39) Ladd, *Urban planning and civic order in Germany*, pp. 139–140.

第二章　チェコスロヴァキア第一共和国の住宅政策

――自立した市民層の育成――

一九世紀より社会問題として認識されるようになった住宅問題に対しては、公的機関による本格的な対応が求められていた。第一次世界大戦に伴う「総力戦体制」の出現は、国家が本格的に社会政策に着手する契機となった。統制経済下に置かれた社会政策には、児童福祉・教育、労働者保険、失業者救済、衛生政策と多様な分野が存在するが、中でも住宅政策はその財政規模の大きさ、住民層の社会生活に直接的な影響を及ぼすために、戦後のヨーロッパ諸国の方向性そのものを映し出す鏡となった。国家体制の変革と戦後の住宅難を機に、一九二〇年代は各国で大規模な公営住宅の供給政策が着手され、住宅改革の実験が様々な形で行われた。

このような住宅改革の必要性は、一九二〇年代のヨーロッパ諸国において、同時代的課題として共有されていたが、その政策及び改革は、各国において異なる形で展開された。ハプスブルク帝国の解体に伴って成立した継承国家チェコスロヴァキアは、「東欧」新国家の中で唯一、戦間期を通して議会制民主主義が存続した国家として位置づけられてきた。実際には、国内の地域・階層間において大きな差異が存在しており、チェコ系、ドイツ系といった多様な社会集団を包摂した国家であった。このため同国では、自由主義政党、農村や教会勢力の利害を代表する諸政党、社会主義政党による政党間協調体制を維持することで、新国家の統合が目指される必要があった。

本章は、新国家チェコスロヴァキアにおける住宅政策立法の形成過程に着目し、チェコスロヴァキア新政府が戦争直後から着手した住宅・社会政策において、どのような意図のもとで政策を構想したのか、また、その構想と現実のチェコ社会との間でどのような齟齬が生じたのかを明らかにする。具体的には、建国期チェコの政治状況を概観したうえで、戦間期の住宅統計、法律に加えて、国民議会での議論及び住宅政策を担当する部局であった社会福祉省の報告史料[1]などの同時代文献を用いて、当時の住宅政策者の意図に迫ることを試みる。

第一節　建国期における連立政府と社会政策の整備

（一）　建国とチェコ社会

新国家チェコスロヴァキアは、帝政期にはオーストリア側に属していたチェコと、ハンガリー側に属していたスロヴァキアを統合することによって、一九一八年一〇月に成立した。新政府は、スロヴァキア国民評議会との統合を果たし、翌月にはチェコ内部のドイツ人地域を占領したうえで、一九一九年一月のパリ講和会議によって領土範囲を国際的に承認された[2]。一九二〇年二月に制定された共和国憲法は、同国がチェコ人及びスロヴァキア人を中心とする国民国家であるとうたい、その他の民族はマイノリティの地位に置かれることが定められた[3]。

新国家チェコスロヴァキアが、民族意識を基準として公式に「民族(ナショナリティ)」の帰属調査を開始したのは、一九二一年の全国統計からであった。この調査によって、「チェコスロヴァキア人」人口が八七六万人、全人口の六五・五一％を占めた一方で、ドイツ人人口は三一二万人、二三・三六％に達しており、加えて、マジャル人、ルテニア人、ポーランド人、ユダヤ人といった多様な民族が登録された。国内二〇％以上のドイツ系住民を代表するドイツ系政党は政権参加を拒否するなど、国内の統合は当初から困難を予想させた。新国家チェコスロヴァキアは、チェコ側はボヘミア、モラヴィア、シレジアといった諸地域に分かれており、旧ハンガリー領もスロヴァキア系住民の居住地域、ルテニア人の居住地域(ポトカルパツカー・ルス)と、複雑に分かれていた。宗派的にはカトリックが多数を占めていたが、ルター派やカルヴァン派に加え、チェコ人主体のチェコスロヴァキア国民教会、ポトカルパツカー・ルスを中心とする合同教会、ユダヤ教さらには無宗教も一定数を占めていた。このような複雑な民族構成の背景には、帝政期以来の国民化の進展に加えて、第一次世界大戦の講和条約で定められた国境の線引きなど、国内外の様々な要因が重なり合っていた。建国期の新国家は、このような多様な社会背景を抱えた地域と住民を統合する課題に直面していた。

とりわけ顕著であったのは、国内の経済的相違であった。チェコ側は帝政期より工業化が進展しており、一九二一年のプラハの人口は六七万人、ブルノは二二万人、オストラヴァが一六万人、プルゼンが一一万人に達していた(表2-1)。北ボヘミアの中心都市リベレツでは、市内の人口が三万四千人程度であったのに対して、周辺自治体を合わせた人口は六万人を超えていた。同様に北ボヘミアのウースチー・ナド・ラベムでは、市内人口三万九千人に対して、広域都市圏の人口は五万六千人を数えた。また、中央ボヘミアの工業都市クラドノにおいても、市内人口が一万九千人であったのに対し、広域都市圏の人口は三万七千人に達していた。東ボヘミアの中心都市フラデツ・クラーロヴェー(Hradec Králové)も、市内人口一万三千人に比して、広域都市圏の人口は二万

表2-1　1921年と1930年における全国諸都市の人口・住宅増加

ボヘミア・モラヴィア	人　口		住宅戸数	
	1930年	1921年	1930年	1921年
プラハ	848,081	676,663	233,498	166,732
ブルノ	263,646	221,758	68,669	48,746
オストラヴァ	175,056	161,044	42,789	32,854
プルゼン	121,344	112,921	32,942	25,939
リベレツ	72,358	63,998	27,819	22,880
オロモウツ	65,989	57,206	15,012	11,763
ウースチー・ナド・ラベム	62,733	56,628	20,115	16,049
チェスケー・ブジェヨヴィツェ	56,442	55,411	15,931	13,766
テプリツェ	50,833	47,460	15,978	13,817
オパヴァ	65,989	40,002	10,689	9,086
カルロヴィ・ヴァリ	42,054	36,653	11,370	9,076
ヤブロネツ	39,815	31,007	11,734	9,053
クラドノ	39,378	37,534	12,437	10,219
ジェチーン	38,713	33,897	12,627	10,067
フラデツ・クラーロヴェー	34,513	26,626	8,966	6,084
イフラヴァ	33,530	29,722	8,748	7,475
ズリーン	21,584	4,678	3,235	926
スロヴァキア ポトカルパツカー・ルス				
ブラチスラヴァ	142,516	98,995	32,352	19,608
コシツェ	70,232	52,898	15,415	10,237
ウジホロド	23,971	23,534	5,023	3,465
ムカチェヴォ	33,124	23,184	6,953	4,369
トゥルナヴァ	29,387	17,745	5,590	3,514
ノヴェー・ザームキ	22,141	19,023	5,293	3,834
プレショフ	21,870	17,577	4,249	3,597

出典）*Sčítání bytů ve větších městech republiky československé ze dne 1.12.1930*（『チェコスロヴァキア大都市における住宅統計(1930年12月1日)』), Praha, 1935; *Statistisches Handbuch der Čechoslovakischen Republik IV*, Prag, 1932. より作成。

六千人に達するなど、チェコ側では都市化が進行していた。(4)

チェコ全体では、工業化の進展した地方都市は農村部と結びつきが強く、労働力を周辺農村から吸収した「工業村」とも呼ぶべき小都市が点在していた。オストラヴァでは工業労働者一万五千人中三分の二が農業にも従事しており、地方社会における農業労働者と工業労働者の区別は極めて曖昧であった。チェコでは、中小都市における工業化は、近隣農村の労働力を背景に進展しており、プラハのような中核都市を有さない地域では、特に顕著であった。

その一方で、スロヴァキア側では、ブラチスラヴァの人口は九万八千人にとどまっており、両地域の社会構造には大きな相違が存在した。一九三〇年においても、五千人以上の自治体における農業人口の比率はスロヴァキアでは三六%、ポトカルパツカー・ルスでは六〇%に達していた一方、ボヘミア・モラヴィアでは四・七%及び九・六%にとどまっており、地方都市においても工業労働者の比率が増加していた。(5)

新国家の統合を図るうえで、国民生活そのものに影響を及ぼす社会政策は、極めて重要な意味を持っていた。このような社会経済的状況の中で、チェコ国内の諸政党がどのような社会政策の構想を抱いていたのかを、以下で整理する。

(二)　新国家チェコスロヴァキアの政党配置

第一次世界大戦の末期に、国内のチェコ系政党の連立によるチェコ国家の独立が目指されたことで、一九一八年に前述のチェコ系政党が政権を掌握する形でチェコスロヴァキア共和国は成立した。建国時の政党配置は、青年チェコ党及び老チェコ党の統合によって誕生したチェコスロヴァキア国民民主党(Československá národní demokracie)(以下、国民民主党と略す)を筆頭に、以下、主にチェコ系地域のカトリック勢力を支持基盤としたチェコスロヴァキア人民党(Československá strana lidová)(以下、人民党と略す)[6]、さらに農村地主及び大農を支持基盤とすることでチェコ系最大政党としての地位を確立していた農民・小農共和党(Republikánská strana zemědělského a malorolnického lidu)(以下、農業党と略す)が右派及び中道派を形成した。国民民主党は、政治的にはドイツ人の国政参加に反対するなど、チェコ・ナショナリズムを強く打ち出しており、チェコ系ブルジョワジーや貴族層の利害を代表した。同党からはチェコ・ファシズムを掲げる集団が現れ、三〇年代には右傾右傾化の傾向を見せていた。地方農村及びカトリック教会の利益代表という性格を有していた農業党や人民党は、三〇年代には民民主党によるブルジョワジー主導の自由主義経済には反対していたが、社会民主党が主張するような社会化政策に反対し、私的所有の維持を続けるという点では国民民主党と歩調を合わせていた。このため、国民民主党、農業党及び人民党は当時から「ブルジョワ政党(občanské strany)」と呼び表されてきた。

政権内の左派を形成したのが、チェコスロヴァキア社会党(Československá strana socialistická)(当時の名称。以下、国民社会党で統一する)及びチェコスロヴァキア社会民主労働党(Československá sociálně demokratická strana dělnická)(以下、社会民主党と略す)であった。国民社会党は、チェコ系労働者・中間層を支持基盤とし、階級闘争やインターナショナリズムではなく、社会主義とチェコ・ナショナリズムの調和を掲げ、「チェコ国民」の結集を訴えた勢力であった。建国後の国民社会党は、政教分離、私的所有の維持、及び自助を規範とする組合活動の重視など、リベラリズムを取り入れた中道左派政党としての色合いを強めた。他方で社会民主党は、労働者の社会政策に代表されるような、革命よりも日常的な社会改良を要求する政党であり、「ブルジョワ政党」との連立によって、議会における漸進的な改革を目指していた。しかし、社会化を主張する党内の急進派は、のちに社会民主党から離脱し、共産党の結党に至った。国民社会党は、労働者のための社会政策を推進する点で社会民主党と協力関係にあったことから、しばしば「社会主義政党」として説明されてきた。戦間期のチェコスロヴァキアでは、国民民主党などのブルジョワ・自由主義勢力及び、農業党や人民党などの地方利益を代表する勢力、社会民主党や国民社会党などの社会主義政党が連立体制を組むことで、新国家の維持が試みられた。

このように、建国時の政治勢力は主にチェコ系政党によって占められ、新国家への帰属を否定するドイツ系などのマイノリティ勢力が排されていたことが特徴としてあげられる。建国後、国内最大のマイノリティとなったドイツ人勢力は、社会民主党とは別組織であるチェコスロヴァキア共和国ドイツ人社会民主労働者党(Deutsche sozialdemokratische Arbeiterpartei in der Tschechoslowakischen Republik)(以下、ドイツ人社会民主党と略す)などをはじめとする諸政党によって組織化された。また、一九二一年には社会民主党の左派を中心に結成されたチェコスロヴァキア共産党(Komunistická strana Československa)(以下、共産党と略す)が、戦間期の東欧諸国で唯一非合法化されずに活動を続け、大きな支持基盤を獲得していた。(7) チェコ系主導の新政府は、国内に多様な民族を抱えながら、チェコとスロヴァキアという異なる二つの歴史的地域を統合することで国民国家を確立する必要に迫られていた(図2-1)。

新国家の統合を果たすうえで重要な役割を果たしたのが、建国の大統領マサリク(Tomáš Garrigue Masaryk)の存在であった。マサリク大統領を中心として集まった政治家・知識人のグループは、「フラト(城の意)」と呼ばれ、非公式の機関ではあったが、その発言力はチェコの政治に大きな影響を与えていた。マサリクは議会制民主主義の原則から、社会主義を民主主義の枠内で労働者・社会問題の改善を目指す方策と捉える一方、私有財産の廃止を掲げる共産主義については明確に否定していた。マサリクら「フラト」グループには、ジャーナリストのペロウトカ(Ferdinand Peroutka)やチャペック(Karel Čapek)をはじめ、議会制民主主義の堅持を掲げ

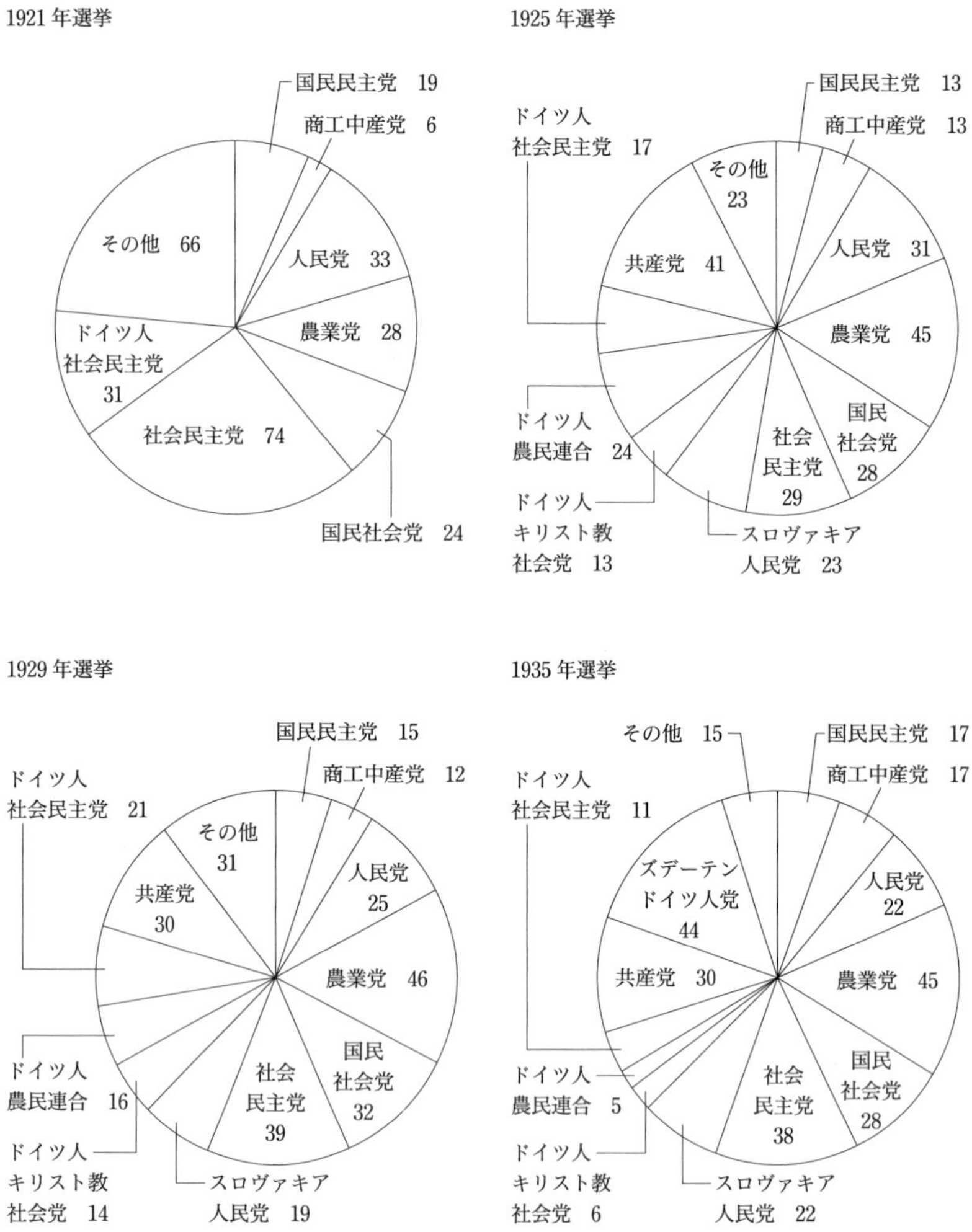

図 2-1　チェコスロヴァキア国民議会の議席数(1920-1935 年)

出典）ジョセフ・ロスチャイルド(大津留厚監訳)『大戦間期の東欧―民族国家の幻影―』刀水書房，1994 年，99，106，112，122 頁。

るリベラル左派系の知識人が多く集っていた。(8)

(三) 建国期の社会政策とチェコ系諸政党

チェコにおいて社会政策の着手の契機となったのが、第一次世界大戦であった。戦前、児童福祉などの社会事業は、自治体や民間団体によって設立・運営されていた。しかし、大戦末期に社会不安が増大していた中で、社会経済生活の統制、ならびに公共空間における治安強化の必要性が認識されるようになった。特に児童福祉による教育活動は、国家による動員政策の主要な柱であると位置づけられ、大戦末期に国家の政策に組み込まれた。この過程において、中産層及び女性を形成主体とする児童福祉組織は、戦時期には民族別に編成され、よりナショナルな使命を帯びることになった。大戦末期の一九一七年一月に、帝国政府は社会政策全般を担当する「社会福祉省(Ministerium für soziale Fürsorge)」を設立し、総力戦体制下で全国的な福祉の再編を図った。同年七月二四日に帝国政府は、経済生活の促進、経済的損失の防衛、食品その他必需品の住民への供給を行うのに必要な措置を行う権限を有することを定めた帝国法第三〇七号法を制定した。(9)政府は戦時統制経済を強化する一方で、国内の福祉政策にあたって、民族別の民間福祉組織に戦時福祉の運営をゆだねることで、福祉政策の中央への統合を図ったのである。(10)

戦時中のチェコ諸政党において、社会政策に対する見解は、社会主義政党と自由主義勢力や保守政党の間で鮮明に表れた。特に、戦前より労働者の社会改革を訴えていたのが、帝国の維持によって国際主義を展開することを掲げるシュメラル(Bohumír Šmeral)ら率いるチェコスラヴ社会民主党であった。しかし、ロシア革命の影響及び国外のマサリク、ベネシュ(Eduard Beneš)らによる独立国家の建設活動の動きを受けて、党内でも国内他勢力との合同によって独立国家形成を目指す動きが高まっていた。この動きの中で、トゥサル（Vlastimil Tusar）、ベヒニェ（Rudolf Bechyně）、モドラーチェク（František Modráček）、ハプルマン（Gustav Habrmann）など、自由主義勢力や保守派との協調を目指す中道派勢力が台頭した。(11)

しかし社会民主党は、チェコの他政党との協調を目指す勢力と社会革命を目指す党内左派の対立によって、明確な社会改革のプログラムを打ち出すことができなかった。このような社会主義政党内での見解の不一致に対して、明確な社会改革の構想を打ち出したのは、むしろ青年チェコ党などの自由主義勢力であった。同党のラシーン（Alois Rašín）や、帝政期ボヘミア最大のチェコ系銀行であったジヴノステンスカー銀行（Živnostenská banka）の銀行長プライス（Jaroslav Preiss）らは、来るべきチェコ国家の基盤となるのは「目的を持って働き、目的を持って貯蓄する強い個人の育成」(12)であり、そのために必要なのは社会主義ではなく社会改革であるといった主張を掲げていた。彼らは他方で、一九世紀の古典的自由主義には修正の必要性を示しており、一九一七年一二月には、大土地収用と分配、生産手段の所有、社会政策の実施によって社会改革を実現するべきであると主張していた。すなわち、（チェコ）国民のために飢餓や社会不安、「ボルシェヴィキ化」を防止すること、国民を守り、将来の国家の権力を確定することである。社会的正義の保証、各個人が仕事を持ち、「社会的強盗」から身を守ること、人民の物質的・文化的水準を引き上げること、社会的弱者の保護、国民所得や国民財産における労働者の賃金比率を保証すること、戦争で暴利をむさぼった者を罰し、最低賃金を保証し、団結権や国民保険を導入すること、このような国家介入による社会改革案は、自由主義勢力の側から打ち出されたのである。(13)

自由主義勢力による国家介入をさらに推し進めることを主張したのが、ブルノのチェコ技術学校の国民経済学教授を務め、のちに国民民主党から財務大臣となるエングリシュ（Karel Engliš）であった。彼は、一九一六年に著した「社会政策（Sociální politika）」において社会政策を、「物質的・精神的文化の基盤をすべての階級・階層・集団に、可能な限り公正に分配する」こと、すなわち「施しではなく、社会的不平等を是正し、社会緊張を緩和するための政策」であると定義した。彼は、個人的な治癒という思想を拒否し、人間の生産性を高めること、すなわち、住民の健康状態を改善し、健全な国民を再生産するための政策が必要であると主張したのである。[14]ラシーンやプライスらを中心とするチェコ系自由主義勢力は、より具体的な国家構想を提唱することで、社会主義化を抑え、将来のチェコの社会経済政策において主導権を握った。[15]青年チェコ党などのチェコ系ブルジョワ勢力と農業党、社会民主党は、大戦末期にチェコ国民委員会(Národní výbor)を成立させ、独立国家の政権運営のための基盤を形成した。青年チェコ党、のちの国民民主党は建国時に党首クラマーシュ(Karel Kramář)を首相に、ラシーンを財務相に擁立し、ジヴノステンスカー銀行長プライスらとともに、通貨改革、企業のチェコ化など一九二〇年代のチェコの経済政策において主要な役割を果たすことになった。[16]

(四)　建国時の社会政策

一九一八年一〇月二八日に、国民委員会はチェコスロヴァキア共和国の独立を宣言した。国民委員会は、戦前の帝国議会において議席を有していたチェコ系政党から構成されており、新国家はこのチェコ系諸政党の連立政権によって運営されることになった。この連立政権は、社会民主党、国民社会党の社会主義政党と、農業党や人民党などの地方利益を代表する勢力、国民民主党のような自由主義政党との連立という性格を有していた。

建国直後の一九一八年一一月一五日には、帝政期の社会福祉省(Ministerstvo pro sociální péče)がチェコ政府にも継承されたことで、新国家チェコスロヴァキアにおける社会政策は、戦時体制を引き継ぐ形で施行された。戦時期に構想された社会改革を実施する役割を果たすことになったのが、社会民主党の中道派及び国民社会党であった。社会民主党からは、新内閣に教育文化相のハプルマン、後の公共事業相のハンプル(Antonín Hampl)らが入閣を果たしたほか、社会政策の中核となる社会福祉省の初代大臣には、ヴィンテル(Lev Winter)が就任した。ヴィンテルは、老チェコ党の自由主義経済の理論家ブラーフ(Albín Bráf)のもとで国民経済学を学んだ後、労働者問題に対してはイデオロギーよりも実践を重視するなど、マサリクに近い立場にある政治家であった。一九〇七年の普通選挙時には労働者問題・社会保険問題の第一人者として議員に選出されたが、シュメラルらを中心とする左派的方針に批判的な立場を取り、「修正主義者」とされた。しかし、彼は法、国民経済、社会政策など、チェコ人議員の中でも屈指の政策通であり、一九一七年には帝国議会の社会政策委員会の長に選ばれていた(17)。ヴィンテルの指導のもと、社会福祉省が一九一八年一一月に掲げた主要課題は、八時間労働の実現、家内労働の最低賃金改定、失業対策、住宅問題(建設支援法と借家人保護)、児童・青年保護、戦争負傷者扶養、社会保険の拡大と体系化、営業監督の実施の八項目であった。社会福祉省は一九一八年一二月に失業者保護法及び八時間労働法を成立させたのに続いて、一九一九年から一九二三年にかけては疾病保険法の改正に加え、二一万人の戦傷者及び遺族三八万人を扶助対象とすることを決定した(18)。一九一九年から一九二二年までの間に、社会福祉省からは八時間労働を含む一五七もの社会立法が提出された(19)。建国時に社会民主党が入閣したことは、社会政策立法の実現の大きな要因であったが、同党の社会政策は、自由主義勢力が準備した社会改革に適合する形で法制化されたといえる。

建国直後に社会民主党が台頭する要因となったのが、終戦直後の経済的混乱による、労働者層の窮乏化であった。第一次世界大戦以来、工場は軍需生産体制で長時間労働であったため、労働者層は慢性的な栄養失調と肺結核に悩まされていた。加えて、中小農民層は農作物生産による食料を輸出に回したため、一九一八年の物価は、戦前の一九一三年比で六倍以上、闇価格では二三倍にも達していた。こうした階級内の格差に加えて、チェコ地域とスロヴァキア地域との経済的格差が顕著であった。労働者層の不満を背景に、社会民主党の党員数は一九一八年の一五万人から、一九二〇年九月には四六万人へと増大し、同党の労働組合(Odborové sdružení československé＝OSČ)は、一九二〇年には八五万六三〇五人に達していた。(20)

(五)　社会政策の政治的背景

政府内における社会主義政党(社会民主党、国民社会党)の優位を決定づけたのが、一九一九年六月にチェコ側のみで行われた地方自治体選挙であった。社会民主党はチェコ人票の三〇・一%、ドイツ人社会民主党はドイツ人票の四二・一%を獲得し、(21)首都プラハをはじめ多くの自治体で社会主義政党が躍進した結果、同年七月にはチェコ社会民主党のトゥサルを首相とする内閣が誕生した。しかし、自由主義勢力や保守派との協働によって社会政策の制定を目指す社会民主党指導部の方針に対して、連立政権への参加を暫定的な措置と捉えていた党内左派は、より急進的な改革を要求するなど、党内の左右対立が顕著になっていた。既に一九一八年一二月の第一二回社会民主党大会において、左派は大土地所有及び大規模経営の解体・財産収用、鉄道や鉱山の社会化(国有化)を要求しており、他の政権与党との間に大きな亀裂を生んだ。

土地政策をめぐって社会民主党と対立関係にあったのが、連立政権内の最大勢力であった農業党であった。チェコでは、ハプスブルク帝国期からの大貴族、カトリック教会の大土地所領を解体することが課題とされており、この点については自由主義政党から社会主義政党まで共有されていた。社会民主党は一〇〇ヘクタール以上の土地を国有化する改革を主張していたが、農民層を支持基盤とする農業党は、小農の土地所有を認める形での土地改革を主張した。(22)農業党は土地改革を実施するための主導権を握り、一九一九年四月に一五〇ヘクタール以下の農地、その他の土地では二五〇ヘクタールまでの土地所有を認める土地改革法の制定に成功した。農村の手工業者、小営業者、工業労働者に土地所有が認められたことで、農民層は食料や住居など、大都市の工業労働者には確保の難しい生産手段の所有が可能となった。(23) この法律は結果的に、社会民主党が主張したような社会化を抑制し、経済的に自立した農民層・土地所有者を生み出したことで、のちのチェコの経済・社会政策の方向性に大きく影響を与えた。農業党が目指した、大土地所有の解体による中小農民層の育成は、いわば農民層の「ブルジョワジー化」を目指した政策であり、社会民主党左派が目指した社会革命とは相いれない性格であった。一九一九年一二月にシュメラルらは党内に「マルクス主義左派」を形成し、社会主義インターナショナルを通した社会革命を主張した。

トゥサル内閣は、工場や鉱山におけるストの頻発に対して、「下からの社会化の第一段階」として、一九一九年一二月に鉱山運営における労使交渉のための「工場評議会(závodní rada)」法を制定することで、労働者に団結権の保障を認めた。(24) しかし大統領マサリクは、社会主義思想に理解を示していたが、ボルシェヴィズムには明確に反対しており、「我が国では、社会化といえばあまりにも単純に国有化のことが考えられているが、国有化は国家資本主義、官僚主義の別の形態であるということが忘れられている」と、急進的な「社会化(国有化)」を含む工場評議会法に釘を刺した。一九二〇年二月の改正法案によって一九二一年八月に施行された工場「委員会(závodní výbor)法」では、(25) 企業内委員会の設置は三〇人以上の企業に限定されており、大統領及び連立政府との妥協が色濃く表れていた。(26)

社会民主党は深刻な党内対立を抱えながらも、労働者層の不安を吸収する形で、一九二〇年四月に建国後初めて実施された全国議会選挙では二八一議席中、単独では最大となる七四議席を獲得した。指導部はマルクス主義左派の抵抗を抑えて、二四議席の国民社会党(当時はチェコ社会党)及び四〇議席の農業党と合わせて一三八議席

表 2-2　戦間期の国民議会選挙における共産党と社会民主党の得票数

（上段：得票数／下段：得票比率(%)）

選挙年	1920	1925		1929		1935	
	社会民主党	社会民主党	共産党	社会民主党	共産党	社会民主党	共産党
ボヘミア	762,092 (22.33)	385,968 (10.42)	468,182 (12.64)	535,263 (13.83)	398,351 (10.30)	551,579 (12.91)	384,750 (9.00)
モラヴィア・シレジア	318,087 (21.99)	166,141 (9.60)	191,850 (11.09)	269,631 (14.79)	162,125 (8.89)	269,089 (13.29)	174,574 (8.62)
スロヴァキア	510,341 (38.05)	60,602 (4.25)	198,010 (13.89)	135,496 (9.49)	184,389 (11.34)	184,389 (11.34)	210,785 (12.97)

出典）Heinrich Kuhn, "Zur Sozialkultur der kommunistischen Partei der Tschechoslowakei", in: *Bohemia*, 3, 1962, p. 434.

を占める「赤緑内閣」を実現させた。しかし同年五月には、二四人の社会民主党員が連立政権への参加に反対を表明したのをはじめ、同年夏に勃発したポーランド・ソヴィエト戦争においてチェコ政府がポーランドへの物資供給を容認したことは、党内の対立を決定的なものにした[27]。マルクス主義左派は、一九二〇年九月に社会民主党から離脱し、国民社会党の左派やドイツ人社会民主党の左派と合流して共産党の結成に至った。これによって社会民主党は大幅に勢力を減らし、同年九月にトゥサル内閣は解体した。一九二一年五月に正式に発足した共産党は、社会民主党の支持基盤を半減させ、チェコ国内の全民族を統合した随一の政党として全国規模で勢力を拡大した（表2-2参照）[28]。

一九二〇年九月のトゥサル首相の辞任後は、超党派の官僚内閣を組閣することで政治的空白を回避し、国民民主党、人民党、農業党、国民社会党、社会民主党の主要五政党が議会外で調整機能を果たす仕組みが構築された。戦間期のチェコスロヴァキア政治においては、この「ピェトカ(五という意味)」と呼ばれる政党間協調のもと、自らの支持基盤の利益を代表する形で政権運営が行われた。官僚内閣はその後一度の交代を経た後、一九二二年に農業党のシュヴェフラ(Antonín Švehla)を首相とする連立政権へと移行した。シュヴェフラは、建国期から社会主義勢力の中道派との協働を推進することで、わずかな時期を除いて一九二〇年代の連立内閣において長く首相職の座にあった。社会民主党の側も、革命的社会改革よりも他政党との連立による政権安定こそが第一であるという姿勢を明確に打ち出し、ピェトカへの参加に積極的な意義を見出した[29]。主要五政党による協調・合意のシステムは、その後メンバーを代えながらも、同国の議会運営を支える重要な要素であった[30]。

議会外での政党間協調体制ピェトカによる政権運営は、社会政策立法にも反映された。一九二五年に制定された失業者保険は、一九世紀以来の伝統を有した、企業内の労働組合員に対する補償制度「ゲント・システム」に基づいており、借家人や農業労働者、日雇い、女性労働者などは、救済の対象とはされなかった。一九二〇年代以降の社会政策立法は、急進的社会改革を要求していた左派抜きで実施されたため、農村や企業家の利害が色濃く反映されることになった。

（六）　国民社会党の政策構想

ピェトカ体制の一翼である国民社会党は、階級や宗派、地域を基盤とする他政党に比して、「チェコ国民」を基盤に掲げた政党であるという点で、他の与党に比して特異な位置を占めていた。一九〇二年にチェコ国民社会党（Česká strana národně sociální）と改組した後、同党は一九一八年四月にはチェコ社会党（Česká strana socialistická）、一九一九年一月にはチェコスロヴァキア社会党（Československá strana socialistická）と改称し、一九二六年三月にチェコスロヴァキア国民社会党（Československá strana národně socialistická）という名称を決定した。本書では便宜上、国民社会党で統一するが、党名の変遷はそのまま同党の性格と立場の変容を示していた。

国民社会党は、党首のクロファーチ（Václav Klofáč）をはじめ青年チェコ党及び社会民主党の出身者を中心に、一八九八年にプラハで設立された。結成時の国民社会党は、社会民主党が指導していた階級闘争・国際主義を否定する一方、政治的には帝国内でのチェコ国民の自治実現を要求し、民主主義、学校教育におけるカトリック勢力の排除、報道及び結社の自由、法の近代化、男女同権を掲げていた。また同党は、広範な労働者層や中間層を支持基盤とするために労働者保護、八時間労働、健康・老齢保険、児童労働の禁止など社会政策の充実を訴える一方で、物質主義や個人主義を乗り越える青年教育、反アルコール、売春反対などモラル面での社会改革を目指す、「非マルクス主義的社会主義」を掲げていた。同党はチェコ民族主義的な主張を掲げ、ドイツ系勢力はもとより、国際主義の立場に立つ社会民主党、ブルジョワジーの利害を代表する青年チェコ党、カトリック勢力を代表するチェコ・キリスト教社会党とも対立した。同党は、プラハ・ヨゼフォフの再開発が都市下層民を追い立て、「ユダヤ人の利益」のために行われているといった、反ユダヤ主義的な言説を掲げることで、住民に訴える戦略を取った。国民社会党は一九〇〇年代後半、帝国議会選挙のたびにプラハで大規模なデモを組織し、ドイツ系はもとより、既成のチェコ系政党に対しても攻撃的な姿勢を示した。市議会での議席獲得はかなわなかったが、一九一一年の帝国議会選挙では、国民社会党(と同盟政党)は一五議席を獲得するなど、大戦直前には着実に勢力を拡大した。(31)

同党は第一次世界大戦末期における社会主義の高まりを受け、チェコ人アナーキストやチェコ進歩党(リアリスト党)の一部を加え、建国後は社会主義政党の一翼として政権に参加した。一九二一年の党大会において、クロファーチやトゥチニー(Alois Tučný)ら戦前からの指導部は、政府による失業緩和、保険制度の整備、政教分離と学校改革、賃金問題、団結権、八時間労働、女性教育などの社会政策を掲げていた。国民社会党は、社会民主党との政策面での共通点を多く有しており、モドラーチェクやベヒニェら社会民主党指導部との合同も視野に入れていた。しかし、同党が掲げた社会主義は、社会民主党が推進するような国際主義・階級闘争ではなく、チェコ国民の自立と社会主義による社会改革を結合したものであった。鉱山や鉄道、郵便、水道、電気などインフラについては社会化を推進する一方で、農業問題については、組合による集団化と個人経営の並存など[32]、私有財産への介入を部分的にとどめ、自助に基づく組合活動を基盤に据える「組合社会主義」を目指していた[33]。同党は戦時期より、社会改革によってボルシェヴィズムの脅威を取り除くことが新国家の使命であるという見解から、チェコ国民を単位とした「国民社会主義(národní socialismus)」を打ち出していた。「国民社会主義」を掲げた政党は、二〇世紀初頭の北ボヘミアのドイツ人を結集し、のちにナチの「先駆者」としてドイツ人国民社会主義労働者党(Deutsche nationalsocialistische Arbeiterpartei, DNSAP)が存在したが、チェコ国民社会党はドイツナショナルの政党とは異なり、建国後は反軍国主義、民主主義などの理念を重視し、ナショナリズムを抑制するようになった。

国民社会党は、マサリクが戦前に所属していたリアリスト党と合流した関係上、建国時から大統領マサリクと彼の民主主義理念を積極的に支持していた。マサリクの盟友である外務大臣ベネシュを党員として迎え入れた。一九二六年から一九二九年まで国民社会党が下野した際には、ベネシュの外相辞任を要求したストゥシーブルニー(Jiří Stříbrný)ら、マサリクを支持しない勢力を排除し、党は改めてベネシュを支持した。これによって、ベネシュは国民社会党が野党に転じたにもかかわらず、外相として内閣に残った。他方で、党内部からは急進派アナーキストが脱退したほか、ピェトカの国民社会党代表であったヴルベンスキー(Bohuslav Vrbenský)もまた、一九二三年に成立した共和国防衛法に反対し、党を脱退した。しかし、党内分裂は社会民主党ほど顕著なものではなく、国民社会党は安定した基盤を有することに成功した[34]。国民社会党は、一九二六年三月の第一一回党大会で、「社会主義とは政治・経済的な問題ではなく、精神的・民族的な問題」と位置づけ、名称を「チェコスロヴァキア国民社会党」とした[35]。ベネシュの党在籍は、政治的理念よりもむしろ便宜的なものであったが、国民社会党は階級を超えた国民政党としての統合を訴えた政党であったことから、チェコスロヴァキアの全国民を対象とする広範な国民政党となりうる可能性を秘めた政党であった。

国民社会党とマサリクらの接近に対して、帝政期より自由主義的な政策を打ち出していた国民民主党は、建国後は右傾化し、資本家の政党に特化していった。その結果、中産階級や公務員の支持を得ていたリベラル派党員が、国民民主党から離脱した後に国民社会党に流れたことから、国民社会党は彼らの基盤を引き継ぐことになった。国民社会党は、労働組合(Česká obec dělnická, ČOD)を通して、国営企業であった国鉄や郵便局の職員に厚い支持基盤を持ち、主に公共事業省を行政基盤として押さえていた。同組合は一九二七年には二八万七五八〇人を有し、社会民主党や共産党に次ぐ勢力を保つなど、大衆政党としても無視しえない組織力を有していた。[36]また、同党が戦前に女性をも含めた普通選挙権闘争を行っていたことは、独立後には女性からの票獲得につながった。一九二五年の議会選挙では、獲得二八議席中一一議席をプラハで獲得しており、一九二九年の議会選挙においても、三二議席中プラハでの得票率が二七%、ブルノでの得票が二四・二%を占めていた。[37]このように、国民社会党は都市部で強さを発揮し、支持層の四分の三以上は、職員層や官吏などの中間層によって占められていた。

このような国民社会党の支持基盤の広さは、社会民主党が公務員や知識人からの支持を得られず、共産党がドイツ人社会民主党の基盤を掘り崩せなかったこととは対照的であった。[38]国民社会党は、戦前以来の反ユダヤ主義、社会革命、チェコ民族主義、マサリクのヒューマニズム論など多様な思想を内に抱えた政党であったことから、ドイツ人社会民主党左派のクライビヒ(Karl Kreibich)からは「急進主義に反対し、時に採用する。スラヴの政治を代弁し、また反対する。軍国主義であり反軍国主義である。いわば、海の上に浮かぶボートのように風によって進む」と評された。[39]農村部では農業党や人民党が勢力を有していたことから、同党の基盤はチェコ側の都市中間層にとどまり、議会内では四―五番手であった。国民社会党は、「チェコ人とスロヴァキア人は単一の国民であり、両者の協働によって差異は消失する」と宣言しており、マサリクが掲げた理念であった、チェコ人とスロヴァキア人を一つの国民(nārod)とする「チェコスロヴァキア主義」を一貫して支持した。しかし、同党は元来、ドイツ系及びユダヤ系勢力への対抗を目的に、「チェコ国民(Český nārod)」の統合を目指して設立された政党であり、スロヴァキアの問題についてはほとんど理解を示していなかった。また、後述するようなドイツ人勢力との関係についても、ドイツ系住民の修正主義に反対しながら、マイノリティの民主的な保護を主張することにとどまっていた。(40)

国民社会党が構想した住宅・社会政策は、広範な住民層の住環境改善を、「組合社会主義」の理念から、私的所有の原則を損なわず、組合を通して住民の自助を促進することによって実現することであったと考えられる。しかし、同党の政策が、「チェコスロヴァキア国民」を対象としているのか、「チェコ国民」の範囲にとどまった政策であるのか、ドイツ系住民を含めた全国的な政策を掲げていたのかについては、極めて曖昧であった。

第二節　社会政策の担い手としての住宅組合と建設支援法の制定

(一)　建国直後における住宅政策への着手

本節では、建国期のチェコスロヴァキア政府内において、住宅問題に対してどのような解決策が模索・実施され、新国家の諸政党がどのような意図を住宅政策の中に有しており、どのような見解の相違が生じたのかを考察する。

建国直後のチェコスロヴァキア共和国は、深刻な住宅難に見舞われた。第一次世界大戦の勃発によって建設資材の調達が困難になった結果、戦時中の住宅建設は大きく滞った。住宅不足の深刻化に拍車をかけたのが、終戦直後の社会的混乱であった。大戦前から顕著になっていた、農村から都市への人口流入に加えて、大戦からの復員に伴って、大幅な住宅需要の増大が引き起こされた。特に世帯数の増加は顕著であった。一九一八年には全国で五万七七三一組の婚姻数であったが、一九一九年には一挙に一二万三二六八組、一九二〇年には一三万五七一四組へと増加し、新生児の数も一九一八年の一二万五七九人から、一九二〇年には二四万四六六八人へと倍増していた(41)。一九二一年の統計によると、首都プラハの人口六七万六六六三人中、一五―六〇歳の労働力人口が四九万七九一三人、全人口の七三・六%に達しており(42)、新居を必要とする若年層比率が高まっていたことがうかがえる。市中心部では、女中や奉公人を抱える家族が多かったが、住宅不足の中で若年層は独立して世帯を構えることは困難であったため、住民の独身率は五〇%を超えていた。一九二一年には、プラハ市内の下宿人は七万五四〇六人、全住民の一一・七%に達しており、一九〇〇年と比べて一六〇%も増加していた(43)。他方、労働者家族は市中心部の市民層に比して出生率及び婚姻率が高かったために、新居の不足はいっそう深刻な問題として表れていた。結婚しても新居に移住できず、親世帯と同居せざるをえない家族が増加した結果、一―二部屋程度の労働者家屋における居住過密はいっそう悪化することになった(44)。一九二一年の統計では、全国都市部の五一万二八七戸中、空き家はわずか七七九戸であったという(45)。このため、当時の家賃年額の平均が、労働者層においては一六〇―五〇〇コルナ程度、官吏の場合は四〇〇―一六〇〇コルナであったのに対して、二―三階建て家屋の家賃年額は一万コルナ以上、市中心部では八万コルナに達した物件もあったという(46)。さらに、住宅不足に伴って家賃は大幅に値上がりしており、借家人と家主の関係は社会不安の火種となっていた。上下水道、ガス、電気なども行き渡っていない物件も依然として多く、戦前以来の過密で不衛生な住環境では、結核など伝染病が蔓延した。住宅設備の質的改善もまた、量的改善と並んで喫緊の課題として残されていた。にもかかわらず、建設費の高騰による住宅建設の停滞は戦後も続いており、住宅市場の活性化は新政府にとって急務の課題となったのである。

帝政期には、住宅組合への建設援助を定めた一九一〇年の小住宅法などを除いて、政府や自治体による具体的な住宅政策はほとんど実施されなかった。自治体では制限選挙が帝国崩壊まで存続し、社会民主党など借家人を代表する勢力が市議会にほとんど議席を有しえなかったため、議員の多くを占めていた家主層の利害が反映されていた。しかし、第一次世界大戦の激化に伴って一九一八年三月二八日に制定された住宅収用法によって、戦時中に極端な住宅不足に見舞われた自治体には、未使用住宅・建造物を収用できる権限が付与された(47)。同法は、前年の経済統制法を基盤に、帝国政府が初めて住宅利用に対する公的介入を承認した法律であった。しかし、前述したような大戦後の深刻な住宅難のために、戦時統制経済は帝国解体後も新共和国に引き継がれた。住宅状況の逼迫から、住宅市場への政府介入、政府による住宅問題解決の必要性は、階級・民族利害にかかわらず政権に参加していたすべての政党から打ち出されていた。政府は一九一九年一月に、全国の一九自治体に共同住宅局(společný bytový úřad)の設置と、自治体による大規模家屋の収用を認める法律を制定した。さらに二月には、初年度五〇〇万コルナ、その後毎年二〇〇〇万、一九二九年までに合計二五〇〇万コルナの政府住宅基金の設立(第二二一号法)を決定した(48)。住宅局は、自治体の建設局と共同で、公営住宅の入居者決定と自治体の住宅建設の運営を行った。このように、戦後直後の住宅政策の基本方針となったのは、戦時経済体制の存続に基づく公的介入政策であった。

建国時の社会民主党は、戦時統制経済の存続によって、自治体による直接の財政援助と、住宅収用に代表される社会化政策を主張していたが、このことは政府内で強い反発を引き起こした。家賃統制や住宅収用などの社会化政策に反対する勢力は自由主義者を母体とする国民民主党であった。同党から財務相に就任したラシーンは、戦後の不安定な経済状況下での民間の住宅建設を活性化するためには、民間、住宅組合、自治体及び郡への政府援助に加えて、金融機関から低利子で建設費融資が受けられるようにすること、新築住宅に対する家屋税の免除を提案した。[49] 一九一九年五月に制定された第二八一号法では、住宅建設にあたって建設主が金融機関からの抵当貸付(hypotekární zápůjčky)を受ける際に、金融機関に対して政府が利子及び割賦弁済金(úmor)を保証することが定められた。このように、建国直後の住宅立法には国民民主党の意向も反映されていた。[50]

しかし一九二〇年に入ると、建設費の高騰によって建設活動が停滞したことに加えて、建設主の側も、補助金を受けて建設された住宅に十分な金利が付くことへの疑問から、新築はリスクが高いという認識が広まっていた。一九一九年五月には既に、二部屋住宅が四戸入った家屋の建設費は、八万コルナから一〇万コルナにも達しており、年額五〇〇万コルナの政府住宅基金では賄えないことは明白であった。[51] 新国家の官僚層のための官舎も、全国で軒並み不足しており、住宅不足は一〇万戸にも及ぶという指摘がなされていた。政府は一九二〇年末までに一万五一五二戸への建設援助を計画していたが、実際に建設されたのは七九二六戸と半分にも満たなかった。[52] 住宅建設費は戦前の一五倍以上にも達しており、一九二一年には政府内で、住宅建設援助の見直しが議論されることになった。

(二)　一九二一年の建設支援法

ラシーン財務相は、建国後も存続していた戦時統制経済を強く批判した。彼の主張によると、戦中戦後における婚姻数の増加への対応、戦時中からの煉瓦や石炭など建設資材の不足の克服、新国家における官庁・官舎の確保のために住宅収用と借家人保護の法律が制定されたが、高い家賃税と付加税のために住宅建設が進まず、入居できるのは希望者の五%にとどまっている。戦前には、住宅建設費は一〇万クローネだったが、今は一五〇万コルナもかかるうえに、抵当貸付は建設費の一五分の一であり、建設者は残りを自己負担しなければならず、住宅建設のリスクはあまりにも大きい。このような問題を解決するためには、政府が小住宅の建設に対して保証を行うことが最も適切である。一〇億コルナを金融機関から借り入れることによって建設費の六〇―八〇%を保証し、五〇年の税免除を認めれば、建設は促進されるであろう。[53] このようにラシーンは、政府が目指すべき住宅政策の方向性を説明した。政府は建設支援の財源をねん出するために、一九二一年一月一四日の法律によって、最大一〇億コルナをくじ方式の借入(losová výpůjčka)によって賄うことを定めた。この方式は、政府が二六年で五%の利子の住宅くじを販売することで建設費を賄い、住民にくじ引きで配当金を供給するというものであった。

社会民主党は、労働者層の住宅建設のためには、金融機関からの借り入れによる政府保証(záruka)ではなく、政府による直接の資金貸付(zápůjčka)によって公営住宅を建設することを主張した。これに対して、一九二一年二月の審議においてラシーンは、戸建て家屋を建設する者に対しては、六〇%の建設費保証を国から、二〇%を第一抵当から賄い、建設費の二〇%を自己負担として担わせることを要求した。国民民主党の主張は、民間による新築への援助こそが住宅危機を解決するのであるが、そのためには自由放任の経済政策ではなく、民間建設を促進するための政府援助が必要であるというものであった。[54] これによって、一九二一年三月に、金融機関からの建設費貸付に対して政府保証を盛り込んだ「建設支援法(zákon o podpoře stavebního ruchu)」(第一〇〇号法)が制定された。同法は、民間、住宅組合及び自治体の三者を援助対象と位置づけ、戦後復興のための建設振興と住宅不足の量的な解消を目的に、戸建て住宅に対しては建設費の六〇%、八戸以上の家屋に対しては八〇%の政府からの保証を定めたうえで、新築住宅に対しては二〇年、特に小住宅の場合は五〇年にわたって、家屋税を免除した。[55] さらに同法は、過密設計を防止するために、住宅面積は敷地の三分の二以下に抑えること、室内の

表 2-3　建設支援法に基づく政府保証及び税免除規定

制定・更新年	建設費援助の最大比率(%)		税免除期間(年)	小住宅の定義(m^2)	政府援助額(Kč)
	集合住宅	家族住宅			
1919(281 号法)	–	–	–	–	500 万
1921(100 号法)	80	60	50	80(35)	8 千万
1923(35 号法)	60	50	30	80(35)	1 億 5 千万
1924(58 号法)	55	45	25	80	–
1927(44 号法)	40(80)	40(75)	25	80	1 億 2 千万
1930(45 号法)	50(90)	40(75)	25	40	3 億 5 千万
1936(65 号法)	50(90)	40(75)	25	24	3 億

出典）*Die sozialpolitische Bedeutung der Wohnungswirtschaft in Gegenwart und Zukunft*, Frankfurt, 1931, pp. 475-76, 479, 481; *Sbírka zákonů a nařízení státu československého 1918-1938*（『チェコスロヴァキア法令集 1918-1938 年』）より作成。

台所は最大一二㎡としたうえで、援助基準を三部屋・八〇㎡以上の小住宅(malý byt)(または、家族住宅)と定めていた(集合住宅の場合は、最低三五㎡の台所付き一部屋住宅)。同法は、若年の新世帯のための住宅供給を量的に確保するという目的に加えて、住宅の質的改善を目指した法律でもあり、小住宅の基準は、戦間期チェコにおける住宅建設の方向性を決定づける要因の一つとなった。同法は、自治体による未利用の住宅収用という社会民主党の主張と、民間建設に対する金融機関からの援助への政府保証という国民民主党の主張の折衷という性格を有していた。国民民主党及び農業党は、自助と民間経営の促進こそが利益をもたらすというこれまでの見解を、建設支援法に反映させることに成功したのである。

一九二一年三月の建設支援法は、一年間の時限立法として成立した。建設支援政策に伴う財政援助は、あくまでも民間の住宅市場を活性化させるための方策であり、住宅市場が軌道に乗れば、援助を縮小・廃止することが前提とされていた。同法は、二〇年代前半の景気後退による住宅市場の停滞への懸念から、一九二三年一月及び一九二四年三月に延長されたが、戸建住宅への援助額が四五%に減らされるなど、条件は漸次的に狭められた(表2-3)[56]。

(三)　戦間期における住宅組合の役割

一九一九年及び一九二一年の建設支援法において、家族向け小住宅建設の担い手として、政府援助の対象となったのが住宅組合(stavební družstvo)であった。住宅組合が建設支援法の主要な援助対象となったのは、住宅組合が戦前より、クローゼット、食品貯蔵庫、浴室を備えた、健康で安価な家族住宅の建設の主な担い手であり、労働者住宅の環境改善を目指す社会福祉省の住宅政策の方針とも合致していたためであった。社会福祉省の承認を得た住宅組合は、政府及び自治体から市有地の取得において便宜を図られ、政府住宅基金からの援助ならびに金融機関からの貸付に対する政府保証においても、優先的に住宅組合に与えられた。組合員が支払う利子は五%未満に抑えられ、これによって住宅組合は資力の乏しい者に対しても住宅を賃貸し売却することが可能とされた(57)。

帝政期に勃興した組合活動は、新政府が住宅組合による建設活動に保証を行うことを容易にした。中でも、社会民主党のモドラーチェクが指導した「チェコスロヴァキア住宅改革中央協会(Ústřední jednota pro reformu bytovou v Československé republice)」は、政府官僚、各自治体や州の代表者に加え、チェコ工科大学、貯蓄銀行など、広範な専門家層が参加する半官半民の組織であった。同協会は、創設会員には各一千コルナの設立基金を募り、資本金五〇万コルナ以下の住宅組合からは年額五〇コルナ、五〇万コルナ以上の住宅組合及び自治体からは一〇〇コルナを年会費として徴収することで、住宅建設の計画と資材調達を行った。住宅改革協会は、住宅組合の活動をモラヴィア、シレジア、スロヴァキアと全国規模で実施することを掲げ、一九二八年には、全国の組合数七九三に組合員数は八万七五〇九人(チェコ系六九六組合七万四六八二人、ドイツ系九七組合一万二八

表 2-4　チェコスロヴァキア住宅組合連盟に登録された住宅建設

年度	組合数	会員数	家族住宅	集合住宅	戸数合計
1910	11	1,106	–	–	–
1911	20	1,999	104	1	217
1918	21	2,428	0	0	0
1919	76	5,988	61	7	195
1920	180	16,519	150	28	518
1921	223	17,781	591	27	1,019
1922	232	17,427	639	17	903
1923	238	18,975	890	37	1,552
1924	230	17,966	705	51	1,682
1925	242	17,381	125	33	633
1926	233	15,429	70	25	334
1927	219	16,921	114	19	387
1928	218	17,323	346	31	1,108
1929	215	18,016	174	31	933
1930	230	20,488	115	20	461
1931	212	20,160	198	112	2,653
1932	193	24,965	83	71	1,658

出典）*ČS stavební a bytová družstva*, p. 72.

二七人）に達した。政府からの援助総額は、集合住宅が一〇億五八二一万五千コルナ、家族住宅が九億五四一九万コルナと、ほぼ半々であり、庭付き家族住宅の建設に重点が置かれていた[58]。一九三四年までに全国に設立された住宅組合は一四一五にも及び、一九一九年から一九二八年までに建設された家族住宅は一万五八九四家屋に達していた（表2-4、図2-2）。

モドラーチェクは自助に基づく組合活動こそが国民に民主主義を教えるものであるという「組合社会主義（družstevní socialism）」を掲げ、社会民主党左派と距離を置いていた。自助を重視するモドラーチェクら住宅改革協会の方針は、政府の住宅政策とも適合的であった。社会福祉省は住宅組合に対して、家賃を払うのが遅く、貯蓄をしない「悪い借家人」が入居することを防ぐように指導し、入居者が将来の家族住宅の購入者となるよう通達した[59]。住宅組合は、「非所有者層に健康で安価な住居を与える」ことを目的としていたが、その対象は会費を支払い、貯蓄によって財産形成を目指すという市民的規範を備えた者に限定されたことがうかがえる。

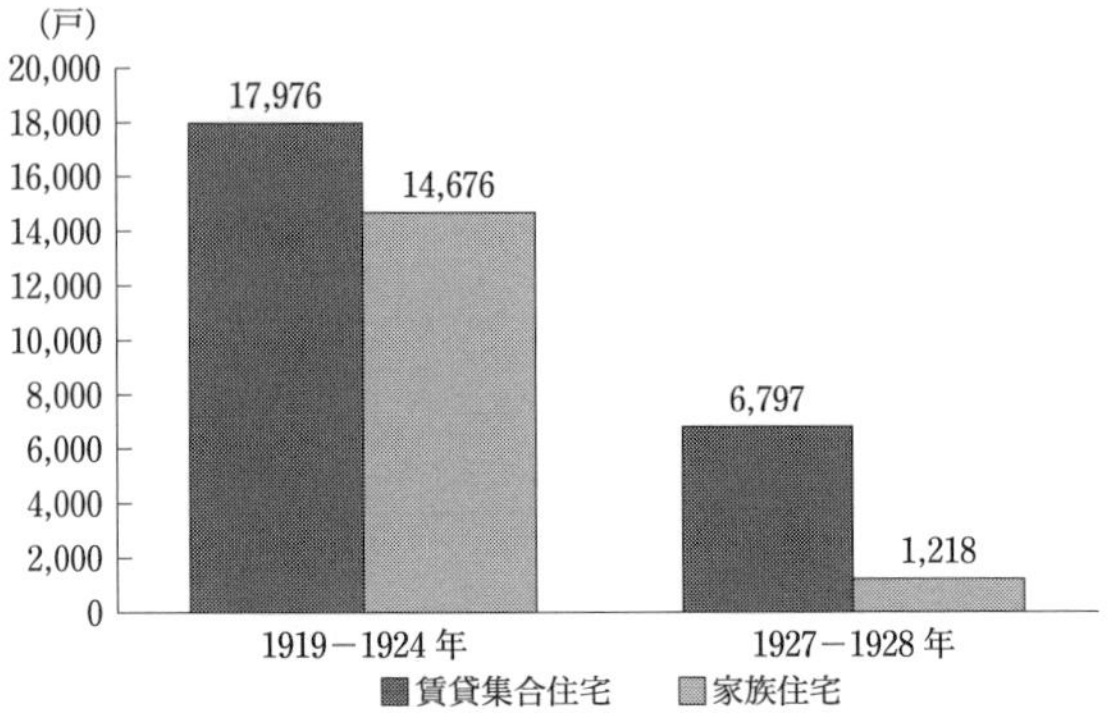

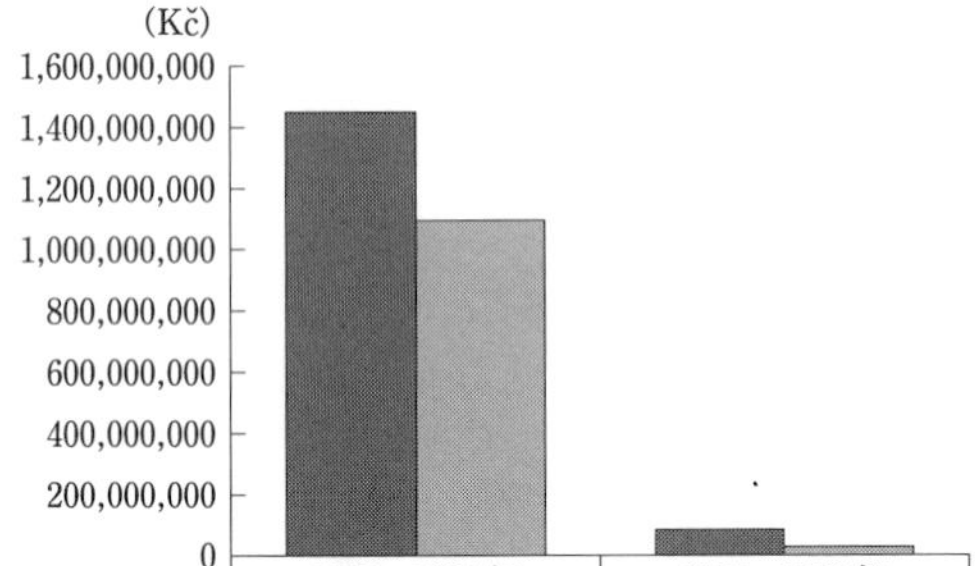

	1919－1924 年	1927－1928 年
■家族住宅の総建設費	1,450,821,788	84,596,063
▨家族住宅の援助費	1,095,132,090	27,872,086

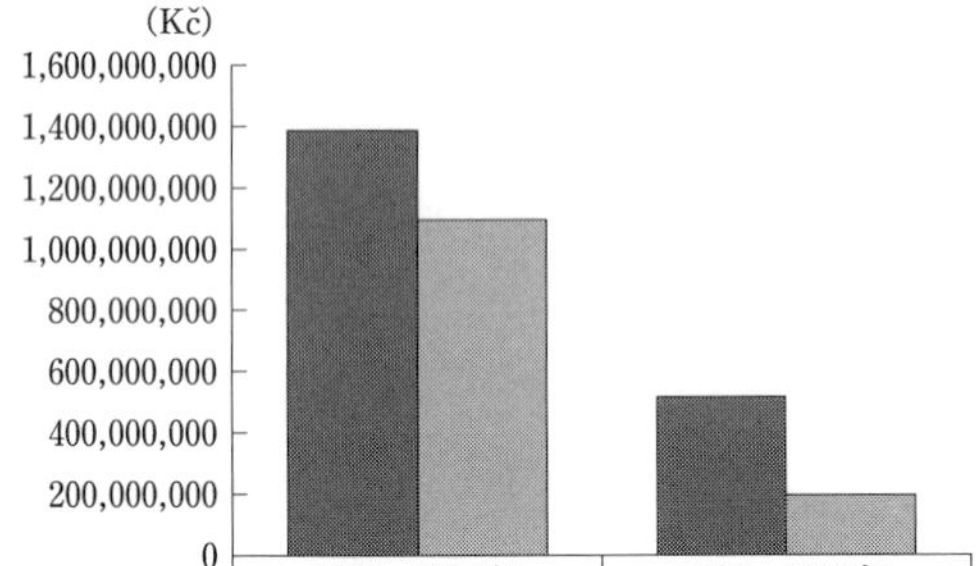

	1919－1924 年	1927－1928 年
■賃貸集合住宅の総建設費	1,387,510,803	515,523,577
▨賃貸集合住宅の援助費	1,095,718,060	194,953,423

図 2-2　1928 年までの住宅組合の提供戸数の内訳と建設費用

出典）*ČS stavební a bytová družstva*（『チェコスロヴァキアの住宅組合』）, Praha, 1935, p. 18.

表 2-5　チェコにおける住宅組合の設立の地域別内訳

年度	ボヘミア		モラヴィア		スロヴァキア・ポトカルパツカー・ルス		合計
	プラハ	その他	ブルノ	その他	ブラチスラヴァ	その他	
1910	36	75	3	48	1	−	163
1919	18	47	2	6	−	−	73
1921	20	122	4	30	−	2	178
1922	67	249	14	111	8	17	466
1923	88	204	22	94	10	19	437
1924	39	56	−	21	13	5	124
1927	37	34	12	17	3	3	106
1928	46	26	9	18	6	3	108
1930	122	78	17	32	15	9	273
合計	238	453	44	198	30	45	1,008

出典）*ČS stavební a bytová družstva*, pp. 14, 16.

しかし、住宅組合が掲げた価値規範は、チェコスロヴァキア全土に浸透したわけではなった。プラハ市内の住宅組合は二三八に及び、市内の民間建設数は七八四二家屋であったのに対して、住宅組合によって建設された住宅家屋数は三七三八家屋に達していた一方[60]、スロヴァキアでは住宅組合は全域で七五という、極端な地域差が生じていた。住宅組合を受容していたのは、都市部のチェコ系・ドイツ系中間層にとどまっていた(表2-5)。

(四)　借家人保護法をめぐる政党間の相違

戦間期の住宅政策において、建設支援法と並んで重要な柱であり、戦間期を通して論議の対象となったのが借家人保護法(Zákon o ochraně nájemníků)であった。ハプスブルク帝国期には、借家人保護の法律は存在せず、家賃の値上げ、借家人の立ち退き通告は家主にゆだねられていた。しかし第一次世界大戦末期の、夫の出征後に都市部に残された妻子にとって、家賃支払いがいっそう困難になっていた。このため、住宅は食糧配給などと並んで、チェコのみならずヨーロッパ諸国の重要な社会政策となり、借家人保護を名目とした家賃統制は、イギリスで一九一五年、ドイツで一九一七年に開始されていた。ハプスブルク帝国においても、大戦末期の一九一七年一月に、借家人の不当な解約の禁止及び家賃の値上げ上限を定めた借家人保護法が、一九一八年末までの時限立法として成立した[61]。同法では、家賃未払い者に対する解約においても、裁判所の認可が必要とされていた。

しかし、終戦直後の住宅需要の逼迫、社会不安による労働者の革命機運は、借家人保護法の廃止によって社会的騒擾を引き起こす恐れがあった。このため、一九二〇年四月に制定された第二七五号法では、チェコ側では一九一八年一月二八日以前、スロヴァキア(旧ハンガリー)側では一九一六年九月一三日以前に建設された旧家屋を対象に、家賃値上げの上限を二〇％と定め、以後毎年更新された[62]。戦時中は前述のように住宅新築が滞っていたために、国内のほとんどの家屋が借家人保護下に置かれた。プラハ市内の全住宅一六万六五六一戸中、一四万四七〇〇戸を賃貸集合住宅が占めており、戸建ての家族住宅は九一三九戸にすぎなかった。人口六七万人中、五六万人が賃貸集合住宅に居住するなど、住民の多くが借家人であり、持家所有は稀であった[63]。

戦争終結後から、借家人保護による家賃統制は、家主や民間建設業者の収入を抑え、建設活動の停滞を引き起こすという懸念が政府内から出されていた。財務相ラシーンは、借家人保護法を緩和して旧家屋と新築の家賃を近づけることが、住宅市場の活性化には必要であると主張した。ラシーンの説明によると、戦前、プラハでは家賃は収入の平均二〇％に達していたが、一九一九年には、場所によっては収入の五―七％にすぎない。このため労働者家族では、戦前のように家賃を賄うためにベッド借りを宿泊させる必要がなくなっており、労働者街のプラハ八区では、住宅内の人数は三・二六人に減少している。しかし、借家人保護法の導入によって労働者の経済環境が改善されたことは、別の問題を引き起こしている。現実には、高額の家賃税や付加税のために住宅新築が滞っており、住宅を必要としている層が多くいるにもかかわらず、入居できた者はごくわずかである。彼はさらに以下のように、借家人保護法の問題を指摘した。すなわち、家賃値上げの制限は借家人に安価な住宅という特権を与え、家主を圧迫し、借家人のエゴイズムを強化している。プラハでは台所付き一部屋住宅の新築家賃が年三三〇〇コルナもかかるが、戦前に建設された隣の世帯は、台所付き一部屋住宅で二八〇コルナに抑えられている。現状では、家賃収入の多くは家賃税及び付加税として徴収され、住宅建設に投資するための資金が手元に残らない。旧家屋の家主を絶望に追い込むような社会政策が行われている。(64)このように、ラシーンは借家人保護法が新築を阻害していることを指摘し、同法の支持者である社会民主党を厳しく批判した。一九二二年前後に生じた経済不況によって一九二四年には新築が頭打ちとなり、戦中からの借家人保護法による家賃統制が民間による住宅新築を阻害しているという批判が、家主層の利害を代弁する諸政党から表れるようになっていた。

しかし実際には、住宅不足と新築住宅の家賃高騰のために、労働者層にとって新居への入居はほとんど不可能に近い状態であった。借家人保護下の住宅に居住している労働者及び官吏は、家計における家賃比率が五―六%に抑えられていたが、保護なしの住宅では家賃負担が倍増したのである。(65)このため、住宅過密は解消されず、二〇年代初頭には一―二部屋の小住宅に住民の大部分が居住せざるをえないという悪循環に陥っていた。社会主義政党は、借家人保護法の撤廃に強く反対し、同法は一九二五年まで更新された。民間市場の活性化を推進する国民民主党と、借家人保護法の存続と公的介入の実現を目指す社会主義政党との調整のために、借家人保護法の条件は次第に緩和された。年ごとに家賃値上げの基準が緩和され、一九二四年には四部屋以上の住宅が保護の対象外とされた。(66)それでも、借家人保護のない住宅の家賃は、借家人保護下にある住宅のほぼ二倍に達していた。

（五）　建設支援政策の量的「成果」

以上のように、本章では建設支援政策を中心に建国期チェコスロヴァキアの住宅政策の展開を概観した。そこ

表 2-6　1919-1929 年の政府による住宅建設援助と総建設数

建設主体	政府	自治体	住宅組合	民間	合計
集合住宅(家屋数)	1,811	1,624	1,865	1,368	6,668
(戸数)	6,114	14,890	27,029	7,808	55,841
家族住宅(家屋数)	668	676	13,693	13,836	28,873
(戸数)	1,339	764	15,921	16,197	34,221
国内の総建設数 452,679 戸(1919-1929 年)					

出典) *Die sozialpolitische Bedeutung der Wohnungswirtschaft*, p. 493; *Hospodářský a společenský vývoj československa*, p. 34. より作成。

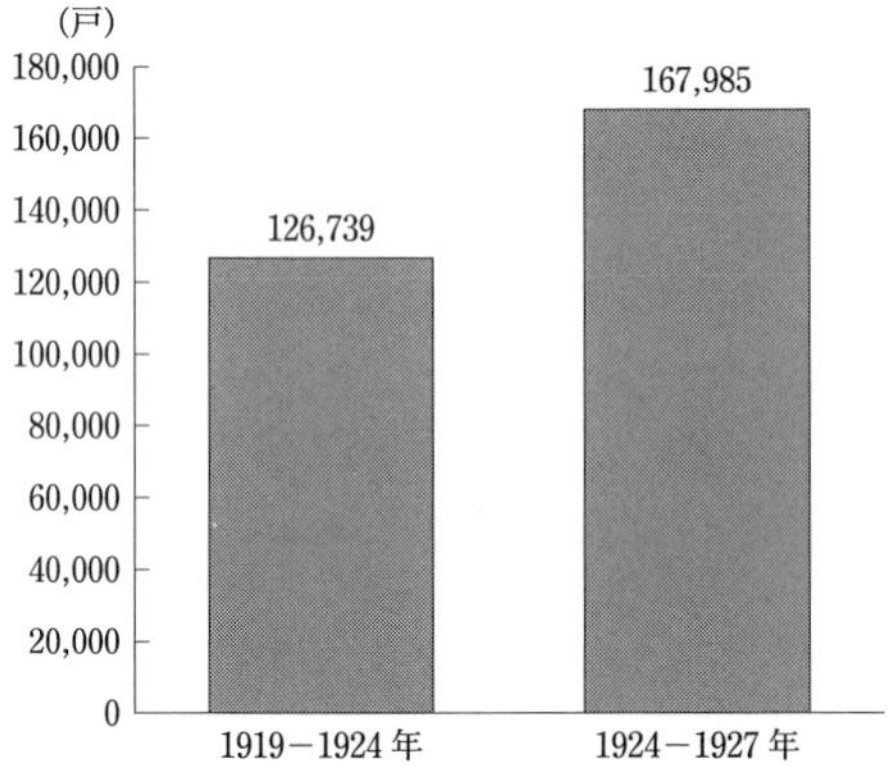

図 2-3　1920 年代における住宅の建設戸数

出典) Státní úřad statistický, *Hospodářský a společenský vývoj československa* (『チェコスロヴァキアの経済社会発展の 50 年』), Praha, 1968, p. 34. より作成。

で、改めて建国から二〇年代末までの住宅政策の「成果」をまとめておこう。表2-6、図2-3からも明らかなように、一九二〇年代の一〇年間で、およそ四五万戸の住宅建設が行われてきたが、このうち建設援助を受けた住宅は、すべて含めると一二万戸以上に達していた。すなわち、援助を受けた住宅は全建設のおよそ四分の一に及んでいたことがうかがえる。人口一万人以上の都市における二〇年代の住宅建設一三万戸のうち、集合住宅の戸数が約五万戸であった。住宅の中でも、集合住宅は都市部で建設される場合が多かったことを勘案すれば、都市の住宅建設の三分の一から半数近くが公的支援を受けて建設されたと考えら

表 2-7　人口1万人以上の全国74都市自治体における住宅建設数(1919-1928年)

年度	建設数	解体数	増加数
	棟数(戸数)	棟数(戸数)	棟数(戸数)
1919	348(1,799)	41(　61)	307(1,738)
1920	934(4,515)	36(　142)	898(4,373)
1921	1,644(7,851)	24(　100)	1,620(7,751)
1922	2,276(7,853)	43(　115)	3,233(7,738)
1923	3,212(11,309)	54(　213)	3,158(11,096)
1924	4,744(15,786)	71(　250)	4,673(15,536)
1925	4,013(13,334)	126(　333)	3,887(13,001)
1926	5,249(15,642)	166(　507)	5,083(15,135)
1927	7,140(23,371)	344(1,249)	6,796(22,122)
1928	9,446(35,951)	250(2,144)	9,196(33,807)

出典) *Československá vlastivěda Díl. 4* (『チェコスロヴァキア学』), Praha, 1930, p. 332.

表 2-8　1920年代の建設支援法に基づく住宅建設数

	家族住宅の建設数		集合住宅の建設数	
	棟数	戸数	棟数	戸数
1919年第281号法	873	1,053	306	4,494
1921年第100号法	2,696	2,959	434	4,229
1922年第45号法	12,167	13,846	1,539	11,832
1923年第35号法	6,896	8,162	1,487	13,136
1924年第58号法	1,657	1,845	530	6,049
1927年第44号法	1,803	2,319	188	3,044
1928年第43号法	2,071	2,712	236	4,103

出典) *Die sozialpolitische Bedeutung der Wohnungswirtschaft in Gegenwart und Zukunft*, Frankfurt, 1931, pp. 475-76, 479, 481.; *Statistisches Jahrbuch der Čechoslovakischen Republik*, Prag, 1937, p. 233. より作成。

れる(表2-6、表2-7)。このように見ると、二〇年代の建設支援の「成果」は決して小さくなかったといえるだろう。

この「成果」の内実については、建設支援がなされた時期を詳細に見ることによって明らかになる。建設支援が総建設に占める割合は、二〇年代前半までの時期において は、総建設数一二万六七三九戸中五万四四六九戸と、半数近い比率を示していた(表2-8)。戦争の混乱で住宅建設が滞っていた二〇年代前半での時期において、政府の建設支援政策は重要な役割を果たしていた。このような建設促進によって、喫緊の課題であった住宅供給の「量」を確保するという命題は、ひとまずは「成果」をあ

表2-9　1930年度の国内主要都市における住宅建設戸数と住宅建設主の内訳

ボヘミア	住宅組合	自治体	州(郡)	国	住宅総数	人口
プラハ	21,539	9,030	762	4,488	233,498	848,081
プルゼン	1,672	2,037	10	633	32,942	121,344
リベレツ	471	790	26	277	27,819	72,358
ウースチー・ナド・ラベム	676	1,075	19	60	20,115	62,733
チェスケー・ブジェヨヴィツェ	401	452	7	193	15,931	56,442
テプリツェ	405	523	9	125	15,978	50,833
カルロヴィ・ヴァリ	123	418	5	156	11,370	42,054
ヤブロネツ	174	499	15	41	11,734	39,815
クラドノ	414	517	30	152	12,437	39,378
フラデツ・クラーロヴェー	551	732	28	304	8,966	34,513
モラヴィア、シレジア						
ブルノ	2,341	2,258	357	1,086	68,669	263,646
オストラヴァ	593	1,235	13	3,909	42,789	175,056
オロモウツ	238	818	37	741	15,012	65,989
オパヴァ	323	739	0	74	10,689	42,994
ズリーン	45	47	0	0	3,235	21,584
スロヴァキア、ポトカルパツカー・ルス						
ブラチスラヴァ	2,322	1,364	18	1,703	32,352	142,516
コシツェ	651	567	15	947	15,415	70,232
トゥルナヴァ	0	154	20	244	5,023	23,971
ウジホロド	65	130	48	423	6,953	33,124
ムカチェヴォ	5	44	6	176	5,590	29,387

注）都市はいずれも広域都市圏
出典）*Sčítání bytů ve větších městech republiky československé ze dne 1.12.1930*（『チェコスロヴァキア大都市における住宅統計(1930年12月1日)』), Praha, 1935; *Statistisches Handbuch der Čechoslovakischen Republik* 4, Prag, 1932. より作成。

げることができたといえるだろう。

他方で、建国期の住宅政策の柱となった建設支援政策は、住宅不足に喘ぐ住民層に対してというよりも、家主や建設業者などの供給者に向けた政策であった。建国期の住宅政策は、建設業を活性化するための産業振興の意味合いを有していた。この方針は、一九二〇年代半ばに入ると軌道に乗り始め、建設支援を受けた住宅建設は一万二千戸程度にとどまった一方で、総建設数は三〇万戸以上に達していた(表2-6、図2-3)。政府の援助政策から離れた、民間の住宅建設が大きく伸びた傾向がうかがえる。二〇年代後半には、公営住宅や民間への公的援助は大きく引き下げられ、住宅供給は民間建設にゆだねられるようになった。建設支援政策は、第一次世界大戦後の混乱期における対処的な財政措置であり、借家人保護や間取りの規制が設けられたものの、民間主導の住宅供給という自由主義的傾向は、戦間期においても変わらなかったといえよう。

他方で、表2-9からうかがえるように、新国家チェコスロヴァキアの住宅供給主体の中では、住宅組合や公営住宅も無視できない役割を果たしていた。特に、プラハ、ブルノ、ブラチスラヴァといった中核都市において住宅組合の数が飛躍的に増大していたことは、協同出資によって住宅を建設するという思想が都市部で広がっていたことを示すものである。このように、チェコスロヴァキアでは、民間建設が圧倒的多数を占めつつも、多様な建設主体が独自の住宅建設理念をもって立ち現れることになるのである。

小括

二〇世紀の激動の中で誕生した新国家チェコスロヴァキアでは、国民・国家統合のための社会政策が、階級、利益団体、民族が相互に入り組んだ諸政党の連立によって担われた。社会政策の中でも、住民生活に直結する住宅政策においては、新国家の方向性をめぐる議論が反映されていた。

第一次世界大戦の激化によって出現した「総力戦体制」は、借家人保護や住宅収用といった統制経済政策を生み出した。戦後、新国家の経済的自立を目指していたラシーンらチェコ系自由主義勢力は、戦時統制経済からチェコ系ブルジョワジーの利害を反映した民間市場の活性化を目指していた。これに対して、社会主義政党は、建国時の住宅事情の窮乏から、自治体による住宅収容と公営住宅の建設、借家人保護法の維持が、労働者層の住宅困窮を解決するための方策であると主張した。戦時統制経済の残滓であった借家人保護政策は、家賃値上げを抑え、建設主の所得水準を引き下げる政策であるとして、「ブルジョワ政党」の側から強く批判された。農業党など利益代表政党も、土地改革に代表されるような家主層の私的所有の維持拡大を目指すうえで、国民民主党と利害を一致させ、社会民主党が掲げる、社会化及び戦時統制経済の維持に反対した。

領域内の民族問題や、国外のプロレタリア革命の脅威に曝されていた新国家を維持するために、連立政権内における社会政策の方向性をめぐる分裂は最小限に食い止める必要があった。このような、社会政策をめぐる左右対立を調整するうえで、大統領マサリクの政治思想が大きな役割を果たしていた。リベラル左派のジャーナリストで、大統領マサリクと交流が深かった『現在』誌編集長ペロウトカが、「土地改革はチェコ社会を西側へと方向付ける契機であり、土地改革によって生み出された小農の存在は、チェコにおける(西欧)民主主義の証左である」(67)と評したことは、新政府の方向性を端的に表していた。ペロウトカによると、「ロシアのような名誉ある孤立」はチェコでは不可能であり、欧州で資本主義が続く限り、チェコにおける社会改革も資本主義を基盤に行う以外にはありえなかったのである(68)。

社会主義政党の妥協を引き出して制定された建設支援法は、国民民主党や農業党など、統制経済の漸進的解除、民間市場の活性化を推進する勢力の主張が反映された。建設支援政策は、統制経済に基づく直接的な公的介入というよりもむしろ、住宅組合に代表される、帝政期以来の中間団体を活用した援助政策であった。国民民主党側が戦時中より主張した、「目的を持って働き、貯蓄する」(69)国民の育成のためには、組合員の貯蓄によって家族住宅の購入を実現する住宅組合はふさわしい装置であり、同法の制定は、貯蓄によって財産を備える市民層を援助政策の対象とする方向を確認するものであった。住宅組合への援助は、民間市場の活性化という経済的な目的にもまして、帝政期より議論されてきた、市民的な家族住宅の実現を目指す住宅改革への着手に踏み込んだことを意味していた。

以下では、戦間期のチェコ政府が推進した住宅政策が国内の社会的・民族的背景の中でどのように受容され、どのような問題を引き起こしたのかを考察する。

（1）戦間期チェコスロヴァキアの法令は、*Sbírka zákonů a nařízení státu československého*（『チェコスロヴァキア法令集』）, Praha, 1918-1938. を参照。チェコスロヴァキア国民議会の議事録に関しては、以下のサイトを参照。http://www.psp.cz/eknih/1920ns/s/rejstrik/vybory.htm（以下、URLは二〇一二年六月一日現在有効）。

（2）ただし、チェシーンなど数カ所の地域においては、継承地争いが続いていた。

（3）建国時におけるチェコ人指導者の領域構想とその決定過程、及び「マイノリティ」としてのドイツ人問題に関しては、相馬保夫「シティズンシップとマイノリティ―戦間期ドイツ・中欧問題の枠組み―」立石博高、篠原琢編『国民国家と市民―包摂と排除の諸相―』山川出版社、二〇〇九年、一六六―一八八頁などを参照。

（4）*Statistisches Handbuch der Čechoslovakischen Republik 4*, Prag, 1932, p. 3.

（5）Karl Bosl (Hg.), *Die Erste Tschechoslowakische Republik als multinationaler Parteienstaat. Vorträge der Tagungen des Collegium Carolinum in Bad Wiessee vom 24.-27. November 1977 und vom 20.-23. April 1978*, München, 1979, pp. 367-373.

（6）同党はチェコスロヴァキア全体を活動領域としているが、実質的にはチェコ人政党であった。同時期にはフリンカ・スロヴァキア人民党(Hlinkova slovenská l'udová strana)が有力政党として存在するが、本書で人民党と略す場合、チェコ側の政党を指す。

（7）このほかに、ハンガリー系などマイノリティ政党が多数存在したが、本書では必要がある場合を除き、特に立ち入らないことにする。

（8）中田瑞穂『農民と労働者の民主主義―戦間期チェコスロヴァキア政治史―』名古屋大学出版会、二〇一二年、一七頁。一九世紀から二〇世紀のチェコにおける「リベラル」の定義に関しては、Milan Znoj, Jan Havránek, Martin Sekera (ed.), *Český liberalismus*（『チェコのリベラリズム』）, Praha, 1995, pp. 24-27. を参照。

（9）*Reichsgesetzblatt für die im Reichsrate vertretenen Königreiche und Länder*, 1917, pp. 739-740.

(10) 第一次大戦期の帝国における児童福祉の国家統合及び社会福祉省の設置過程については、江口布由子「第一次大戦期のオーストリアにおける国家と子ども―「父を失った社会」の児童福祉―」『歴史学研究』八一六号、二〇〇六年七月、一七―三二、五〇頁を参照。

(11) 戦争末期に社会民主党が帝国維持から独立へと転じた過程については、高橋和「チェコスロヴァキア独立運動におけるチェコ社会民主党の活動に関する覚え書き一九一七年―一九一八年」『国際関係学研究』津田塾大学、一四号、一九八七年、一―一〇頁、中根一貴「一次大戦期チェコにおける政党間協調の始まり」『法学』東北大学、六五号、二〇〇一年、八四三―八八六頁を参照。

(12) Jakub Rákosník, *Odvrácená tvář meziválečné prosperity. Nezaměstnanost v Československu v letech 1918–1938*（『戦間期の繁栄の反対の顔―一九一八―一九三八年のチェコスロヴァキアにおける失業問題―』), Praha, 2008, p. 21.

(13) Jan Galandauer, *Vznik československé republiky 1918*（『一九一八年のチェコスロヴァキア共和国の形成』), Praha, 1988, pp. 201-208.

(14) Zdeněk Deyl, *Sociální vývoj Československa 1918–1938*（『チェコスロヴァキアの社会発展一九一八―一九三八年』), Praha, 1985, pp. 24-25.

(15) Vlastislav Lacina, *Formování československé ekonomiky 1918–1923*（『チェコスロヴァキア経済の形成一九一八―一九二三年』), Praha, 1990, p. 61.

(16) 佐藤雪野「第一次世界大戦後チェコスロヴァキアにおける通貨分離」『福岡教育大学紀要』四四号第二分冊、一九九五年、四三―五三頁。

(17) Evžen Štern, "Politický profil dra L. Wintra"（「ヴィンテルの政治プロフィール」), in: *Sociální revue*, 7, 1926, pp. 11-21.

(18) Deyl, *Sociální vývoj*, pp. 28, 179-187.

(19) Tomasz Inglot, *Welfare states in East Central Europe, 1919–2004*, Cambridge University Press, 2008, pp. 62-78.

(20) Belnald Wheaton, *Radical socialism in Czechoslovakia: Bohumír Šmeral, the Czech road to socialism and the origins of the Czechoslovak Communist Party, 1917–1921*, Columbia University Press, 1986, pp. 104-113.

(21) Nancy M. Wingfield, *Minority politics in a multinational state. The German Social Democrats in Czechoslovakia,*

1918–1938, Columbia University Press, 1989, p. 14.

(22) 林忠行「チェコスロヴァキア第一共和国の内政システムの形成とその特質」『歴史学研究』一九八二年一〇月増刊号、一四二頁。

(23) Peter Heumos, "Die Arbeiterschaft in der ersten Tschechoslowakischen Republik", in: *Bohemia*, 29, 1988, pp. 52-54.

(24) Jaques Rupnik, *Dějiny Komunistické strany Československa. Od počátků do převzetí moci*（『チェコスロヴァキア共産党史―結成から権力掌握まで―』）, Praha, 2002, p. 49.

(25) Václav Průcha (ed.), *Hospodářské a sociální dějiny Československa 1918–1992*（『チェコスロヴァキア社会経済史一九一八―一九九二年』）, Brno, 2004, p. 78.

(26) Zdeněk Kárník, *České země 1918–1938*（『戦間期チェコ史』）, *Díl. 1*, Praha, 2002, pp. 82-83; Ferdinand Peroutka, *Budování státu*（『国家建設』）, II, Praha, 1936/1991, pp. 872-876.

(27) Wingfield, *Minority politics*, p. 19.

(28) 共産党の形成過程については、高橋和「チェコスロヴァキア共産党結成期における民族問題とボフミール・シュメラル（一九一八―二一年）―最近の研究動向を中心に―」『東欧史研究』一二号、一九八九年、二―二〇頁を参照。

(29) Peroutka, *Budování státu* IV, p. 1391.

(30) シュヴェフラ及び「ピェトカ」システムの役割については、中田『農民と労働者の民主主義』参照。

(31) 形成期のチェコ国民社会党と他党との関係については、T. Mills Kelly, *Without remorse. Czech national socialism in late-Habsburg Austria*, Columbia University Press, 2006, pp. 55-60. を参照。なお、国権急進党と急進進歩党は、民族主義の観点から国民社会党と協力関係にあった。

(32) Josef Harna, *Kritika ideologie a programu českého národního socialismu*（『チェコ国民社会主義の思想と綱領の批評』）, Praha, 1978, p. 68.

(33) Harna, *Kritika ideologie a programu*, p. 89.

(34) Kelly, *Without remorse*, p. 190.

(35) Jiří Malíř (ed.), *Politické strany. Vývoj politických stran a hnutí v českých zemích a Československu v letech 1861–2004*（『チェコ地域における政党一八六一―二〇〇四年』）, Brno, 2005, pp. 763-767.

(36) Josef Harna (ed.), *Politické programy českého národního socialismu 1897-1948* (『チェコ国民社会党政治綱領一八九七―一九四八年』), Praha, 1998, p. 103.

(37) Bosl, *Die Erste Tschechoslowakische Republik*, pp. 122-129.

(38) Bruce Garver, "Klofáč and the National Socialist Party", in: John Morison (ed.), *The Czech and Slovak Experience. Selected papers from the Fourth World Congress for Soviet and East European Studies, Harrogate, 1990*, Basingstoke, 1992, p. 112.

(39) Bosl, *Die Erste Tschechoslowakische Republik*, p. 153.

(40) Harna, *Kritika ideologie a programu*, pp. 85-88.

(41) Kárník, *České země 1918-1938, Díl. 1*, p. 288.

(42) *Praha v obnoveném státě československém* (『再興国家チェコスロヴァキアのプラハ』), Praha, 1936, p. 73.

(43) Miloš Vaněček, "Bytové otázky velké Prahy a jejich řešení II" (「大プラハの住宅問題」), in: *Časopis československých architektů* (『チェコスロヴァキア建築家雑誌』), 24. 1925, pp. 21-31.

(44) *Sčítání bytů ve větších městech republiky Československé ze dne 1. prosince 1930* (『一九三〇年一二月一日のチェコスロヴァキア共和国大都市の住宅調査』), Praha, 1935, p. 32.

(45) Miloš Vaněček, "Bytové otázky velké Prahy a jejich řešení I" (「大プラハの住宅問題とその解決」), in: *Časopis československých architektů*, 23. 1924, pp. 185-194.

(46) *Die Stadt Praha (Prag) und die Wohnungsfürsorge*, Praha, 1928, pp. 6-7; *Die Wohnungspolitik in Europa der Kleinwohnungsbau*, Internationales Arbeits- amt Studien und Berichte Reihe G (Wohnungs-und Wohlfahrtswesen) Nr. 3, Genf, 1931, p. 276.

(47) *Reichsgesetzblatt für die im Reichsrate vertretenen Königreiche und Länder*, 1918, pp. 279-280.

(48) "Zákon ze dne 22.1.1919, č. 38Sb. Nařízení vlády státu československého o zabírání bytů obcemi", in: *Sbírka zákonů*, 1919, pp. 37-39.

(49) チェコ国民議会 http://www.psp.cz/eknih/1920ns/ps/stenprot/062schuz/s062001.htm

(50) チェコ国民議会 http://www.psp.cz/eknih/1920ns/ps/tisky/t1322_01.htm

（51）チェコ国民議会 http://www.psp.cz/eknih/1918ns/ps/stenprot/054schuz/s054007.htm
（52）チェコ国民議会 http://www.psp.cz/eknih/1920ns/ps/tisky/t1322_01.htm
（53）Alois Rašín, *Die Finanz- und Wirtschaftspolitik der Tschechoslowakei*, Leipzig, 1923, pp. 149-153.
（54）チェコ国民議会 http://www.psp.cz/eknih/1920ns/ps/stenprot/057schuz/s057001.htm
（55）“Zákon ze dne 11.3.1921, č. 100/1921Sb., o stavebním ruchu”, in: *Sbírka zákonů*, 1921, pp. 197-204.
（56）“Zákon ze dne 25.1.1923, č. 35/1923Sb., o stavebním ruchu”, in: *Sbírka zákonů*, 1923, pp. 169-178.; “Zákon ze dne 7.3.1924, č. 58/1924Sb., o stavebním ruchu”, *Sbírka zákonů*, 1924, pp. 383-384.
（57）*Die sozialpolitische Bedeutung der Wohnungswirtschaft in Gegenwart und Zukunft*, Frankfurt, 1931, pp. 487-488.
（58）*Statistisches Handbuch der Čechoslovakischen Republik IV*, Prag, 1932, pp. 166-167.
（59）Hynek Kubišta, “Poválečná politika bytová v repbulice Československé”（「チェコスロヴァキア共和国における戦後の住宅政策」）, *Sociální Revue*（『社会レヴュー』）, 2, 1921, p. 324.
（60）*Věstník hlavního města Prahy*, 42, no. 16-17, 1935, p. 342.
（61）ハプスブルク帝国末期の借家人保護法の形成過程については以下を参照。北山優子「オーストリアの借家人保護」早川和男編『講座現代居住五―世界の居住運動―』東京大学出版会、一九九六年、五八―五九頁。
（62）Deyl, *Sociální vývoj.*, pp. 187-188.
（63）*Praha v obnoveném státě československém*, p. 85.
（64）Rašín, *Die Finanz- und Wirtschaftspolitik*, pp. 149-150.
（65）*Dějiny družstevního hnutí III. Díl*, p. 243.
（66）*O pozemkové, stavební a bytové politice v českoslov. republice*,（『チェコスロヴァキアの土地・建設・住宅政策』）, Praha, 1928, p. 21.
（67）Peroutka, *Budování státu* II, p. 571.
（68）Peroutka, *Budování státu*, IV, p. 1509.
（69）Rákosník, *Odvrácená tvář*, p. 21.

第三章　一九二〇年代の住宅改革運動
――自立した個人を基盤とした国家へ――

帝政末期から都市市民層・ブルジョワジーによって着手されてきた都市社会政策、及び住宅改革運動は、新国家の形成によって大きくその内容を変えることになった。本章は、戦間期チェコスロヴァキアにおける住宅改革運動の背景となった、一九二〇年代のプラハにおける政治状況と社会政策の実施過程を明らかにすることを目的としている。

住宅・社会政策推進の背景にあったのは、チェコスロヴァキア共和国の成立後、自治体にも初めて男女普通選挙権が導入されたことであった。これによって、自治体政治においては帝政期の名望家支配から、大衆政党が支配的地位を確立することになった。労働者や中間層を支持基盤とする社会主義政党など、帝政期には自治体政治から排されていた諸政党が、初めて本格的に市政の場に現れたのである。国民社会党や社会民主党に代表される社会主義政党は、救貧や公衆衛生、児童福祉政策の整備に着手した。

建国後のプラハの都市・住宅政策において転換点となったのが、一九二〇年の隣接自治体の大合併による「大プラハ」の誕生であった。労働者層など、これまで市政から排除されてきた住民を多く抱える隣接自治体、さらには緑地の広がる郊外が編入されたことで、プラハ市政はこれまで体験しなかった新たな課題に着手することになった。政府は、「大プラハ」における衛生、交通などの都市インフラ整備及び再開発のために、帝政期のような区画整備にとどまらず、都市空間全域を把握した総合的な首都整備計画を必要としていた。この重責を担ったのが、一九二〇年の「大プラハ」制定に伴って公共事業省に設置され、プラハの都市開発を監督下に置いた「首都プラハと周辺部における政府都市開発委員会(Státní regulační komise pro hlavní město Prahu s okolím)」(以下、都市開発委員会)であった。

本章では、戦間期チェコスロヴァキアの首都プラハの都市行政・社会政策において中心的な役割を果たした社会主義政党、ならびに都市開発委員会と、そこで実施された郊外住宅開発に焦点を当て、戦間期の都市政策を考察する。戦間期に初めて実施された総合的な都市計画に基づく首都整備事業において、当時の社会主義政党がどのような首都開発構想を抱いたのか、新政府及びプラハ市政が住民層への住宅供給とそのための土地利用に対する公的介入とをどのように認識し、プラハの都市計画がどのような限界に直面したのかを整理する。

第一節　戦間期プラハの都市空間——国民社会党の都市政策を中心に——

(一)「大プラハ」の誕生と都市の住民構成

新国家チェコスロヴァキアの首都プラハは、市の中央を流れるヴルタヴァ川(独名モルダウ)に沿って発展した都市であった。南ボヘミアを源流とするヴルタヴァ川は北部のラベ(エルベ)川と合流して北海へと至る、中部ヨーロッパ河川交通の要であり、プラハは一四世紀のカレル四世治下に神聖ローマ帝国の首都として発展した。

ヴルタヴァ川の左岸は、小地区(Malá strana)から小高い丘を登ったところに、プラハ城を戴くフラッチャニ(Hradčany)が位置する。同地区から見下ろされる右岸には、旧市街(Staré město)及び新市街(Nové město)といった現在の主要商業地区が建設され、中部ヨーロッパ屈指の複合的な都市空間が誕生していた。プラハの都市発展においては、一三世紀のヴァーツラフ一世による旧市街、プシェミスル・オタカル一世による小地区の建設、さらには一四世紀のカレル四世による新市街建設に象徴されるように、王権の伸長によって都市計画が実施されたことが大きな特徴であった。特にカレル四世治下には、プラハ城の建設が着工されたのをはじめ、プラハで初めてヴルタヴァ川の左右両岸を結んだカレル橋、アルプス以北最初の大学であるカレル大学や各種教会、ヴァーツラフ広場といった、今日のプラハを代表する建造物・広場が建設された。プラハは、際立って早い時期に首都としての市域を形成していたのである。この四区域は独立した都市自治体として、それぞれが市壁(堀)によって囲まれていたが、一七八四年のヨーゼフ二世期に「プラハ市」として統合された。一九世紀から帝政崩壊にかけて、プラハでは人口が急増し、都市化が進行した。国立博物館や国民劇場といった歴史的建造物の建設が進み、市中心部ヨゼフォフ地区の再開発が行われたことで、現在のプラハの原型が、独立までにほぼ現れた。

一九一八年一〇月二八日のチェコスロヴァキア共和国の独立宣言に伴って、プラハは名実ともに一国家の首都としての地位を確立した。戦後の行政再編に伴い、帝政期からの懸案であった旧プラハ市と近隣自治体との合併問題が加速に向かい、一九二〇年二月、プラハ市と近隣三七自治体の合併を盛り込んだ法が公布された。この法律によって、一九二二年一月一日、人口六七万人を超える「大プラハ」が誕生した(1)(図3-1)。本節ではまず、戦前からの変化を念頭に、戦間期プラハの住民構成及び都市化のプロセスを整理することによって、市政の背景

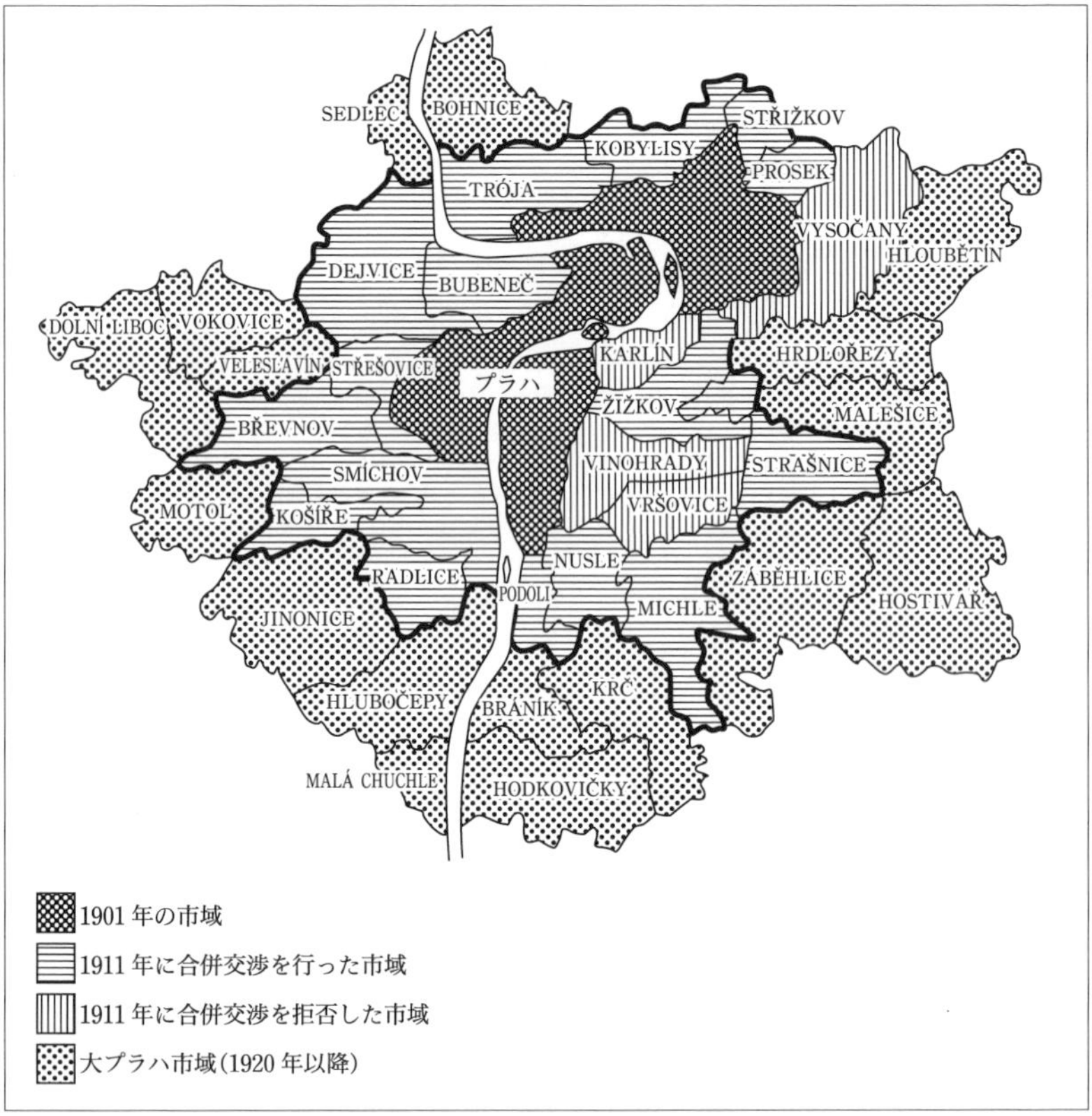

図 3-1　戦間期「大プラハ」

出典）*Plan zur Situation der Stadt Prag 1911.* より作成。

を明らかにしたい。

（二）「大プラハ」の住民構成

プラハが新国家の首都となったことは、都市の住民構成に大きな変化をもたらした。首都機能が備わったことにより、官庁の建設、官僚層の集中によって、近隣諸地域からの人口流入はいっそう促されることになった。一九世紀後半の激増を経て、大戦直前に鈍っていた人口増加率は、建国によって再び上向き始めた。一九二一年には、プラハ市内の住民の間で、他地域出身者の比率は七五％、約五〇万人に達していた。しかし流入者の多くは、五年以下の滞在であり、兵士あるいは奉公人、女中であった。(2)「大プラハ」市域の人口は、一九二二年の六七万六六五七人から、一九三〇年には八四万八八二三人を数えており、帝政期に比して低下したものの依然として高い人口増加率を示していた。(3)一九三〇年においても、プラハでは人口八四万人中、市内生まれが三二万人、三八・六四%にすぎなかった。(4)

合併に伴う市域の拡大によって、プラハは市中心部と隣接する郊外区域、さらにその外周の周辺農村地域という三層構造を一つの行政区域として抱え込むことになった。住民の流入によって、特定の社会階層が市内の特定の地域に集中する傾向が顕著に表れた。女中や奉公人など、若年の単身者は、市中心部の市民層の家庭に流入した。帝政末期の再開発によって高級住宅地へと変貌したプラハ五区(ヨゼフォフ)では、六七%が奉公人を雇っており、奉公人の比率は全住民の一七・五%を占めていた。市中心部には高齢者、女中や奉公人などの単身者、若い移住者、商店経営者、中・上流階級の家族やユダヤ人・ドイツ人マイノリティが居住しており、文化的にも混合する傾向が見られた。(5)ドイツ系住民の多くは、かつてのドイツ系住民の居住地であった新市街やヨゼフォフ、郊外ではヴィノフラディなどの、富裕層が多い地域に居住した。

人口増加と行政機関の設置によって、市住民の流動性は高まった。その一方で、戦前までの「歴史的プラハ」及び、旧市内を取り囲むジシュコフ、ヴィノフラディ、スミーホフなどの隣接郊外(第一章参照)では、労働者層の比率が減少し、市内に定着する市民層の比率が上昇する傾向が見られた。一八六九年の統計によると、カルリーンでは労働者層の比率が五九%、スミーホフでは五八%、ヴィノフラディでは六四・二%、ホレショヴィツェでは七七・三%を占めていた。しかし、一九三〇年においては、カルリーンの労働者比率は二九・一%、スミーホフでは二九・二%、ジシュコフでは三六・一%、ヴィノフラディでは一七・六%、ホレショヴィツェでは二七・八%と大幅に減少した。(6)これらの地区では、住民の定着に伴って空き家の数は減少しており、地方から流入する労働者層は、より周辺の区域に居住することを余儀なくされた。北東に位置するプロセク(Prosek)地区では、労働者層の比率が七二・一%を記録するなど、労働者層の流入はプラハの周縁部において顕著に表れた。職業別に分化した、各地域への流入によって、住民の家族構成も変化した。独身者の流入が増加したために、一九二一年における一五—六〇歳の、いわゆる「再生産年齢」が四九万七九一三人、全人口の七三・六%に達していた。住民の独身率は五〇%を超えており、特に市中心部で顕著であった。市中心部では、女中や奉公人を抱える複合家族が多く、住宅不足のために若年者は独立して世帯を構えることが困難であった。周辺部の労働者地域では、一四歳以下の子どもの比率が二〇%以上に達しており、既婚率・出生率が市内を大きく上回っていた(7)。他方、周辺部の労働者地域では、一九三〇年の統計によると、労働者の比率が四三・七五%を占めていた(8)。周辺部では、一四歳以下の人口の比率が二〇%以上に達した地域もあり、既婚率・出生率が市内を大きく上回っていたことが伺える(9)。郊外周縁部の都市空間は、家族構成、職業構成においても、市中心部とは明確な違いが見られた。

住民構成の差異化は同時に、都市景観そのものを規定していった。市北部のブベネチ(Bubeneč)地区では、住民の四〇%を官吏が占めており、一部屋あたりの居住人数は平均一・二人、浴室つきは六〇%であった。他方で、市北東部のヴィソチャニ(Vysočany)地区では、住民の七〇%が労働者・従業員であり、一部屋あたりの居住人数は平均二人、浴室付きは二〇%と、著しい相違があった(10)。一—二部屋住宅は住宅建設の六〇%を占め、一部屋住宅の住民比率は労働者が五四・四%に達していた(11)。このように、プラハでは市内中心部と、戦前より拡張していた隣接地区及び周縁部における住民構成の相違と住み分けの傾向は、建国後いっそう顕著なものとなった。一九二〇年代のプラハは、まさに都市開発と郊外化の時代を迎えていたのである(表3-1、表3-2、図3-2、図3-3)。

表3-1　1921年と1930年におけるプラハの地区ごとの人口と住宅増加

	人口増加			家屋数増加	
	1921年	1930年	増加率(%)	増減	増加率(%)
旧市街	35,503	30,416	−14.33	−32	−3.57
新市街	87,329	78,275	−10.37	−47	−2.60
小地区	22,780	21,224	− 6.83		
フラッチャニ	10,732	9,102	−15.19	8	2.92
ヨゼフォフ	4,070	3,501	−13.98	−1	−1.33
ヴィシェフラド	5,470	5,284	− 3.40	9	6.67
ホレショヴィツェ	46,335	59,081	27.51	254	23.15
リベン	38,651	54,317	40.53	801	50.50
9区ヴィソチャニ	13,750	26,724	94.36	1,181	204.68
10区(カルリーン)	25,051	24,027	− 4.09	27	5.27
11区(ジシュコフ)	74,943	97,521	30.13	1,072	70.07
12区(ヴィノフラディ)	83,367	95,449	14.49	435	25.13
13区(ヴルショヴィツェ)	43,655	68,266	56.38	2,530	163.33
14区(ヌスレ)	47,055	74,034	57.34	1,728	119.50
15区(ブラニーク)	9,537	16,920	77.41	559	88.45
16区(スミーホフ)	64,323	69,533	8.10	816	48.86
17区(コシーシェ)	14,612	23,682	62.07	568	98.10
18区(ブジェフノフ)	18,243	29,136	59.71	1,064	121.60
19区(デイヴィツェ)	31,257	61,589	97.04	1,465	125.32
全体	676,663	848,081	25.33	12,437	66.46

注）下段は，大戦後にプラハ市に編入された区域。

出典）*Statistisches Handbuch der Čechoslovakischen Republik* 4, Prag, 1932, p. 2.

表3-2　1921-1930年におけるプラハ市の住宅増加

	1921年2月15日		1930年12月1日		増加率(%)	
	棟数	戸数	棟数	戸数	棟数	戸数
プラハ1-7区	4,930	48,470	5,172	52,846	4.8	8.6
8区	1,613	9,379	2,498	14,819	43.1	45.0
9区	590	3,447	1,823	7,159	102.2	70.0
10区	545	5,758	566	6,238	3.8	7.7
11区	1,547	20,012	2,698	28,461	54.2	34.9
12区	1,750	21,180	2,214	27,252	23.4	25.1
13区	1,583	10,984	4,450	19,756	95.0	57.1
14区	1,476	12,061	3,254	19,884	75.2	49.0
15区	638	2,526	1,282	5,081	67.1	67.2
16区	1,725	16,413	2,565	19,573	39.2	17.6
17区	585	3,638	1,175	6,456	67.0	53.8
18区	878	4,852	2,029	8,346	79.2	52.9
19区	1,184	8,012	2,751	17,713	79.6	75.4
合計	19,044	166,732	32,477	233,584	52.1	33.4

出典）Josef Šiška, *Sčítání bytů v Praze ze dne 1. prosince 1930*（『1930年12月1日のプラハ住宅統計』）, Praha, 1935, p. 3.

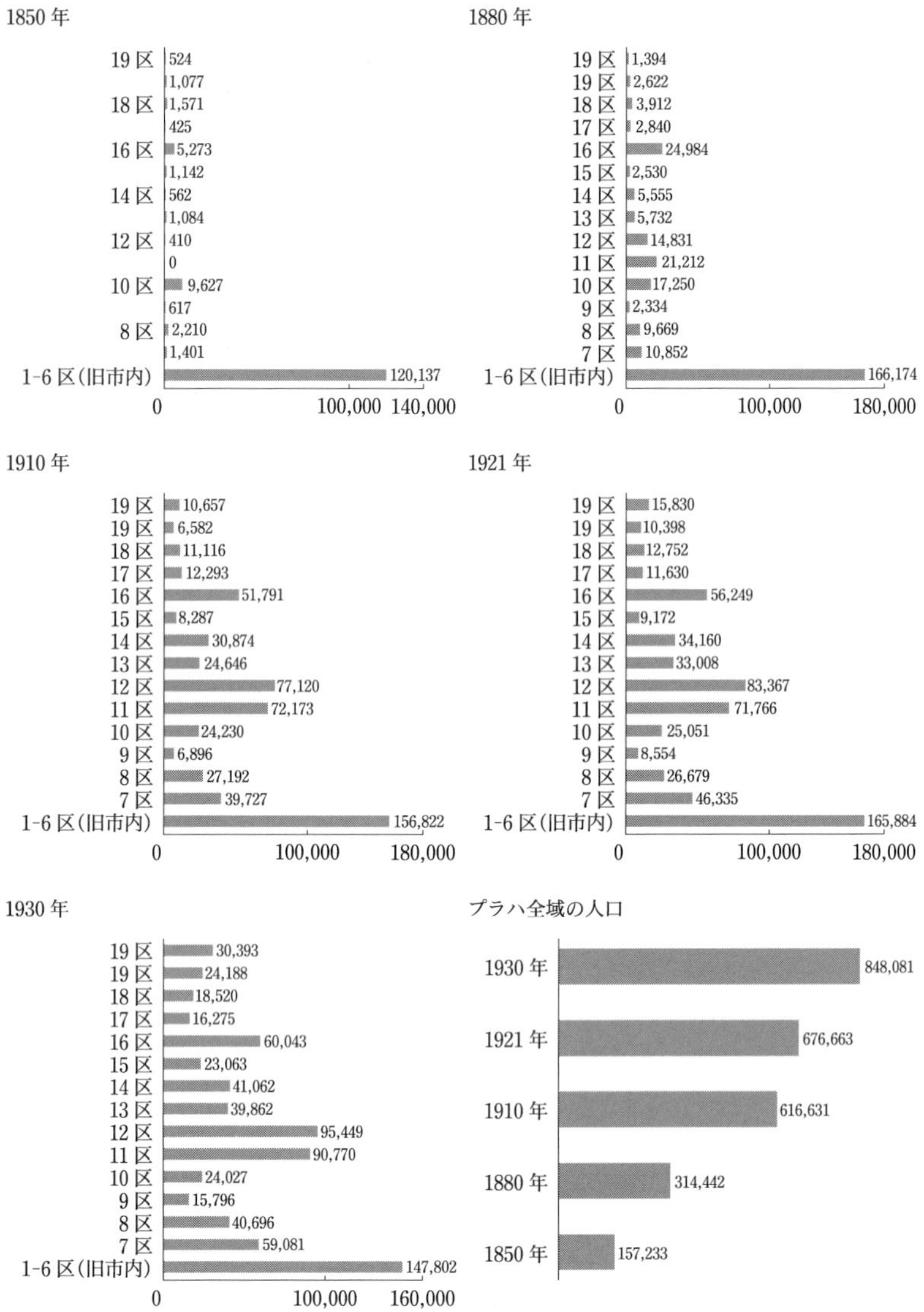

図3-2　プラハにおける地区別の人口推移(人)

注) 1-7区は合併前のプラハ市。

出典) Josef Doberský, *Vylidňování venkova v Čechách v období 1850-1930*(『ボヘミアにおける離村 1850-1930年』), Praha, 1932, p. 26.

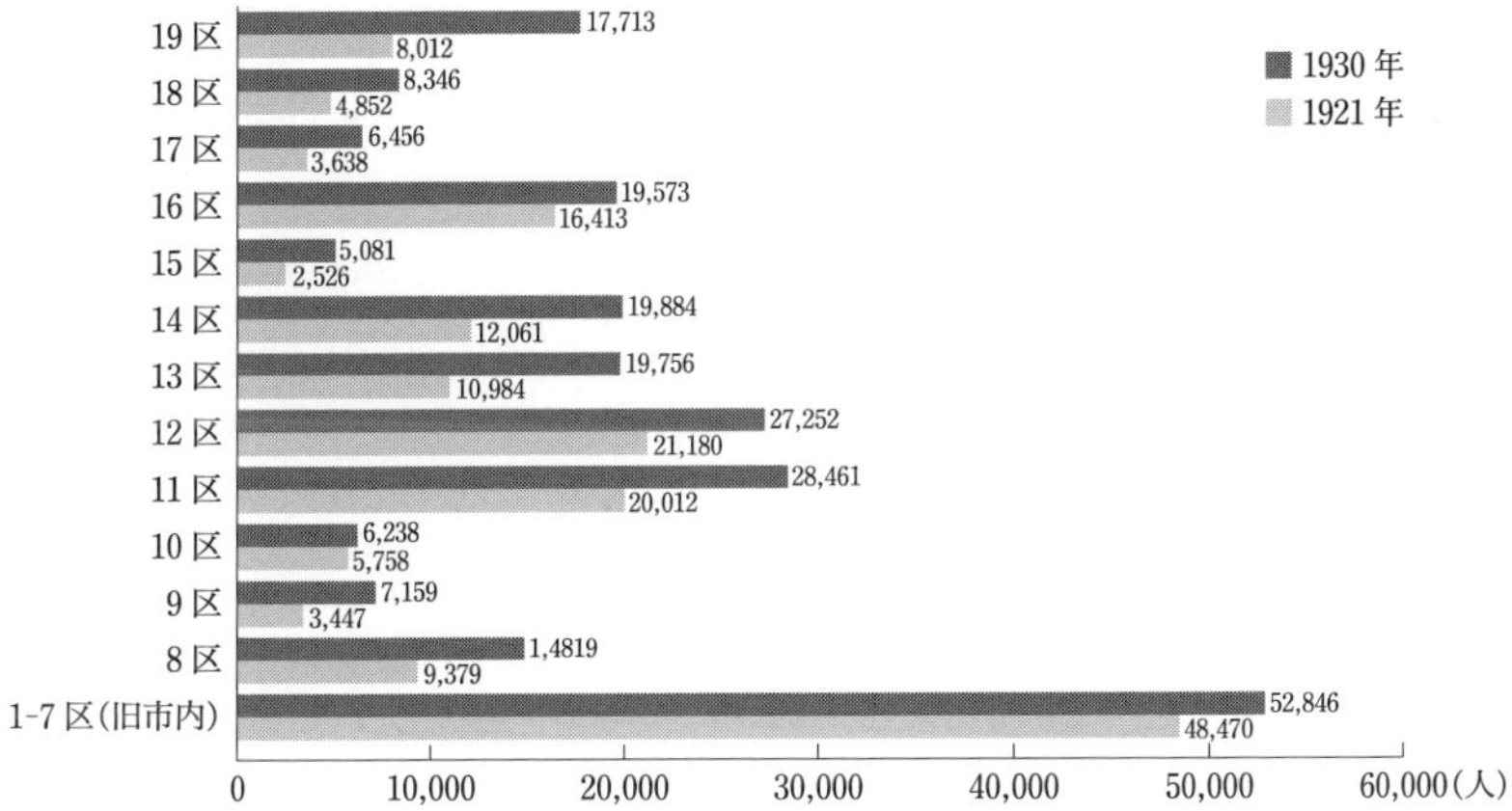

図3-3　1921-1930年におけるプラハ市の住宅増加

出典）Šiška, *Sčítání bytů v Praze ze dne 1. prosince 1930*, 1935, p. 3.

(二)　首都の行財政

行政

首都プラハの立法及び行政は、市議会(ústřední zastupitelstvo)によって担われた。市議会を構成する一〇〇人の議員(一九二三年選挙以降)は、男女普通選挙によって選出され、その中から市長(Primátor)及び三人の副市長が指名された。市議会は自治体委員会(obecní komise)及び市当局(obecní úřad)を設置し、その構成員を任命したほか、市の予算を審議し、各種の都市経営を行った。自治体は、学校、治安、衛生、交通、社会福祉において独自権限を行使することを認められ、基本的には帝政期の二元体制が存続した。市議会議員の中から市長、副市長が選ばれ、彼らと二四人の市議会議員によって市参事会(městská rada)が構成された(12)。市議会が公開で開催されたのに対して、市参事会は非公開の合議機関であり、市の権限に適合する案件についての決定権を有していた。市参事会は市議会に提案を行う権限を有し、市官吏の任命や市の各当局への業務委託を行った。プラハは一九の行政区に区画され、一二―四二人からなる一三の区委員会(místní výbor)が置かれた。区委員は市議会選挙と同時に四年ごとに選出され、選挙は一九二三年、一九二七年、一九三一年、選挙の延期を経て一九三八年に実施された(13)。

政府が自治体に課した、都市行政に関する委任権限は、帝政期と同様、市役所(Magistrát)(14)によって運営された。市役所は、合併によって拡大した市域の統合にあたって、四つの事務局、一八の部局、五つの課、及び特別部門を扱う局へと再編された。市役所は、市長及び上級市職員(obecní úředník)からなる市役所評議会(magistrátní rada)と、必要数の専門職員・官吏から構成された(15)。

各部局及び課は、さらに細かい専門局を有した。都市建設を扱う建設課(Stavební úřad)は、再開発、交通、水道、橋、庭園、地下の新建築、公共建築、住宅改革、下水、市の清掃、給水、建築警察、火事、蒸気機関、照明、技術の各一六局(odbor)から構成され、一九三七年には三〇〇人の専門官吏を抱えた(16)。市役所の事務局には、建設問題に関する陳情を扱う機関である建設委員会(Stavební sbor hl.m.Prahy)が設置された。同委員会は一六人から構成されたが、そのうち一二人は医師、法学者、文化財保護の専門家、住宅改革に通じた市議会議員から選出され、残り四人は内務大臣によって任命された(17)。

さらに市は一九二四年一月に、中央社会委員会(Ústřední sociální sbor hl.města Prahy)を設け、合併前の各自治体においてばらばらであった社会政策の統合を図った。毎月の援助額は一人あたり一〇―五〇コルナであったが、ジシュコフやヴルショヴィツェ(Vršovice)などの地区では支給額が三コルナという例もあり、財政的理由から救貧政策の実施度合いは地区ごとに大きな差があった(18)。このため同局は、各区に地区社会委員会(místní sociální sbor)を置き、一九人の代表委員(komise praesidiálná)と三三人の青年保護・成人保護部局員を設ける(19)ことで、地域の実情に合わせた福祉政策の実現を図った(表3-3、表3-4)。一九二一年には、市内で三八〇〇

表 3-3　プラハ市の立法・行政機関率

市議会(Ústřední zastupitelstvo)：選挙で選出	
構成	100 人
業務	市長(Primátor)，3 人の副市長，各機関の委員の選出 都市経営，交通，住宅，市有地，職業斡旋，救貧，児童福祉，衛生業務の監督，予算承認(不動産売買，借款決定)
会議	公開
市参事会(městská rada)：市議会より選出	
構成	市長，3 人の副市長，議員 12 人の計 16 人
業務	市の独自権限の実施(官吏の任命，財産管理，市議会で持ち越された議題の決定)
会議	非公開
自治体委員会(obecní komise)：市議会及び政府により選出	
構成	政府選出の 18 人の委員会及び，市議会議員選出の 16 人の行政委員会
業務	政府選出の諮問機関(財政，人事，技術，文化，学校，経営，治安，衛生) 行政委員会：電力会社や各種施設を監督する
区委員会(místní výbor)：プラハ全 19 区を，13 の行政区に区画(旧市内に相当するプラハ 1-7 区は単一の行政区域)	
区参事会(místní rada)及び区長(místní starosta)を選出	
2 万人以下の区：18 人の区委員会を選出 5 万人以下の区：24 人 10 万人以下の区：30 人	20 万人以下の区：36 人 20 万人以上の区：42 人

出典）Andělín Merta, “Vývoj pražskě městské správy od roku 1922 do roku 1945” より作成。

表 3-4　市役所(magistrát)

事務局(kancelář)	全体を扱う理事会，選挙管理，建設委員会，統計
18 部局(referát)	庶務，財務，税務，経営 2 部局，商工会議 2 部局，建設，記録，歳入，教育文化，兵士，衛生，水道，寄進，電力，公営事業，住宅供給
五課(úřad)	行政監督，郡事業，記録，埋葬，建設事業
都市経営部門	法権利部門(市営住宅，土地，大土地，税，保険など)，市営住宅部門，市営住宅改正(家賃支払いなど)，市有地管理，兵士の宿営の統括
中央社会局	管理部，児童保護部，成人保護部，寄贈部，労働者部の五つの部門(odbor)を統括

出典）表 3-3 に同じ。

人以上が援助を受けており、年間の費用は七〇万コルナ以上に達していた。

プラハ市政はこのほかにも、様々な公的機関を有していた。学校機関(小中学校や商業・専門学校)、文化機関(市文書館、市立博物館、市立図書館、ヴィノフラディ劇場、ギャラリー、天文台、政治社会高等人民学校)、衛生機関(ブロフカ総合病院、学童のための歯科、食品検査)、社会福祉(孤児院、児童保護施設、徒弟施設、教育所、救貧院、市営売春宿、職業紹介所)については、特別の委員会が設けられた。市の施設としては、給水所、食肉処理場、市場、計量場、渡船場、墓地、消防施設が市の管轄下に置かれたほか、市議会は議員(区も含めて)一六人からなる自治体経営管理評議会(správní rada obecních podniků)を設立し、市電と発電所を扱う市電力会社、ガス工場、市保険銀行、市貯蓄銀行、ヴィノフラディ貯蓄銀行、市印刷所、埋葬施設の経営を管轄した。[20]このようにして、市は役所機構の充実によって広大なプラハ市域を統合した。

財　政

プラハ市政は規約都市として、戦前はボヘミア総督府の影響を強く受けていた。このため、戦後の合併案作成時において、首都プラハ市の自治権をどのように扱うかが懸案事項として生じた。近隣労働者地区の統合は、後述する普通選挙の実施によって市議会における社会主義政党の躍進を準備するものであった。このため、内務省は、首都の自治権を維持することは政府にとって危険であり、プラハ市政を内務省の後見下に置くことを主張した。このため、プラハの警察行政は政府の管轄下に置かれた。[21]

市の自治権の制約を端的に表していたのが、市参事会の諮問機関として設立された自治体委員会の構成であった。自治体委員会は一九二七年一二月一九日の改正で、財政、人的、技術、文化、学校、経営、保証、衛生を扱う一八人から成る委員会へと改編された。[22]中でも、財政を扱う自治体財政委員会(obecní finanční komise)では、市議会議員の比率は半数に抑えられ、委員の残りは、自治体の上位機関であり政府直属の郡庁(okresní úřad)から任命された。自治体財政委員会は自治体経営を監督し、自治体代表の決定を撤回する権限が与えられるなど、自治体がこれまで有してきた中央からの自立性にくさびを打ち込むものであった。[23] この制定は、普通選挙の実現によって進出してきた社会主義政党の自治体への影響を抑えるという側面があったため、しばしば社会主義政党の批判の的となった。

さらに、自治体行政における政府の影響力を強化する役割を果たしたのが、一九二七年に実施された州制度の導入であった。地方行政は自治体、郡、州に整理され、郡・州代表は当地の議員が三分の二を占めたが、残りの三分の一は政府の役人などによって構成された。州政府は、学校・救貧・交通網における権限を有し、付加税を含む州予算を管轄した。税制面では、直接税は所得税、法人税、土地税、家屋税、年金税とされ、所得税や家屋税に付加税が認められた。家賃に応じて定められる家屋税は、プラハ、ブルノ、ブラチスラヴァでは全家屋で一二%、その他の都市では八%と定められた。自治体の上位機関である郡(okres)には、郡裁判所、裁判管区、病院金庫、郡の青年保護、税務局が置かれ、付加税など自治体の独自予算を承認する権限も有していた。[24]

立法面に関しては、州が政府の権限付与によって、全国法の公布を行う機関とされていた。このため、帝政期の領邦と異なり、州は立法権を有さなかった。また、プラハの都市経営は州委員会及び財政委員会の監督下に入ったことで、家賃税は戦前の三分の一も減少するなど、市の独自予算源は大きく制限された。[25] このため、自治体は独自に設定できる財源であった付加税の比率を高めることで税収の確保を図った。付加税による収入の比率は、一九二〇年の二五%から一九二七年には四四%へと高まり、自治体の税収は国税への付加税に依存する傾向が強まった。市は独自財源を確保するために、国内の金融機関から一億五〇〇〇万コルナの融資を受けて住宅建設などの都市整備事業に投じていた。既に一九二二年には、英米の金融機関から一五〇〇万ポンド及び七五〇〇万ドルの借款を受け、借款の半分にあたる二億一〇〇〇万コルナを電力事業に投じたほか、ガス、水道敷設に一億一〇〇〇万コルナを投じた。[26]

このようにプラハ市政は、帝政期に比して財政的な自由度が低下する中で、外部資金の確保と都市経営によって、財源の確保を図った。市は、福祉や建設業務、都市インフラの整備といった独自の都市事業を拡大することで、市の自立性を維持しようとしたのである。

(四)　戦間期プラハの政党配置

戦間期のプラハ市政は、普通選挙権の導入で大きく変容した。戦前、市議会において票を獲得できたのは老チェコ党、青年チェコ党などの名望家・資本家勢力に限られていた(第一章参照)。しかし、一九一九年六月にチェコ側で行われた地方選挙において、プラハでは、青年チェコ党の後継政党である国民民主党が九〇議席中二九議席で第一党を確保したが、国民社会党が二一議席、社会民主党が二〇議席を確保し、社会主義政党が国民民主党を上回ったのである。戦前より都市部の労働者、中間層を中心に基盤を形成していた国民社会党にとって、一九一九年自治体選挙での躍進ぶりは、中央議会での勢力(二八一議席中二四議席で五番目)を上回るものであった。この結果を受けて、革命国民議会議員シャーマル(Přemysl Šámal)市長に代わって、国民社会党のバクサ(Karel Baxa)が市長に選出された。

新国家チェコスロヴァキアの首都となったプラハ市政において、国民社会党は戦間期を通して市長を輩出し、中心的な勢力を担った。一九二二年の大プラハ成立後、初めての選挙となった一九二三年九月の市議会選挙においても、国民民主党が一〇〇議席中二三議席を獲得して第一党であったが、国民社会党も二二議席、さらには共

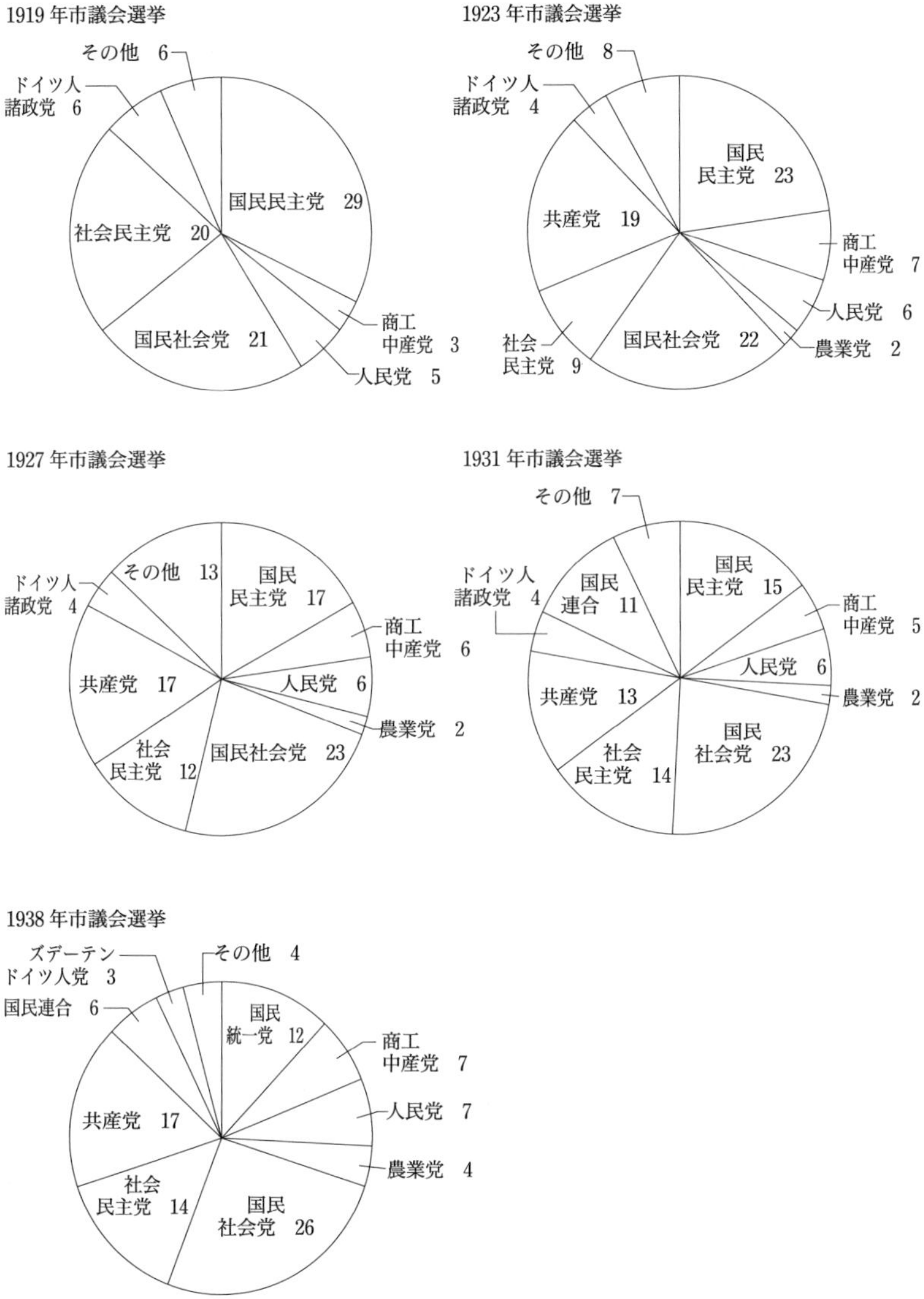

図3-4　戦間期チェコスロヴァキア政府及びプラハ市議会の議席配分(主要政党のみ)

出典）Tomáš Jelínek, "Zástupci německých politických stran v orgánech pražské samosprávy v období mezi dvěma světovými válkami"（「戦間期プラハのドイツ人政党の代表者」), in: *Pražský sborník historický*, 35, 2007, pp. 144-147.

表 3-5　プラハ市議会の要職

	市長	副市長
1923 年選挙	バクサ(国民社会党)	ヴァニェク(国民民主党)　スカーラ(共産党)　プシュトロス(商工中産党)
1927 年選挙	バクサ(国民社会党)	シュトゥーラ(国民民主党)　スヴォボダ(人民党)　ケルネル(社会民主党)
1931 年選挙	バクサ(国民社会党)	シュトゥーラ(国民民主党)　ケルネル(社会民主党)　スヴォボダ(人民党)
1938 年選挙	ゼンクル(国民社会党)	シュトゥーラ(国民統一)　イェジャーベク(社会民主党)　ヴルベンスキー(共産党)

出典）Andělín Merta, "Vývoj pražské městské správy od roku 1922 do roku 1945"(「1922-1945 年におけるプラハ都市行政の発展」), in: *Pražský sborník historický,* 9, 1975, pp. 154-158.

産党が一九議席、社会民主党が九議席を確保しており、社会主義政党が過半数を占めていた（図3-4、表3-5）。選挙結果を受けて市長に再選されたバクサは、国民社会党の前身時から活動しており、帝政期には反ユダヤ・反ドイツを掲げるチェコ・ナショナリストとして知られていた。以降、バクサは一九三七年までプラハ市長として活動した[27]。国民社会党が最大勢力を占めた区域は、一九二三年選挙では五つであったが、一九三一年には一〇に倍増しており、同党は市内各地区で安定した基盤を有していた。もっとも、中央政府と同様、プラハ市政においても、単独で過半数を占めるような政党は存在せず、国民社会党、社会民主党、国民民主党、共産党によって勢力は分散された。

戦間期のプラハにおいて、無視しえない勢力を誇ったのが共産党であった。共産党は一九二三年の自治体選挙において、社会民主党の票を奪う形で大きく勢力を伸ばした。特に合併後の周辺郊外、八区、九区、一一区、一三区、一四区、一七区で強力な基盤を築いた。一一区（ジシュコフ）を除いて、市の外周部にあたる地域であり、特に北東部及び南東部に基盤を有していた。逆に市中心部や隣接する一〇区、一二区、一五区、一六区、一九区では共産党は票を伸ばすことができず、これらの地域では国民民主党及び国民社会党が強い勢力を有していた。一九世紀に機械工業が発展し、労働者街としての性格を有していた一〇区（カルリーン）や一六区（スミーホフ)は、戦間期には国民社会党や国民民主党の基盤となり、共産党は勢力を拡大できなかった。社会民主党は国民社会党と共産党に挟まれる形で、ほとんどの区域で、三―四党に甘んじた(図3-4、表3-5)。

プラハ市政は、広大な市域を管轄し、都市政策を推進することを課題とした。このような都市行政の整備は、いわば戦間期チェコスロヴァキアの国民統合の縮図でもあった。

第二節 「プラハ都市開発委員会」の首都整備事業

(一) 都市開発委員会の概要

戦間期のプラハにおける都市計画、特に郊外開発を市当局とともに担当することになったのが、「大プラハ」成立と同時に一九二〇年に発足した政府・公共事業省管轄の「プラハ都市開発委員会」であった。以下では、住宅供給・住環境改善といった社会的課題が、チェコスロヴァキア新国家の政府諸機関や自治体によってどのように認識され、どのようにその対策が講じられたのかを考察する。具体的には、都市開発委員会が一九二〇年代の首都整備構想において重要課題と位置づけた郊外住宅開発、及び都市開発における建築家の登用の過程に着目する。

一九二〇年代は、戦後の復興・建設事業が実施され、多くの建築家が同委員会において活動した時期でもあった。建築家及び技術者の間では、以前から「大プラハ」の計画が現れていた。早くも一九一八年一〇月二八日の独立宣言の前夜に、「古いプラハのためのクラブ(Klub za starou Prahu)」、建築家クラブの建築家たちが、七一九人からなる委員会の設置案を出した。委員会では教育文化省、公共事業省、社会福祉省などの政府省庁の参加と、委員会への市の建設課の統合が求められた。これらの提案は一九一九年三月に国民議会に提出されたが、そこでは、「オースマン市長のパリ、ウィーン、ベルリンのように、文化的・技術的な効率とともに、組織面での整備が必要である。課題となるのは、土地の測量、統計作成、上下水道、鉄道網、道路網、電化などであり、アマチュア的な計画は排除されなければならない(28)」という方針が打ち出されていた。

一九一九年四月には、チェコ工科大学出身の建築家ウルバン(Max Urban)が「理想的な大プラハ(Ideální Velká Praha)」を発表し、劇場、コンサートホール、ギャラリーなどの公共建築に加え、市上部のレトナー地区の再開発などを盛り込んだ都市構想を表明した。彼は、「(都市開発の)唯一の解決策は、全体性のある形式であり、これまでのような貧弱なものであってはならない」と主張し、計画の総合性を説いた(29)。バクサ市長も、プラハは欧州で最も不健康な都市であると憂慮を示し、戦前より都市問題に携わっていた市衛生医プロハースカ(Ladislav Procházka)は、住宅不足の解消、全市の水道設置、衛生業務の組織化など、三〇年前のヨゼフォフの再開発と同じ覚悟が必要であると主張した(30)。

建国期の首都整備事業がどれほどの意味を有していたのかは、大統領マサリクの発言からうかがうことができる。マサリクは、「我が国もプラハも、文化政策を行わねばならない。我々の大きさは土地の広さや人口だけではなく、我々の努力、我が国のプログラムを実施するための手段にある。プラハ、共和国のチェコ性(Českost)は品行方正であり、人民に基盤がある(31)。我々にはリブシェの予言を実現するという課題がある。プラハを世界都市に、全国の全国民の中心地になる」と述べた。プラハの都市整備は一都市を超えた、国家事業としての色合いを強めることになった(32)。

公共事業省は新国家の首都整備を進める過程で、一九二〇年二月に旧プラハ市と近隣三七自治体の合併を盛り込んだ法を公布した。これに伴い、一九二二年一月一日、戦前の二一〇一ヘクタールから一万七一八九ヘクタール、人口六七万人を超える「大プラハ」が発足した。「大プラハ」制定と同じ一九二〇年二月、公共事業省は市に従属しない専門の「都市開発委員会」を設置することで首都の都市計画を管轄下に置き、隣接自治体と市中心部との有機的結合と首都整備を目指した。一九二〇年二月五日に制定された同委員会設置法(第八八号法)(33)によると、委員会の活動内容は、概観的な都市開発計画を準備し、五千分の一の設計図を作成することにあった(第二条)。委員会はプラハ都市開発事務局、プラハ駅委員会、国が設置したヴルタヴァ治水委員会及びその他の事務局と協議のうえ、開発計画に関する設計競技および外部発注を行うとされた(第六条)。予算面については、都市開発委員会は政府に従属し、報酬、計画にかかる経費は公共事業省及び財務省の合意が必要とされ、事務所及びその他諸経費はプラハ市が負担することが定められた(第八条)。交通の障害となる建築物、公共の安寧を乱すもの、公衆衛生に反する建築物などは、自治体による不動産買収によって撤去されること、自治体が不動産所有者と合意に達しない場合、自治体が不動産を収用する権利を有することが認められた(第二二条)。

委員会は、委員長のほか公共事業省、州行政委員会(zemský správný výbor)、プラハ市議会議員の交通、建設、衛生、工業の専門家九人から構成され、州行政委員会から一人、プラハ市参事会(městská rada Pražská)から三人が指名された。委員会内にはヤナーク(Pavel Janák)、マホン(Ladislav Machoň)ら、工科大学出身でコチェラ(Jan Kotěra)やヴァーグナー(Otto Wagner)のもとでモダニズム建築を学んでいた世代が加わっていた。(34)このように近代建築に豊富な経験を有する人物を中心に据えるなど、政府は幅広い建築家を取り込むことで、都市工学に依拠した総体的な整備計画に乗り出すことになった(表3-6参照)。

都市開発委員会の課題は、土地の区画利用と道路・市電網を確定することにあり、委員会の開発案に応じて、

表 3-6　都市開発委員会の委員構成

委員	職業	在任期間
ヨゼフ・サカシ(Josef Sakař)＊委員長	建築家	1920-1923
オイスタフ・メルツェル(Eustach Mölzer)＊委員長	電力技師	1920-1923-1930-1938
アントニーン・バルシャーネク(Antonín Balšánek)	建築家	1920-1921
ラヂスラフ・プロハースカ(Ladislav Procházka)	市医	1920-1923-1930-1938
ヤン・ザーホルスキー(Jan Záhorský)	技師・下院議員	1920-1923-1930-1938
アントニーン・エンゲル(Antonín Engel)	建築・都市計画家	1920-1923-1930
ボフミル・ヒュプシュマン(Bohumil Hübschmann)	建築家	1921-1923-1930
イジー・スチブラル(Jiří Stibral)	建築家	1920-1923
ヨゼフ・プフェフェルマン・ザールバ(Josef Pfeffermann-Záruba)	技師	1920-1923
オット・クノト(Otto Knot)	参事会員	1920-1923
パヴェル・ヤナーク(Pavel Janák)	建築・都市計画家	1923-1930
スティーベル(V. Stieber)	建築家	1923-1930
ノヴィー(A. Nový)	都市計画家	1923-1930-1938
ズラトニーク(J. Zlatník)	市技術部	1923-1930-1938
ラジスラフ・マホン(Ladislav Machoň)	建築・都市計画家	1930-1938
ペトジーク(Petřík)	農業党	1930-1938
ヴルビツキー(Vrbický)	水運技師・人民党	1930-1938
ミクサ(V. Mixa)	チェコ工業連盟	1930-1938

出典）Dějiny plánování a výstavby hlavního města Prahy Max Urban, Díl. III, in: Archiv útvaru hlavního architekta. より作成。

市建設課が地区ごとの詳細な敷設計画と費用算出を行った[35]。都市開発委員会における人件費、土地所有者に対する補償、設計競技の実施の際の報酬は公共事業省及び財務省から捻出されるが、開発の諸費用は市が負担した。救貧・学校・インフラ整備とは異なり、プラハの都市計画に関しては政府の承認が必要とされた。

他方で、政府が公的な目的のため私有財産の制限に踏み込んだ点は、帝政期に比して大きな特徴であった[36]。政府は既に一九一九年一月に自治体の住宅収用を認める法律を制定し、トータルで二八五二・五三ヘクタールに加えて五二〇・七ヘクタールの森林を市有地にした[37]。これによって、市有地は五七五〇ヘクタールに増大した。都市開発委員会はこれらの土地を活用することによって、旧市内全域と郊外を含めた総合的な都市計画の基盤を用意した初めての組織であった。委員会の権限範囲は、プラハのみならず、近隣七八自治体、三〇八平方キロメートルにまで及び、個別の地区の再開発にとどまっていた帝政期と比較して、大きな変化であった。

（二）　委員長メルツェルの略歴と首都構想

都市開発委員会の委員長に一九二三年より就任し、一九二九年の委員会の活動終了まで首都整備事業において中心的な役割を果たしたのが、国民社会党市議のメルツェル（Eustach Mölzer）であった。メルツェルは水道技師として一九〇三年よりプラハ市建設課でヴルタヴァ河及びラベ（エルベ）河の開発に従事し、都市工学及び交通整備のエキスパートとしての経験を積んだ人物であった。一九二三年にはプラハ市電力会社の社長に就任し、都市開発による交通網の整備は、交通量の増加に対応するために不可欠であるという考えのもと、都市交通、特に市電網の建設に尽力した。彼は技師としての活動と同時に、一九二三年からは国民社会党の市議会議員として、戦間期における都市政策に携わった。メルツェルは、「ウィーン政府はプラハ（の政治勢力）の強大化を制限しようとしたために、プラハは人口増加に対する準備をすることができなかった」[38]と述べており、プラハにおける都市計画の停滞の原因を帝国政府に求めていた。他方で、彼は独立前の隣接自治体は自らの利益のみを考えていたために全体的な都市計画が実現できなかったと、自治体側にも責任の一端があると考えており、彼にとって大プラハの統合はこのような状況を克服する絶好の機会であった。

プラハの都市計画において、克服すべき問題が土地所有と建築条例であった。プラハでは、一八八六年の市建築条例（領邦法）[39]が戦後も適用された結果、敷地内において八五％までの建蔽率が認められていた。このため、一九二〇年代初めにおいても、市中心部の人口密度は一ヘクタールあたり五〇〇人を超えていた。さらに、市中心部の地価は一㎡あたり六万コルナ以上にも及び、労働者層は遠方での居住を余儀なくされた。メルツェルはこのような問題を解決するために、イギリスの土地政策を目標として掲げた。すなわち彼によると、プラハでは一棟あたりの居住人数が三五人に達しているのに対して、バーミンガムでは一棟あたりの居住人数は五人、ロンドンでは八人にすぎず、一歳以下の乳児死亡率はチェコの六分の一、結核の発病率はチェコの八分の一という低さである。(40) イギリスでは私有経済を基盤にしながらも、土地収用権を定めた一九二五年英国法によって、国・自治体は半額で土地を買収することが可能である。既に戦前の段階で地価がプラハに比して、八分の一から十分の一程度であるため、広範な層に家族住宅を実現し、人口過密を防ぐことができる。さらに彼は、ドイツでは既に一九〇二年のフランクフルトの法律(アディケス法)によって、土地所有者は地所の三〇％を街路及び非建設用地として確保する義務を有すること、コペンハーゲンでは土地所有者がすべての街路建設の費用を負担する事例をあげた。メルツェルは、土地所有への積極的介入が不可欠であると考えたのである。(41)

メルツェルの首都整備計画における骨子が、市中心部と合併によって確保された郊外開発用地の明確な地区構想、すなわちゾーニング計画であった。彼は「市中心部への人口集中は衛生上好ましくなく、外国と同様に市中心部は商業地区にするべき」と考え、工場地区を市の東部地域に、従業員の住宅を郊外に建設する構想を発表した。(42) メルツェルは、「(外国の)訪問者がプラハ旧市街だけを見れば、古くて小さく貧しい住民のいる街だという誤った印象を抱く」(43)と考え、首都整備は「(一四世紀の)カレル四世の都市開発以来の大転換」(44)と位置づけた。彼は、プラハの人口は一九七〇年代には一五〇〇万人に達すると予測し、増大する都市人口を受け入れるための郊外開発を首都整備の要と捉えていた。(45)

(三)　郊外開発構想と開発の実施

大プラハ合併によって統合された郊外地域は、建築家及び都市計画官僚にとって戦前から、市内の住宅過密を解消するための重要な関心の対象であった。メルツェルは、グロピウス（Walter Gropius）がバウハウスで発表した一二階建ての集合住宅案に反対し、「賃貸集合住宅は合理的ではあるが、健康な住宅への動機は経済的なものではない」という見解から、低層・低密度の庭付き戸建て住宅が建設されるべきであると主張した。(46)

公共事業省は、敷地面積における建設区域の割合が五〇％になることを想定したが、都市部では高さ六階分、建設区域八〇―八五％を容認する構えであった。例えば、土地所有者が敷地内に街路に面した正面部分が一五メートル、奥行き三〇メートルの建造を行う場合、四五〇㎡の建設面積に対して建設業者は二二五㎡を、街路を含む公共空間・非建設用地として確保すること、また、二階建ての戸建て住宅を二〇×四〇で八〇〇㎡の用地で建設する場合、四〇〇㎡を非建設用地として確保することを想定した。(47)このように、建造物の密集した旧市街での建築規制は困難であったが、郊外開発における建築規制と土地区画は可能であると考えられた。

これに対してメルツェルは、郊外の住宅地域では賃貸集合住宅の高さを四階建てにとどめることで、戦前以来の高層・高密度の住宅建設を阻止することを目指した。さらにメルツェルは、土地利用と住宅建設の健全化のために、「主要街路における建造物の高さを最大二二・五〇メートル、建物四階分と定め、道幅が一五メートル以下なら三階までにとどめるべきで、これが地価の面からも、衛生（健康）、経済、社会面からも最適である」という見解を示した。メルツェルは街路幅によって建造物の高さを決定するという「建築線」による都市計画に重点を置いた。一九〇二年のフランクフルトにおいて土地所有者は土地全体の三〇％を、街路などのオープンスペース用に確保するという決定がなされたことを引き合いに出して、プラハにおける法改正の主張を行った。(48)彼は低層の家族住宅を中心とした、健康で安価な住宅を実現するために、一ヘクタールあたり六〇―一〇〇人の居住が適切であると述べ、二〇％が建設用地、二〇％が街路、三五％が個人の庭、二〇％が公共の緑地、五％が交通網で構成される土地区画案を決定した。[49]

以上の構想に基づき、都市開発委員会は次の事案に着手した。まず、増加する首都住民のための住宅建設の促進を目的に、モータリゼーションを見据えた大規模な道路網、及び電力供給の充実によって大幅な拡張が可能になった市電網を整備した。続いて、鉄道網と駅の改修、市内ヴルタヴァ川下流の護岸工事、プラハ城近辺及びレトナー地区再開発、共和国広場の改修をはじめ、市場、墓地、人道施設、学校など各種の公共建築物の建設、郊外の緑地整備を行った。委員会は計画実施にあたって、一九二〇年のレトナー地区を筆頭に、一九二四年までに小地区(市内中心部)、デイヴィツェ、スミーホフ、パンクラーツ、ホレショヴィツェなど、主に郊外地区の開発の設計競技を行った。中でも、北西部のデイヴィツェ地区では、チェコ工科大学教授のエンゲル(Antonín Engel)が、勝利広場から放射状に伸びる大規模な街路計画を作成し、同地区に建設された工科大学を中心とする総合的都市開発を実行に移した。[50] 委員会の方針では、再開発地域には低層の建造物が建てられるべきであって、一九世紀にヴィノフラディやジシュコフで生じたような、高層の集合住宅が乱立するようなことがあってはならなかった。

プラハ市建設課は都市開発委員会の答申を受けて、二億二〇〇〇万コルナの建設費を投じて一八二〇キロメートルの道路網を新設・改修したほか、大プラハの市電網も一九二九年までに二三路線に拡張された。上下水道にも一四億コルナの建設費が投入され、ヴルタヴァ河岸工事及び橋梁建設もこの時期に進展した。[51] また、国立ギャラリー、近代美術館や保険局、ヴィートコフの丘のジシュカ記念碑、市立図書館、チェコ工科大学、プラハ大学法学部、ストラホフのソコルスタジアムといった文化・福祉施設に加え、社会福祉省、鉄道省、農業省、財務省、外務省など政府官公庁、各種の住宅や家族ヴィラ、さらにはペトシーン交通、ヴルタヴァ川にかかる橋なども設計競技の対象となった。[52]

市の都市計画は、土地改革によって獲得された市有地を基盤に行われた。これによって、九万〇二八八㎡の敷地を有する中央福祉施設(通称「マサリクの家」)、四万〇〇二〇㎡を有するブロフカ総合病院が建設された。また、市は三〇八〇地所を民間に払い下げ、ヴィラや家族住宅に割り当てたほか、一六〇地所を集合住宅の建設地として売却した。都市開発委員会は開発計画において、デイヴィツェ地区を住宅開発地とし、六七の建設用地を集合住宅に、七〇〇を家族住宅建設のために割り当て、技術・農業学校を建設した。さらに、スポーツクラブや体操協会、スタジアム建設や果樹園にも市有地が活用された。(53) 戦間期に、市は獲得した市有地によって積極的な土地政策を実施しえた。

(四) 都市開発委員会の住宅開発案と土地政策

都市開発委員会は、再開発の設計競技によって、一九二五年には一二五〇の賃貸集合住宅の建設用地、二七〇の家族住宅の建設用地の選定を発表した。このほかにも委員会はデイヴィツェ、ホレショヴィツェ、ヴルショヴィツェ、ブジェヴノフの各地区を対象に四万戸以上の建設計画を提示し、住宅不足の解消を目指した。(54) 都市開発委員会が推進した郊外の住宅建設においては、一九二八年までに北西部のデイヴィツェ地区において八〇〇の賃貸集合住宅の用地が確保されたほか、北東部のホレショヴィツェ地区では九一五の賃貸集合住宅、南東部のヴルショヴィツェ地区では二七〇の戸建て家族住宅、ヴィノフラディ地区では一二〇〇の賃貸集合住宅、北西部のブジェフノフ地区では六九〇の賃貸集合住宅と一一〇〇の戸建て家族住宅建設のための用地が獲得された。(55)

メルツェルは郊外開発にあたって、公共の利益の観点から緑地などのオープンスペースの重要性を訴えていた。一九二八年一月に公共事業省は、地元農民団体や他省庁を含めて市北西部シャールカ(Šárka)地区の緑地開発に関する審議会を開いた[56]。委員会の従来の法解釈では、オープンスペースの対象となるべき公共用地とは街路及び広場、市場などであったが、緑地については記載がなく、収用を行う際の土地所有者への補償についても不確定であった。都市開発委員会は、緑地はプラハ市にとって人口過密の緩和、通気による住環境改善のために必要であり、広場や街路と同等の価値がある公共空間と解釈し、農業に適さない土地を収用するという方向で地元農民との折り合いをつけようとした[57]。これに対して、農民側は二〇年代末に「大プラハ」総面積一万七〇〇〇ヘクタールのうち市有地が既に六〇〇〇ヘクタールにまで増大していたことを理由に、土地収用に消極的な姿勢を示した[58]。委員会法の制定当時に掲げられていた、「すべての建設許可は都市開発委員会の承認なしには、行われるべきではない」という主張は、土地所有者の圧力で撤回されており、土地開発のコントロールは、都市開発委員会の権限のみで行うことはできなかった[59]。緑地は市の周縁部に限定され、住環境の向上は住宅組合による家族住宅群など、限定的な範囲にとどまった。一九二〇年代には住宅市場への過度の公的介入は、土地所有者層の主張によって、大きな制約が課せられていた。

（五）　委員会活動の小括

都市開発委員会が実施した、ゾーニング計画によって市中心部を政治・商業地域に区分したうえで、道路網整備によって郊外住宅地を有機的に「大プラハ」に組み込むという都市計画は、帝政期に比して大きな変化であった。メルツェルは、歴史的建築物が残る市中心部を首都のシンボルとしたうえで、広大な市域を有機的に統合した都市構想を描いていた。

メルツェル委員長の主導による都市開発委員会の都市計画は、一九二九年及び一九三一年の都市交通コンペによって区切りを迎え、一九二〇年代の成果は『大プラハと周辺の都市開発計画』としてまとめられた(60)。そこでは、「都市開発計画によって、モダンな大プラハの健全な発展のための確固とした基盤が固められたが、これはカレル四世の時代の都市整備に匹敵する。『新しいプラハ』はヨーロッパの性格を持ち、世界で最も成熟した街へ。その建設者は『チェコ人の建築家と技師』であり、彼らによってすべてのチェコ国民・チェコ国家は誇り高くなる」と総括された(61)。プラハの都市開発事業では、ドイツ系住民の存在についてはほとんど触れられることなく、チェコ人の歴史を基盤とした首都建設が目指されていたことがうかがえる。

他方で、二〇年代の都市開発及び都市政策事業は、大規模な歳出を伴うものであった。市は一九二二年に英米の金融機関から一五〇〇万ポンド及び七五〇〇万ドルの借款を受け、借款の半分にあたる二億一〇〇〇万コルナを電力事業に投じたほか、ガス、水道敷設に一億一〇〇〇万コルナを投じた(62)。一九二八年には、市の歳入八億一八四九万コルナに対して、社会保障費の歳出が四四四一万コルナ、公共事業費は九六二三万コルナ、道路・水道建設などの特別歳出は二億八〇八二万コルナに及んでいた。このため、同年度の歳出は八億六三一五万コルナ、市の負債額は一四億四〇五八万コルナに達していた(63)。戦間期の都市開発の中でも最大の懸案であった住宅開発は、都市開発委員会の一存によって決定できるものではなかった。以下では、国民社会党の市議会における住宅政策の議論、及びメルツェルの住宅政策構想がどのような形で取り組まれ、戦間期の都市開発事業において位置づけられたのか、市及び都市開発委員会の政策は、都市社会の現実との間にどのような問題を引き起こしたのかを検討する。

第三節　戦間期プラハにおける郊外住宅開発——家族住宅という規範——

戦間期のプラハにおいて、都市開発委員会が住宅改革の規範として提示したのが、帝政期より理想とされてきた、閉じられた住空間の中で家族のみが居住する「家族住宅(rodinný dům)」であった。家族住宅を実現する手段として着目されたのが、二〇世紀初頭に英国で誕生し、戦間期にヨーロッパ諸国で広まった田園都市構想であり、その舞台となったのが、交通網とインフラの発達によって都市空間に編入された「郊外(předměstí)」であった。

一九二〇年代という時代は、大衆社会の出現を前に、ドイツのバウハウス建築、フランスのル・コルビュジェ(Le Corbusier)の都市論などが現れた時代であった。特に、郊外開発によって規格化された大規模な居住空間を提供するという建築理論は、住民の生活形態そのものを近代社会に適合させる試みであった。一九二〇年代は、近代的な大規模集合住宅の建設が当時の建築家から試みられた時代でもあり、このような建築成果を導入した自治体・住宅組合による住宅供給政策は、当時のヨーロッパ諸都市のトレンドとなった。建築家が、特定の富裕層ではなく広範な国民層を対象とした建設事業に携わるという傾向は、まさにこの時代に生じたのであり、この動きは一国家内にとどまらず、[64]建築家同士の国を超えたネットワークを通して共有され、各国で郊外における住宅団地建設の試みを呼び起こした。二〇世紀初頭のイギリス田園都市に端を発する郊外家族住宅の建設は、これらの都市建築と融合して、二〇年代にはヨーロッパ諸都市をはじめ、遠く日本の都市開発にも影響を及ぼした。[65]

このような新しい潮流を生み出した背景としては、第一次世界大戦による国土の荒廃で、住宅建設が急務の課

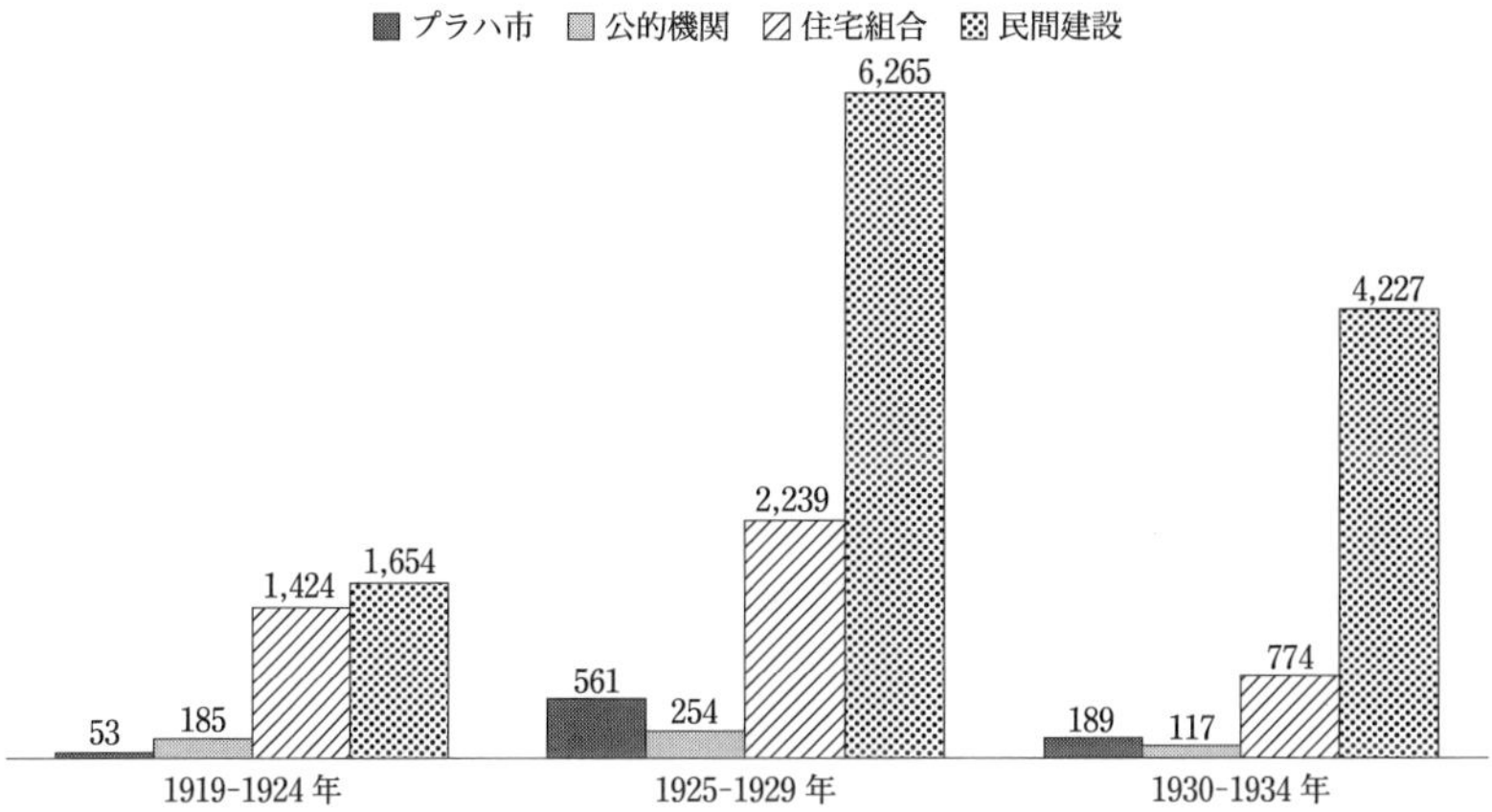

図3-5　1919-1934年のプラハにおける住宅建設の内訳(家屋数)

出典) *Věstník hlavního města Prahy*, 42, no. 16-17, p. 342. より作成。

題として浮上していたことに加えて、戦前に比して広範な都市民層を支持基盤とする諸政党が台頭したことがあげられる。とりわけ、二〇年代に自治体において勢力を増してきた社会主義政党は、気鋭のモダニズム建築家を市の住宅政策事業に登用し、大規模な公営住宅の建設に着手した。自治体の公営住宅に加えて、政府の援助を受けた住宅組合による住宅建設は「社会的住宅建設」「公益的住宅建設」と呼ばれ、のちの福祉国家(社会国家)の端緒となったという点が着目されてきた(「序章」四―五頁参照)。

一九二〇年代のプラハ市政においては、市営住宅の建設は限定的な範囲にとどまり、中央政府は民間市場の促進、及び住宅組合による家族用小住宅の建設支援を重点的に行うことを、住宅政策の骨子としてきた(図3-5)。一九二〇年代における郊外住宅団地の建設は、間接的ではあるが新国家が目指す家族住宅を実現するものであり、そこに住む家族の在り方、さらには家族政策を通した労働力の再生産という新国家の意図を具現化するものであった。

一九二〇年代の住宅建設の意義を捉えなおす場合、公権力や住宅改革家など供給者側の意図に加えて、郊外住宅を受容する立場であった住民層の社会生活にまで踏み込む必要がある。本章では、一九二〇年代のプラハ郊外住宅建設にはどのような意図が有されていたのか、新たに建設された郊外住宅団地どのような都市空間が生まれ、住民たちがどのように居住したのかを明らかにしたい。

(一)　田園都市構想の前史とその受容

前節で明らかにしたように、メルツェルら都市開発委員会は、田園都市構想を実施すべく、合併によって獲得した郊外地区の交通網整備、ゾーニングによる住宅地設定を、首都整備計画の中心事業として位置づけた。本節では、戦間期プラハの都市開発・住宅政策において、家族住宅がどのようにして選択されたのか、戦間期のプラハ市政は家族住宅にどのような位置づけを与え、その見解がどのように反映されたのかを、プラハにおける郊外開発を事例に考察する。

一九二〇年代に都市開発委員会が住宅改革として導入したのが、二〇世紀初頭のイギリスに端を発する田園都市構想であった(66)。イギリスの都市改革家ハワード(Ebenezer Howard)が一九〇二年に発表した『明日の田園都市』は、一九世紀以来の都市化がもたらす弊害、特に労働者の生活環境の悪化に対処するための社会改革・ユートピア思想を背景に誕生した。田園都市の建設は大都市においてまず進められ、労働者などの住環境改善を目指した戸建ての家族住宅の建設を推進した。都市問題を郊外の自然の中で解決するという都市開発構想は、「都市と農村の結婚」という有名な言葉で実践に移された。ハワードの理念は、土地を公有化し、住民によって選出された組織によって団地の経営を行う「コミュニティ」を重視したものであった。労働者の劣悪な住環境を改善することを目指したハワードは、工業化の初期にオーエン(Robert Owen)やフーリエ(Charles Fourier)らが主張した私有財産の否定には距離を置きながらも、彼らのコミューン思想から多くの示唆を得ており、漸進的な社会改革を目指すものであった。そこでは、土地は私有ではなく公有地とされ、家事労働を協同化するための施設が建設されたほか、地域内の文化活動が奨励され、宗教・教育活動が重視された。また、労働者の生活改善の目標であった禁酒運動が持ち込まれるなど、田園都市には中産階級の社会改革思想が色濃く反映されていた[67]。ハワード及び都市計画家のアンウィン(Raymond Unwin)らが二〇世紀初頭に開発に取り組んだレッチワース田園都市は、都会から完全に隔離された空間に建設されるのではなく、ロンドンと密接な関係を持つことを前提としたうえで建設された。こうして、拡張する大都市の居住地域を確保したうえで、鉄道や道路交通に支えられ、住宅地から都心及び工業地域へと赴く、郊外住宅団地の生活形態が産声をあげたのである。田園都市構想及び郊外住宅地開発という手法は、ほどなくヨーロッパ大陸にも広まった。田園都市構想は、前述したように建築家・都市計画家の社会改革の思想を反映したものであり、単に住宅建設にとどまらず、様々な教育・啓蒙活動が実施されたことに特徴があった。ドイツでは、世紀転換期の生活改革運動において、田園都市の建設は重要な位置を占めていたのである。ドレスデンに一九一〇年代に建設された田園都市ヘレラウがその典型であり、また、労働者への社宅供給としても導入される傾向も見られた。そこでは、企業家が労働者に健康で衛生的な家族住宅を提供することが、労働力の再生産に寄与するという家父長的関係がしばしば指摘された[68]。

しかし第一次世界大戦後、住宅不足の解消という課題を抱えるヨーロッパの各都市では、郊外住宅開発の性格は変容していくことになる。ベルリン、フランクフルト、フランスのシュレーヌなどでは、自治体や公益的住宅組合による大規模な住宅団地建設が、郊外開発の一環として実施された。フランクフルトのマイ(Ernst May)、ベルリンのヴァーグナー(Martin Wagner)やタウト(Bruno Taut)らに代表されるような、モダニズム建築家を登用した市の住宅開発は、規格化された住宅設計など様々な新機軸を導入することで、一九世紀には実現しえなかったような、大規模な住宅建設を可能にした。しかしその一方で、住宅はあくまでも個人の所有物とみなされ、当初の田園都市構想が有していた社会改革の色彩は急速に薄まることになった。(69)

田園都市運動のインパクトは、ヨーロッパを超えて一九二〇年代の日本にも及んでいた。日本の内務省は早くも一九〇二年に、「田園都市」という訳語をあてて、その政策的意義に着目していた。日本では、関東大震災後に建設された同潤会アパートに代表されるように、中間層向けの郊外住宅という性格が色濃く表れていた。(70) このように、世紀転換期にイギリスで体系化された田園都市構想は、当初の社会改革的な思想を弱めながらも、住宅建設の主要な方法として短期間で各国に広まったその同時代性こそが特徴であった。

チェコ公共事業省もまた、一九二四年にハワードの「明日の田園都市」のチェコ語訳を出し、ハワード自身が「チェコスロヴァキア国民に」と題して大きな期待を寄せていた。(71) 公共事業省による田園都市の建設提案に対して、社会主義政党以外の他の連立与党は住宅建設への公的介入が社会主義的な要素を有している点に警戒を示すなど、懐疑的な声も少なくなかった。これに対して公共事業省の都市計画家ファビンゲル(František Fabinger)は、「ハワードの田園都市は社会主義ではない。イギリスでは八〇〇の家族住宅に四千人が居住するという環境が理想的であり、庭付きの家族住宅は借家人の愛を育むものである」と主張した。(72) 政府側が、緑地に囲まれた田園都市型の家族住宅を理念型としていた背景には、大都市の人口過密が国民文化の危機を引き起こすことを防ぐために、田園都市を中心とした都市開発によって住民の衛生環境を向上させ、そこに居住する家族に健全な家庭の在り方を訓育するという意図が表れていたと考えられる。一九二〇年代のチェコでは、田園都市開発は社会改革よりもむしろ、郊外の居住地確保という意味合いが強く表れることになった。

（二）　郊外住宅政策における家族住宅の選択

都市開発委員会の事業を実行したのは、世紀転換期にウィーンやプラハの工科大学でモダニズム建築の薫陶を受けた建築家たちであった。建築家が自らの関心を、市中心部の歴史的建造物の建築にもまして、都市計画や一般の人々の住宅に置き始めたことは、帝政期との大きな相違点であった。

このような潮流を代表していたのが、チェコにおけるセセッション芸術において中心的役割を果たしていた「マーネス建築家連盟（Sdružení architektů Mánes）」が一九〇八年に創刊した建築雑誌『スタイル（Styl）』であった。同誌は、世紀転換期に勃興した英国の田園都市運動をいちはやく紹介しながら[73]、モダニズムの建築理論と一九世紀以前の歴史的建築の融合を目指した家族住宅の建設案を発表した。さらにその中で、住宅建築を通した都市計画や住環境改善といった社会的な課題を取り上げていた。建国後には、ハワードの『田園都市』の翻訳に併せて、『スタイル』編集長ドゥヴォジャーク（Vílem Dvořák）がイギリスのウェルウィン田園都市を訪問し、同田園都市を設計した前述の都市計画家アンウィンもプラハを表敬訪問した[74]。当時の建築家は家族住宅と田園都市の実現を主要課題として位置づけ、政府・市の都市開発の中に積極的に取り入れることを主張した。

家族住宅という概念は、共同台所を廃止して家事を室内化したうえ、居間と寝室の分離、下宿人やベッド借りを排除することで、伝統的な半開きの住居と区別化した形態であると定義できる[75]。中でも、都市開発委員会におけるプラハの住宅建設の方向性を理論づけたのが、家族住宅の建設を重視していた『スタイル』誌及び建築家のヤナークであった。都市開発委員会の他の建築家と同様、世紀転換期にコチェラ（Jan Kotěra）やヴァーグナーら当代屈指の建築家のもとでモダニズム建築を学んでいたヤナークは、プラハ市内外に数々のキュビズム建築を残し、チェコにおけるキュビズム建築の第一人者としての地位を確立していた。彼は、「高層住宅と緑地という組み合わせは「アメリカ風で機械的で物質主義的」であるが、ヨーロッパの伝統は、イギリスの庭付き戸建に代表される「家族的親密性」にあり、郊外田園都市開発がヨーロッパには合っている」と主張し[76]、戸建の家族住宅の必要性を、以下の形で説明した。すなわち、一九世紀には都市部で営利目的の賃貸集合住宅が広まった結果、地方から都市に来た者は郊外の集合住宅に入居するために、集合住宅が彼らにとっての理想的な住となる。しかし実際には、このような集合住宅では、流入者は持家を建設するという発想を失い、やがて「都市に住む全国民(celý národ v městech)」は借家人となってしまい、都市は家主(domácí pán)と借家人(nájemník)という二つの社会に引き裂かれてしまう。集合住宅では、採光もままならない台所や地べたで寝そべることを余儀なくされ、プラハでは三部屋以下の過密な小住宅が圧倒的多数を占めている現状のために、欧州でも最低レベルに堕している。このように借家人と化し、家族住宅を失ってしまったチェコに対して、イギリスやオランダでは家族住宅こそが国民的な住宅であり、その設計図から学ぶことが必要である。社会主義者や若い世代は集合住宅を設計しようとしているが、最低八〇㎡を有する家族住宅こそが選択すべき住宅形態であり、居間と寝室、台所など住宅内の徹底した機能分化と、下宿人のいない核家族のための住宅こそが近代住宅の条件である。そのためには、緑地を確保したうえで通気や採光を重視した建設に加えて、集中暖房、機械化、洗濯場、遊び場といった集合住宅の技術を家族住宅にも導入すること、さらに、(半開きの住居のための)プライヴェートの欠如や、借家人を監督する管理人の存在といった、集合住宅の「悪弊」を除去することが重要である。ヤナークは、家族住宅の建築に「チェコの国民的様式[77]」を実現することを目指す一方で、特にイギリスの家族住宅を模範とすることで、都市住民の生活規範を物質的、精神的に復興させることの必要性を訴えた[78]。彼は、一九二九年までプラハ都市開発委員会の委員を務め、首都整備計画の方向性に大きな影響を与えた。

イギリスの家族住宅を模範としてチェコの住環境改善を訴えるような主張は、戦前にマサリクらによって創刊され、二〇年代に社会民主党の社会政策家マツェク(Josef Macek)が引き継いだリベラル系の『我々の時代(Naše doba)』誌においても見られた。すなわち、英国では二万人以上の都市人口が人口の七二%を占めるにもかかわらず、一棟あたりの居住者数は、ロンドンでも八人を超えていない。翻ってチェコでは、都市人口は一二%程度であるが、プラハでは一棟あたりの居住者数は四二人、ジシュコフでは六五人にも達している。英国では七四・七%の住宅が四部屋以上を有しているが、プラハでは二部屋以下の住宅が五六・九%、三部屋以下の住宅比率が八五・三%にも達しており、このような住宅過密の影響で、結核による死亡率が欧州内でも最悪の部類にはいる。このような状況を改善するためには、英国のような庭付きの、「社会的・道徳的にふさわしい」住宅を普及させるべきであり、八時間労働が実現した今では、庭付きの家族住宅こそが家族生活を充実させ、市民の幸福を増進させるために必要であると位置づけた。(79)

社会民主党内では、戦前の人口過密と、他国に比して劣悪な衛生状態、結核と高い乳児死亡率の問題を解決するために、装飾過多の富裕層の「ヴィラ」ではなく、「住む機械」と称されるような賃貸集合住宅を求める声もあがっていた。(80)しかしマツェクは、「チェコの労働者は住宅への関心が希薄であるが、イギリスの人々にとって家とは『ホーム(domov)』であり、『ハウス(dům)』ではない。イギリスの人々は住環境の改善によって家族と家の重要性を学んでおり、持家の家族住宅のみが人々の自立性を保証する」と考え、賃貸集合住宅や下宿人と同居するような住宅では満たされないと捉えていた。彼は、家族住宅の実現のためには民間の高利貸しを規制し、政府や自治体が住宅建設への公的援助を行うことが必要であること、住宅文化という問題は造形芸術や建設業、衛生の問題だけでなく、国民経済及び社会政策の問題でもあると主張した。(81)マツェクに代表されるように、社会民主党内においても、労働者層の住生活を市民層のレベルに引き上げ、市民層の社会規範を身につけさせることが、家族住宅の目的であるという見解が表れていた。このような背景を踏まえて都市開発委員会は、市民層への健康で安価な小住宅を、住宅組合との協働によって実現することを目指した。

第四節　郊外住宅団地の試み

(一)　担い手としての貯蓄銀行と住宅組合

これまで見たように、当時の建築家・社会改革家たちは、一九世紀以来の劣悪な衛生問題を解決するためには、個人または組合を通して住宅を所有することが重要であると主張した。健康で文化的な家族住宅は、住民自らが持家を購入することによって実現されると考えられた。このようなプラハ都市開発委員会の家族住宅構想に基づく住宅政策を最も端的に示していたのが、一九二五年にヴィノフラディ貯蓄銀行の創立二五周年事業として設立された住宅組合「スポジロフ(Spořilov)」であった。スポジロフは一九二五年から一九三〇年にかけて、プラハ市南東部に位置する三五万㎢の用地に三六〇〇人が居住する住宅団地を建設した、チェコスロヴァキア最大の住宅建設組合であった(図3-6)。本節では、スポジロフの概要に関しては、モウトヴィッチの研究に依拠するが、さらに同時代資料に基づく分析を補うことによって、その歴史的意義と問題点を、戦間期チェコスロヴァキアの住宅政策との関連において考察することを主眼とする。(82)

戦間期の住宅改革において、住宅組合が無視しえない役割を果たしてきたことは、これまで見たとおりである。

図 3-6　スポジロフ住宅団地（上段：航空写真／下段：現在の様子）

出典）上段：*Architekt SIA*, 27, 1928, p. 180., 下段：筆者撮影

ここではまず、住宅組合の支援主体であり、また、自ら住宅組合を設立することによって、住宅建設の担い手となった金融機関の役割を整理しておきたい。

戦間期の住宅組合による住宅建設を支えたのが、貯蓄銀行(spořitelna/Sparkasse)と呼ばれる金融機関であった。貯蓄銀行は、官吏、労働者、商店経営者など一般市民の預金をもとに、一八七〇年代より各地で設立された金融機関の形態であり、ボヘミア貯蓄銀行、モラヴィア貯蓄銀行などが強力な資本力をベースに各自治体への貸付を行うことで、都市経営及び都市のインフラ整備に大きな影響力を有していた。一九〇二年にはライタ川以西に五七八、ボヘミアには二〇五の貯蓄銀行が存在した。

中でも一八七五年に設立されたプラハ市貯蓄銀行は、チェコ最大の貯蓄銀行であった[83]。同銀行長のポスピーシル(Vilém Pospíšil)は、財務相ラシーン(Alois Rašín)や当時チェコ最大であったジヴノステンスカー銀行のプライス(Jaroslav Preiss：第二章参照)とともに、建国期のチェコ経済政策を指導した人物であった。スポジロフ住宅組合の直接の出資者であるヴィノフラディ貯蓄銀行は一九二三年当時、二億二九〇〇万コルナの預金高を有しており、自治体の貯蓄銀行としてはプラハ市貯蓄銀行に次いで第二の規模を有していた。一九二〇年の政府法令において貯蓄銀行は、「市民(občanstvo)に節約(úspora)を安全に預金し、増やす機会を与えること」を目的とする公的な金融機関であり、政府の監督下で貸付事業(úvěrní obchody)を行い、剰余分(黒字分)を一般目的に使用できると定められた[84]。帝政期に、自治体や政府からの住宅建設援助がほとんどなされなかった中で、貯蓄銀行は住宅組合への最大の支援者であった。貯蓄銀行による投資は、用地買収やインフラ整備を伴い、市の住宅開発と都市計画を促す役割を果たした。建設支援法によって全国の貯蓄銀行が一九二五年までに住宅建設に貸与した額は、一五億二七〇〇万コルナ、全貸付の四五・八七%にも及んだ[85]。貯蓄銀行は、住宅組合による住宅建設において大きな役割を果たしたのである。

住宅改革を目指した市と貯蓄銀行、及び住宅組合の協働が表れていたのが、プラハ郊外のスポジロフ住宅組合であった。スポジロフ住宅組合の設立を提唱したヴィノフラディ貯蓄銀行長スクレニチカ(Václav Sklenička)は、住宅建設の目的を、「非所有者層に健康で安価な住宅を提供すること」としていた。下記の史料からは、事業主体が都市の環境・衛生問題を積極的に取り上げていたことがうかがえる。

「当時のプラハにおいては、複数の家族が住む過密住宅が戦前から増加しており、農村からの住民流入、官庁や商業による建造物占拠、戦争による住民の貧困が進行しているうえ、新築住宅の家賃は非常に高く、安価な住宅が求められていた。特に若年層の都市生活は危機的であり、結核が蔓延しているうえ、河、小川、森の新鮮な空気が欠如しており、墓地や庭園だけが自然と触れ合う唯一の場であった。さらに、賃貸集合住宅における都市生活は家庭生活の温かみが欠けている。プラハはすべての大都市の中でも最悪の環境にある。地形的な問題のために、ヴルタヴァ河岸は通気が悪く、煙、ほこり、霧で一年中街は曇りがちで、農村と比較すると日照時間が少ない。今日、必要とされているのは、非所有層にも健康で文化的、安価な田園都市住宅を提供することである。[86]」

「大都市住民の理想は、家族住宅にある。これは都市の郊外にあり、庭があって太陽が降り注ぐ。成人だけでなく、子どもに対しても静かな日常を提供する。それゆえ、自分のために、また子どもたちのためにもきれいな空気、静けさ、良質な住環境を安価に提供することを惜しまないで。[87]」

うたい文句からもうかがえるように、スポジロフ住宅組合の目的は、これまでは富裕層に限られていた郊外の庭付き家族住宅を、より広範な層に提供することにあった。スポジロフの建設思想は、チェコにおいて紹介されていた田園都市構想を具現化したものであったといえる。しかし、ハワードが土地の共同利用を前提とした住民共同体の創出を目指していたのに対し、スポジロフ住宅組合は田園都市を通した社会改革の思想を、組合員による持家化を実現するための手段として捉え、自ら英国田園都市との差別化を図った(88)。スポジロフという名称そのものが「貯蓄＝スポジヴォスト(spořivost)」を語源としており、貯蓄によって組合員の住宅購入を促す意図が明確に表れていた。スポジロフ住宅組合は、組合員に持家を供給するための住宅販売を目的とした、営利的な組合であった。

(二)　スポジロフ郊外住宅団地の建設

住民の自助を規範とする「組合社会主義」を掲げていた国民社会党の方針は、スポジロフ住宅組合が掲げる貯蓄規範と合致していた。貯蓄銀行の計画が可能になった背景には、郊外の市有地が増加したことで建設用地が確保できる見込みが立ったこと、市電網の充実によって通勤の足を確保することが可能になったことがあげられる。スポジロフ住宅組合の議長には、国民社会党のプラハ市参事会員ジペク(Alois Žipek)が就任したほか、国民社会党員で都市開発委員長のメルツェルや、社会民主党のプラハ副市長のケルネル(Ferdinand Kellner)など市のトップが参加しており、市与党とスポジロフの間に強い結びつきがあった(表3-7)。

貯蓄銀行は、チェコ工科大学の建築家ブロジェク(Vladimír Brožek)やベルトル(Josef Bertl)らを起用して、住宅設計にあたらせた。彼らの起用は、世紀初頭の田園都市を踏まえた戸建ての家族住宅を建設するという貯蓄銀行の意図を踏まえたものであった。彼らは、非所有層に戸建ての家族住宅を十分供給するために、部屋数は一—三部屋にとどめ、建材としてコンクリートや煉瓦を用いることでコストを抑え、徹底した建設の合理化を図っ

表3-7　「スポジロフ」指導部の構成

スポジロフ代表部 představenstvo	所属
ヤン・ブラベッツ(Jan Brabec)	ヴィノフラディ貯蓄銀行指導部長
アロイス・ジペク(Alois Žipek)	プラハ市貯蓄銀行指導部長・国民社会党
ヴァーツラフ・スクレニチカ(Václav Sklenička)	ヴィノフラディ貯蓄銀行上級部長 人民党
アルノシュト・ホロウベク(Arnošt Holoubek)	プラハ市貯蓄銀行地区部長・社会民主党
ヴァーツラフ・パシェク(Václav Pašek)	プラハ市貯蓄銀行上級部長
グスタフ・ドミーン(Gustav Domín)	プラハ市電力会社・ヴィノフラディ貯蓄銀行
ヤン・チェルニー(Jan Černý)	商工中産党
カレル・ペハーチ(Karel Pecháč)	プラハ市貯蓄銀行地区部長
ボフミル・コチー(Bohumil Kočí)	家主党
フランティシェク・トウジル(František Toužil)	市官吏
カレル・マシーン(Karel Mašín)	プラハ市貯蓄銀行・国民民主党
監督委員会 dozorčí rada	**所属**
ルドルフ・ポリツァー(Rudolf Politzer)	州学校委員会
イジー・ピフル(Jiří Pichl)	ヴィノフラディ貯蓄銀行
オタカル・ハドゥルボレツ(Otakar Hadrbolec)	プラハ副市長・商工中産党
オイスタフ・メルツェル(Eustach Mölzer)	都市開発委員会
チェニェク・クジチカ(Čeněk Křička)	プラハ市貯蓄銀行・国民民主党
ヴァーツラフ・ウルリヒ(Václav Ulrych)	ヴィノフラディ貯蓄銀行
ヤン・ゼドニーチェク(Jan Zedníček)	ヴィノフラディ貯蓄銀行
フランティシェクティチェラ(František Titěla)	国民民主党
フランティシェク・ヘラー(František Heller)	市議会
インドジフ・クジェペルカ(Jindřich Křepelka)	大学教授

出典）*Zájmy Spořilova*, 9. 2. 1929.

た。これによって、住宅内には簡素で小規模ながら台所など室内設備や一〇〇ー七〇〇m^2の庭園が備え付けられ、戸建て住宅の内部で家族生活が完結するような設計がとられた。

各世帯には水道、ガス、電気も整備され、集中暖房も備えつけられた。一九〇〇年当時には、プラハ市内でトイレのある住宅はわずかに五軒に一軒であり、灯油ランプの普及率も五〇％程度にとどまっていた。水道管も一部しか通っておらず、集中暖房や洗濯場は非常に少なかった。一九二一年の段階においても、浴室の普及率は一八・二％、電気照明は三二％、ガス照明は八％、台所にガスが通っているのは一四・七％、上水道の整備は三五・八％程度であったことから[89]、スポジロフ組合が計画した住宅設備は画期的であった。

室内設備の中でも、特に重要視されたのが台所であった。戦前に建設された集合住宅においては、炊事・洗濯は集合住宅内の共同設備を利用することがほとんどであった。スポジロフ団地においては戦前の集合住宅で見られたような、台所と食堂、寝室と居間の共用ではなく、各戸に台所、屋根裏倉庫、浴室・洗濯室、クローゼットが備えられ、居住空間の分離と機能分化が徹底して図られた。電気、ガス、水道を備えた効率的な台所は、養育・衛生・時間を節約することで、家族のための自由時間を生み出し、身体的な衛生だけでなく思考の衛生も実現するということが期待されたのである。家事の合理化という、一九二〇年代のモダニズム住宅建築を体現したのが、フランクフルトの集合住宅で取り入れられた「フランクフルト・キッチン」と呼ばれるシステムキッチンであった。家庭内に普及したガスや電力を通して、暖房に使われていたエネルギーを台所に集中させることで、合理的かつ効果的な台所空間が実現した。冷蔵庫などの電化製品はまだ限られたものであったが、電化製品や合理化された台所を使いこなすことは、新時代の主婦の役割として提示されたのである[90]。住宅組合による家族住宅の建設供給は、家族のみが居住する健全な住という、市民的規範を実現させるための方策であったといえる。スポジロフ住宅団地の入居者は所帯を持って間もない若い核家族が想定されていた。

スポジロフ団地には、市内の組合住宅のほぼ半数にあたる全一一六〇家屋が戸建の家族住宅として建設された。一九三〇年一二月の国勢調査によると、同団地の住民数は三六七二人であったことから、一家屋あたりの居住人数が三人前後であったと推測される[91]。建設総数の内訳は、一部屋住宅が三〇八家屋、二部屋住宅が二五六家屋、三部屋住宅が五九六家屋であり、政府が目指した「家族のための小住宅」の理想を体現するものであった。装飾を排した簡素な設計は、「草の生い茂った庭園と窓のついた小さな巣箱であり、田園都市というより緊急コロニーの趣である[92]」と批判された(図3-6)。しかし、住宅過密を排し、核家族の入居を前提としたコンパクトな住宅設計こそが、健康な住民の再生産に寄与すると考えられたといえよう。

市当局は、スポジロフ団地のインフラ整備に積極的な投資を行った。プラハ市議会は一九二五年に、スポジロフ住宅組合に対して、一m²一五コルナという格安の条件で二二万一五三m²の市有地を譲渡することを決定した。さらに、市中心部と二〇分で結ぶ市電を延長するなど、スポジロフの団地建設に積極的に便宜を図った。スポジロフ団地の建設は、個々の住宅設計にとどまらず、広く住民の社会生活を考慮したうえで総合的に計画された。同団地では、図面中央のロズティリ広場(Roztylské náměstí)を中心に商店が入居し、のちに教会や小学校などが団地内部に建設されたことで、団地内での社会生活が可能となった。国民社会党市政は、緑地帯に建設されたスポジロフを、児童教育、児童の衛生改善の場として積極的に活用した。市はスポジロフ周辺部で、夏季林間学校の子どものレクレーションを組織した。(93)

このような事業整備のために市が一九三一年までに投じた整備費は、下水道八六五万五〇〇〇コルナ、街路照明一一万コルナ、道路建設費一〇一七万五三四八コルナなど、合計一九六五万コルナに及んだ。(94)一九二七年には人民党の社会福祉大臣シュラーメク(Jan Šrámek)が視察に訪れるなど、スポジロフ住宅団地はいわば政府のモデル住宅的役割を与えられていた。一九二〇年代に、西欧諸国や日本などで着手された、中間層のための郊外住宅団地の建設による家族住宅の思想は、チェコにおいても着実に根を下ろしつつあった。(95)

(三) 郊外住宅団地の住民層

このようにして建設されたスポジロフ団地には、どのような社会階層の人々が居住できたのであろうか。表からもうかがえるように、スポジロフ団地の住民は、工場労働者や自営業者よりも、銀行員や保険会社の関係者をはじめ、官吏、従業員など、市内に勤務する経済的にも均質な中間層が圧倒的多数を占めた(表3-8)。

表3-8　1934年における「スポジロフ」組合員名簿の職業別内訳(主な職業のみ)

	人数		人数		人数
官吏・政府官僚	232	自営業・商店勤務	15	医師	4
金融機関関係	71	植字工	15	パン職人	2
教員	61	機械工	7	塗装工	2
電力会社	32	肉屋	2	仕立屋	3
郵便関係	31	劇場関係者	8	工場長	2
国鉄関係	28	秘書(tajemník)	9	製靴工	1
簿記	18	出版業者	10	工場労働者	1

出典）AHMP, Stavební družstvo Spořilov, Inv. č. 26.より作成。

郵便、電力、鉄道などインフラ関係の職種が目立つのが、スポジロフ団地に住む人々の特徴であった。また、スポジロフ団地に居住する女性の主たる職業は、団地内の世帯主の職業を示す名簿史料を見る限り、教員、官吏、商店勤務などであったことがわかる。(96)労働者における男女の就労比率が六六・八対三三・二であったのに対して、官吏では七三・五対二六・五、従業員では八六・五対一三・五と、極端な差が生じていた。(97)スポジロフ団地の名簿からは、世帯内の家族構成や住民の詳しい年齢構成については分かっていないが、住民の多くは単身ではなく世帯を有していたこと、一九二八年には団地内に敷地五七〇㎡の小学校が開校したことから、(98)未成年の子どもを持つ若年世帯が大半を占めていたことが推測される。他方で、「健康で安価な住宅を必要とする非所有者層」と考えられていた工場労働者の転居はほとんど見られなかった。(99)

労働者層がほとんど入居しなかった理由としては、市内及び郷里の間で頻繁に引っ越しを行っていたためであった。さらに、市中心に近い労働者住宅では、借家人保護の対象となる旧家屋が多く、家賃が低く抑えられたことも、郊外新築住宅への移転を鈍らせる要因となった。他方、地方出身で独立したばかりの若年世帯は、利便性が高く家賃の割安な借家人保護住宅への入居を希望したが、そのような住宅には昔からの都市住民が居住していたため、借家人保護住宅や郊外新築住宅のいずれにも、入居することは困難であった。郊外の新築住宅は増大する流入民のための建設というよりも、中間層以上の住民で、旧市内からの転居を希望する者が多数を占めたと考えられる。

スポジロフ住宅組合が一九二五年の設立時に公示した家屋建設費は、一部屋住宅で五万コルナ、三部屋住宅で八万五千コルナであった。建設支援法に基づき、建設費の八〇％は政府援助及び貯蓄銀行からの貸付で賄われたことで、購入希望者の負担は建設費の二〇％とされ、残りの建設費は五％程度の低利子を支払うことで賄われた。スポジロフ団地で戸建てを購入する場合は、建設費借入の利子を含めて、一五〇〇コルナから四五〇〇コルナの額を、二五年から三五年で返済することが可能であった。このことから組合側は、スポジロフの家族住宅が、市内の集合住宅と比しても経済的であると宣伝した。当時の借家人保護法に基づいた一部屋賃貸住宅の平均家賃が年額一四七五コルナ、それ以外の民間住宅が平均五一一六コルナ程度であったことと比べて、スポジロフの家賃は新築の家族住宅としては決して高いものではなかった。

しかし、スポジロフの家屋は、当初の予測を大幅に上回る建設費の値上がりによって、一九三〇年には、二部屋住宅で八万二千コルナから九万二千コルナへ、また三部屋住宅で八万五千コルナから一一万コルナへと値上がりした。スポジロフ組合側は、市内の賃貸集合住宅の三部屋住宅では、家賃が年九千コルナもかかっており、家屋税も免除されるスポジロフの家族住宅は集合住宅よりも経済的に持家を所有することが可能であると宣伝した[100]。スポジロフの建設が着工された一九二六年には、下級官吏の年収は九千コルナ、教員は九千コルナから三万コルナ[101]、熟練工業労働者が一万から一万二千コルナであり[102]、スポジロフの住居費は彼らの経済力に対応したものであった。しかし、平均年収が六—七千コルナにとどまっていたチェコの非熟練労働者層にとって[103]、年額一五〇〇コルナの支払いであっても安価な出費ではなかった。スポジロフ団地は、イギリス田園都市をモデルとして計画されていたが、自立した生活圏としての「田園都市」ではなく、首都整備計画の一環として交通網整備と並行して進められた。このことは、「非所有者層に健康で安価な住宅を提供する」という当初の方針に反して、入居者

表3-9　1920-1924年に建設された住宅組合

団地名(地名)	概要・戸数	組合員数
公務員住宅組合「オジェホフカ」(18区)	家族住宅224戸	
官吏住宅組合(市内，19区)	10棟(4区)　5家屋を(19区)	
住宅組合「自助」(13区)	集合住宅4棟　家族住宅65戸	
教員住宅組合(1，5，7，8区)		組合員154人
労働者住宅組合「ヤロフ」(9区)	集合住宅4棟　家族住宅72戸	組合員476人
住改善信託会社(Kuratorium)(7区)	集合住宅17棟　家族住宅347戸	

出典）ČS stavební a bytovă družstva, 1935より作成。

層を選別する性格を当初から内包することになった。スポジロフ団地は、労働者や地方からの流入者よりも、市内から転居した中間層、すなわち、遠方から通勤可能な社会階層のための家族住宅建設へとその性格を変えることになり、労働者の排除がおのずと生じることになった。

スポジロフ団地における住民層の偏りは、一九二〇年代における政府の建設支援政策の問題を反映していた。建設支援法によって、一九二七年までに四五億コルナが投じられ、全国五万三二九一の住宅が新築されたが、これらの新築住宅は、台所付き住宅の家賃を払える所有階層にしか行きわたっていなかった。一九一九年から一九二八年の間に、国内のチェコ側で政府の援助を受けた家族住宅は二万一六三五棟二万四四二三戸にのぼったが、このうち三一・五％が労働者住宅、一九・八％が国家公務員、一四・三％が国鉄職員、一二・一％が商店経営者、一一・八％が農業者、四・七％が企業家、五・九％が民間従業員の住宅であった[104]。建設支援法による援助は公務員住宅や社宅など、住宅組合が職種別に建設した住宅が主であったことがうかがえる(表3-9)。一九三〇年には三五七の住宅組合において、官吏の住民層が五四・四三％に達する一方で、労働者の比率は二七・八％、農業者は五・三六％、営業者一〇・九二％、その他一・四九％にとどまるなど、中間層が主な担い手となっていた[105]。

スポジロフ組合議長ジペクは、貯蓄銀行の住宅建設の目的は「戦後プラハに流入した中間層」に、健康で安価な住居を提供することであると供述していた[106]。こ

表3-10　1920年代後半以降に建設された住宅団地

団地名(地名)・工期	戸数	施工主	概要	建築家
ババ(19区) 1932-1940年	家族住宅 33戸	チェコスロヴァキア工作連盟	70-140 m²	ヤナーク ジャークほか19人
スポジロフ(13区) 1925-1929年	家族住宅 1,160戸	プラハ市・ヴィノフラディ貯蓄銀行	1-3部屋	ベルトル ブロジェク
ゼレナー・リシュカ (14区)1930-1938年	集合住宅	プラハ市設計競技	1-3部屋最小住宅	リブラほか
ホレショヴィツェ (7区)1932-1933年	集合住宅 90戸	プラハ市設計競技	1部屋最小住宅 2,250コルナ	チェルニー オセンドルフほか
ブジェフノフ(18区) 1936-1938年	集合住宅 336戸	プラハ市設計競技	1部屋最小住宅	ホホル ポドゼムニーほか

のことは、組合が掲げた非所有者層に対する援助を掲げた田園都市の建設が、当初から労働者を対象にしたものではなかったことを示している。このような状況は、スポジロフ住宅組合に限られたものではなかった。社会民主党系の組合であっても、労働者が入居者から排除される事例が多く見られた。社会民主党の住宅組合「ヤロフ(Jarov)」が一九二七年にプラハ七区のホレショヴィツェ地区に建設した住宅は、台所、設備、浴室を備えた二部屋住宅であり、当時の労働者住宅としては最高レベルの居住性を兼ね備えていた。しかし、実際には、入居者の多くが官吏や従業員、熟練労働者によって占められていた。[107]

戦間期における住宅政策は、住宅供給という量的な問題にとどまらず、住民の社会生活・家族生活にも影響を与えた。一九三〇年度の全国統計によると、農林業が三四・六四%、工業労働者が三四・九四%であったのに対して、官吏・自由業が六・一七%、商業・金融が七・四三%、交通関係者が五・五三%であり、中間層とされる社会階層は二〇%近くにまで達していた。[108]こうした状況を受け、一九二〇年代から三〇年代にかけて、プラハ郊外には住宅団地が相次いで建設された(表3-10)。一九二一年から一九三〇年にかけて、プラハ市内の建築総数は一万三四六二棟一一万四三一七戸に達していた。特に、一九二〇年代後半には住宅供給の伸びが顕著であった。一九二三年には戦前からの旧家屋一六万五五五五戸に対して新築家屋は五九六九戸（二七・七対一）であった。しかし、一九二八年と一九二九年には、新築戸数は一万戸を超えており、一九三〇年には旧家屋一六万一六七一戸に対して新築家屋六万〇三六九戸（二・四対一）へと接近していた。[109]
また、住環境の面においても、一九二〇年にはプラハ市内の全一六万六五六一戸において、一棟あたり三六・二人、一戸平均四・一人であった。これに対して、一九三〇年には全二三万一三二五戸において一棟あたり二七・二人、一戸平均三・七人と、数字上は住宅過密の緩和が見られた。[110]

住宅建設数が量的には大幅な増加を見せたことから、二〇年代後半の「相対的安定期」には、民間建設を促進することで住宅市場を安定させ、住環境を改善するという連立政府の意図は一定程度達成されたように見える。しかし、組合住宅の恩恵にあずかれる労働者はごくわずかであった。一九二〇年代の建設支援政策は、市民層、都市部の官吏や農村の上級労働者など、家屋購入能力のある中間層が家族住宅を建設することを支援するための政策であった。

（四）　スポジロフ団地の住民共同体

戦間期の都市社会では、街区レベルにおける政治組織化の進展によって、都市の住民共同体が大きな変容を経験した。以下では、貯蓄銀行によって建設されたスポジロフ住宅団地において、中間層を中心とする住民層が、どのような共同体及び政治社会をつくりだしたのかを、スポジロフにおいて出版された機関紙、及びスポジロフで生まれ育った作家ブラナルド（Adolf Branald）の回想録などを通して迫ってみたい。

スポジロフ団地では、社会主義政党など特定の政治勢力が上から住民層を組織化するような事例は見られなかった。組合側は、「購入希望者にはあらゆる政党の支持者がいるが、我々の活動に政治的な目的は認められない。我々の見解は、非党派的な専門家によって担われている」としていた。このように組合側は、住宅組合が非政治的組織であることを強調することで、団地が特定の政治勢力に占有されることを回避しようとした。[111] 団地の入居に際しては、あくまでも住宅購入という経済的要因によって入居者が決定しており、スポジロフ住宅団地が特定の政治的党派によって占拠されることはなかった。スポジロフには、国民社会党をはじめ、社会民主党や国民民主党、農業党、商工中産党、共産党、国民連盟(Národní liga)[112]など、特定の党派に偏らない諸政党が進出していた。一九三一年九月の市議会選挙において、スポジロフの属するプラハ一三区では、国民社会党一万〇二五一票、共産党五四八四票、国民民主党五一三二票、社会民主党五〇九六票、国民連盟四四五二票、人民党二〇八一票、商工中産党二〇三二票と分散されていた。[113] 諸党派の政治活動は、団地内に開設された宿や飲食店で行われた。中央広場左側の喫茶店兼宿屋「イェトニツキー(Pan Jetonický)」は、国民民主党や人民党の会合場所と化し、近接の宿「ドウブラフスキー(Pan Doubravský)」には、国民社会党や社会民主党が集まった。彼らは、団地内の祝祭時には一堂に会するなど、対立関係にあったわけではなかった。両店舗を中心とした政党の結びつきは、ミュンヘン協定以降も続けられたという。[114]

スポジロフ団地において、住民層の社会的結合を促進する役割を果たしたのが、多様な結社活動であった。チェコでは一九世紀後半より、政党や労働組合から、学校協会、福祉団体など社会改革を目指す団体、さらには体操協会、教会組織、スポーツクラブからアマチュア劇団まで多様な結社が設立されていた。これらの結社は、中心部から隣接諸地域、周辺郊外まで満遍なく支部を設けたため、一九一九年には三八七三に増大し、一九三八年には九一一五にも及んだ。戦間期の結社は、小営業者、職人から労働者に至るまで、あらゆる階層を組織した。[115] スポジロフ団地内にも福祉団体などに加え、チェコ系体操協会「ソコル」など、二五の結社が設立された(表3-11)。教員、出版業者、医師などの、知識人層に加えて、市内の国民劇場の関係者や芸術家も入居していたこと

表 3-11　戦間期スポジロフに設立された結社

結社名称	活動期間（年）
ソコル（チェコ系体操協会）・スポジロフ支部	1928――――1951
北ボヘミア国民協会・スポジロフ支部	1928―――1948
ボヘミアの森国民協会・スポジロフ支部	1928―――1948
戦傷者診療所・スポジロフ支部	1929――――1952
母子保護協会	1930――1939
アマチュア劇団イラーセク	1931-1934
スポジロフ市民クラブ	1931-1934
労働者体操連盟・スポジロフ支部	1932――1939　　1947-1950
母国の保全と装飾のための協会	1933――1939
民間官吏連盟・スポジロフ支部	1933――1940
聖アネシュカカトリック教会の結社	1933-1937
協会「鷲」	1935―1942
カトリック青年同盟・スポジロフ支部	1935―1943
造園業者と小動物飼育者の中央連盟・スポジロフ支部	1935―――1947
ソ連友好連盟・スポジロフ支部	1935――――1951
社会主義青年同盟・スポジロフ支部	1936-1939
チェコスロヴァキア教会社会委員会・ザービェフリ	1937―――1949
ツェ支部	1937-1939
民間官吏・従業員組合・スポジロフ支部	1937-1939
青年連盟・スポジロフ支部	1938-1939
すみれ軍団・スポジロフ支部	1938―――1949
カトリック母娘連盟・スポジロフ支部	1939-1943
国民の母・スポジロフ女性支部	1939-1939
国民統一・スポジロフ支部	1939――1947
工業及び小生産の民間従業員組合・スポジロフ支部	1939――――1953
聖プシェミスル・アネシュカ教会のツィリル団体	1939―――1950
スポジロフフットボールクラブ	1947—1958
スポジロフ庭師協会	1940-1942
工業労働者協会スポジロフ支部	1944――1951
家主連盟スポジロフ支部	1946-1948
スポジロフのユナーク友好連盟	1947-1950
労働者学校協会スポジロフ支部	1946-1949
ナチ政治犯解放連盟スポジロフ支部	1947-1949
国民革命連盟スポジロフ支部	1948-1951
チェコ青年同盟スポジロフ支部	1949-1952
自由闘士連盟スポジロフ支部	

出典）*Pražské spolky*（『プラハの結社』）, Praha, 1998.

から、スポジロフでは画家や劇団員などによる文化的行事が数多く行われていた。特にアマチュア演劇は盛んであり、「スポジロフは自らのために(Spořilov sobě)」という演目が出された[117]。これは、一八八〇年代に建設された国民劇場の標語「国民は自らのために(Národ sobě)」を引用したものであり、スポジロフには市中心部を介さない独自の文化活動と強い愛郷心がはぐくまれていた。団地中心部には、近代建築の教会が設計競技によって建設され、スポーツクラブやプールなどの体育施設、体操協会ソコルのホールが設置された。スポジロフには自分たちの歌手さえも、すべてがそろっていたという[118]。

また、組合側は「スポジロフでは多くの女性が夫と同様に働く一方で、家庭内でも炊事洗濯から子どもの世話まで行っている。女性の労働を減らし、女性が会話・読書さらには劇場や遠足に参加する時間をつくることが組合の役目である」という見解を示し、平均寿命も他の女性より長いと、郊外住宅の実験の成果を強調した[119]。このような見解からは、女性は家庭を守るべきという市民的価値規範に基づく女性観が助長されていることがうかがえるが、女性も社交に興じることができることが、家族住宅の利点として提示されていた。

政府内では、スポジロフに代表される郊外家族住宅は歴史が浅く、住民は規格化された住宅にシンパシーを抱かないという見解もあった[120]。しかしスポジロフ団地では、決して他の住民と没交渉の家族のみが居住するのではなく、むしろ住民間で多様な社会活動が営まれていた。

(五)　一九三〇年代におけるスポジロフ住宅組合の経営問題

スポジロフの住民の社会活動が最も鮮明に表れたのは、住宅販売をめぐる貯蓄銀行・組合指導部との対抗関係にあった。一九二五年に着工されたスポジロフの建設は、当初の家屋購入費の公示額を大幅に超過して進められた。発表時に提示された金額を踏まえて入居した組合員は、この問題に対処するために、一九二八年四月に組合員の住民組織「建設組合スポジロフ組合員連盟(Sdružení členů stavebního družstva Spořilova)」(以下、組合員連盟)を設立した。組合員連盟には、組合員のおよそ二五%が参加し、一九二九年には機関紙「スポジロフ新聞(Spořilovské noviny. List sdružení členů stavebního družstva Spořilova)」が発刊された。同誌は、組合との交渉過程を伝えることを目的とした。設立当初の組合員連盟は、住宅組合による郊外住宅建設に積極的意義を見出し、組合側が掲げる家族住宅の所有を規範として受け入れていた。(121) しかし、経済恐慌と相まって建設費の値上がりが顕在化した一九三〇年に入ると、組合員連盟は組合指導部との対立姿勢を強めていった。当初、最大八万五千コルナで公示された購入費は、二〇万コルナにまで膨れ上がり、入居を拒否する事例が続出していた。家族住宅を「手に届く」価格で購入することは極めて非現実的であり、そのような経営を許した組合指導部に対して厳しい批判が出された。

スポジロフ住宅組合の経営をめぐる問題は、国民議会内でも批判を引き起こした。農業党は、「スポジロフ住宅組合は組合員からの支出二千万コルナ及び貯蓄銀行からの抵当貸付八千万コルナ、計一億コルナによって一五〇〇家屋を建設する予定であったが、実際の建設費は二億六五〇〇万コルナに跳ね上がっている。しかも、実際に建設されたのは一二〇〇家屋以下であったため、一億六五〇〇万コルナの損失額は預金者に跳ね返っている。このような民間建設で予算が一五〇%も超過することはありえない」と、スポジロフ組合の経営体質を批判した。このような批判は組合の経営に対してのみならず、自治体との関係、さらには組合の在り方にまで及んだ。「社会主義政党が支持してきた協同組合は今や、一万コルナの月収でアメリカの最新モデルの車を乗り回している若者たちの遊具と化しており、もはや組合が建設した家族住宅に居住者はいない。郊外住宅団地は、組合指導者のもはや死滅した『自尊心』の記念碑となってしまっている。このように農業党は、住宅組合そのものが当初の理念を忘れ、営利目的、個人的功利主義に堕落している」と、農業党は批判したのである。[122] スポジロフ団地の家屋購入費は一二万コルナ以上、毎月の支払額は六〇〇コルナにも及び、営業者、国家公務員、民間従業員、官吏にとっても、購買能力を超えた額であったのである。[123]

これに対して、同事業の推進者であった国民社会党は、スポジロフは営利目的ではなく人道的な観点から建設された団地であり、家族住宅のニュータウンを建設する初めての試みであること、その建設は三千人の雇用を生み出したと、その意義を強調した。[124] 一九三一年六月には、ベルリン国際住宅会議が開催されたが、そのプログラムで、一五〇人の参加者がプラハとスポジロフ団地の視察を行った。その際に社会福祉省は、「整然とした（スポジロフの）家族住宅の建設は下層民にとって最も効果的・社会的な解決である」と国際的にも評価されたとして、自らの政策の正当性を主張した。[125] 他方で、都市開発委員会の建築家ヤナークはスポジロフを、「スキャンダルに終わった営利企業」と評した。[126] 一九三四年頃からは建設費を支払いきれなくなった退去者が目立ち始め、家屋販売は一九三八年に停止された。

スポジロフ組合の活動を総括したモウトヴィッチは、スポジロフを「失望の住宅組合」と評した。スポジロフ住宅組合の失敗は、組合の利益を優先した経営方針と、経済恐慌による不況の影響で建設費が高騰したため資金繰りが悪化したことに原因があったと考えられる。[127] その一方で、市民的規範の育成を目指した自治体及び貯蓄銀行の事業方針が、非所有者層への援助」を掲げていたにもかかわらず、プラハ市内の住宅状況への配慮を欠いた政府の住宅政策を助長する要因となったことも見落とされるべきではないだろう。その一方で、スポジロフの住民たちは、建設されたばかりの郊外という空間の中で、多様な社会・文化生活を展開しており、住民たちの社会的結合関係は決して希薄なものではなかった。

第五節　一九二〇年代の住宅団地と旧家屋の世界

（一）　ババ

一九二〇年代から三〇年代初頭は、スポジロフ以外にも、チェコにおいて様々な家族住宅の実験が試みられた時代であった。本節では、当時のチェコで建設された代表的な住宅団地をいくつか取り上げてみたい。

家族住宅の代表的な事例が、プラハ郊外北西部のデイヴィツェ地区に建設された、戸建て家族住宅団地「ババ(Baba)」である。[128] 既に見たように、プラハ北西部は一九二二年の郊外合併に伴って、大規模な開発の対象となった。渓谷や小高い丘陵地帯にある市北西部は、自然条件にめぐまれ、格好の住宅開発地であった。そこでは、労働者や中間層の宅地よりもむしろ、より経済的に上層に位置する人々のための宅地開発が進められる基盤があった。そこで目指された住宅は、当時のヨーロッパのモダニズム建築の影響を受けたものとなった。

ババの建設主体は、後述する建築家集団の、「チェコスロヴァキア工作連盟」であった。ババの構想は、一九二八年に工作連盟によって提唱された。中でも、都市開発委員会の委員であった建築家ヤナークは、工作連盟とともにババの建築を主導した。ヤナークが重視したのは、居住・仕事・寝室の分離を徹底する一方で、一八世紀以来のプラハの「伝統的」形態とされた賃貸集合住宅(パヴラッチェン家屋)の基本構造を残すことであった。一九三二年に完成した同地の二五住宅は、鉄を使わないコンクリート工法で合理化によって建設費を抑える一方、通気、採光、集中暖房、庭園を備えたものであった。

工作連盟はババの建設において、「ブルジョワ的」建築から距離をとることを目指していた。しかし実際には、ババの住民層は工作連盟の会員に限定され、ヤナーク本人も自宅を設計した。ヴルタヴァ河とプラハ城を望む高台に建設されたババには、高級官僚や経営者、芸術家などが多く居住し、モダニズム建築による高級住宅地の代名詞ともなった。ババの住宅建設には、ヤナークのほかにもゴチャール(Josef Gočár)やスタリー(Oldřich Starý)ら、当代随一のモダニズム建築家が携わったほか、リンハルト(Evžen Linhart)、ジャーク(Ladislav Žák)ら、戦後のチェコ現代建築を代表する若手建築家たちが参加した。ババの住宅団地は、広範な層への住宅供給という概念とは一線を画し、顧客の求めに応じて建築家が設計するという関係に基づいていた。(128)

(二)　ズリーン

「ババ」が中産層クライアントのための家族住宅であったとすれば、二〇世紀前半のチェコ社会において、労働者のための家族住宅を最も端的な形で実現したのが、チェコ東部のズリーン(Zlín)に建設された労働者住宅であった。(129)

ズリーンは、スロヴァキアにほど近いドゥジェヴニツェ(Dřevnice)川沿いの谷に位置する寒村であった。この街は、一九世紀末に設立された製靴工場バチャ(Baťa)によって、劇的な変貌を遂げた。一九二〇年には四六七二人であった当市の人口は、一九三八年には三万六二四三人へと急増した。こうした市の発展を支えたのは、製靴工場バチャの労働者たちであった。バチャは第一次世界大戦時の軍需を受けて業績を伸ばし、一九二一年には同社の従業員数は二二七七人を数えていた。バチャは戦間期を通して、チェコスロヴァキアを代表する靴製造会社として名をはせ、その製品は世界各国に輸出された。こうして、一九四〇年にはバチャの従業員数は二万〇

表 3-12　ズリーン市内の入居者の内訳

年度	バチャの社宅		その他の住居		住民数
	家屋数	住民数	家屋数	住民数	
1921	59	674	576	4,004	4,678
1930	869	13,311	813	8,287	21,598
1937	1,656	25,390	1,285	11,419	36,809

出典）Ondřej, Ševeček, *Zrození Baťovy průmyslové metropole. Továrna, městský prostor a společnost ve Zlíně v letech 1900-1938*（『バチャ工業首都の誕生―ズリーンにおける工場・都市空間・社会 1900-1938 年―』), Ostrava, 2009, p. 241.

九三七人に達した(130)。ズリーンはバチャの企業城下町として、チェコスロヴァキアにおいて特異な位置を占めるようになった。

ズリーンがほかの工業都市に比して際立った特徴を示していたのは、戦間期にバチャの創始者・経営者であるバチャ(Tomáš Baťa)が都市行政にも携わり、総合的な都市計画を実施したことにある。バチャは一九二三年にズリーン市長に就任し、都市開発のためにフランスのル・コルビュジェら数多くのモダニズム建築家を招きいれた。こうしてズリーンでは一九二〇年代に、官庁や病院、映画館や文化施設など、市中心部の数多くの都市建設が、機能主義建築によって建てられた。こうした都市建築を背景に、当時のズリーンでは映画や演劇などの文化が発達し、「アメリカのような生活スタイルを持つ街」と呼ばれた(131)。

戦間期ズリーンの都市建設において最大の事業となったのは、都市住民の大多数を占めるバチャの労働者・従業員のための住宅建設であった。バチャは、近隣農村から働きに出ていた従業員を社宅に居住させることで、彼らの住居を世話した。社宅建設は当時の大企業において重要な課題であったが、ズリーン市政ではバチャが都市計画と連動する形で大規模な社宅建設を実現しえた。これによって、一九二一年には当市のバチャ社宅居住者は三六七人であったのが、一九四〇年には一万三二三八人へと激増した。全従業員の間で、社宅居住者の比率は六三・二%に及んだ(132)。ズリーン住民の実に三分の一以上が、バチャの社宅に居住していたのである(表3-12)。

こうした企業による労働者福祉は、前世期よりヨーロッパ各地で見られた(133)。チェコでもオストラヴァのヴィートコヴィツェ車両工場やプラハのリングホフェル車両工場などが、一九世紀から大規模な社宅建設を行っていた。これらの社宅が、密集した大規模な「コロニー」であったのに対して、一九二〇年代にバチャは、家族住宅や独身者用住居などの戸建て住宅を数多く建設した。ここでもスポジロフと同様、レンガ造りの徹底した資材の規格化によってコストを削減し、「健康で安価な」労働者住宅の建設が実現した。戸建て住宅は小高い丘に建てられ、各戸に庭が備えられるなど、環境面にも配慮された。居住人数も、戸建てあたり平均四・二六人であり、民間では週一五〇コルナかかる家賃が、社宅では週一〇コルナに抑えられていた。これらの労働者住宅は市の中心部に隣接する形で建設され、市から隔離された巨大な集合住宅という社宅のイメージを覆すものであった。こうして、ズリーンのバチャ労働者住宅・社宅は、市のモダニズムに基づく都市計画と相まって、当時から世界的に注目される建設となった(図3-7)。

もっとも、こうした住宅建設の量的な成果も、また留保が必要である。大量に建設された社宅は、あくまでもバチャという一企業によって供給されたものであり、従業員が職を失った場合は、直ちに社宅から退去しなければならなかった。家屋の賃貸契約と工場労働は常に連動しており、さらに行政そのものがズリーンではバチャによって押さえられていた。労働者にとって、その輪から抜け出すことはありえない選択であった。ズリーン市政とバチャの共同作業による都市開発・住宅供給は斬新であったが、こうしたパターナリズム的な住宅建設は、一九世紀以来の建設方針を引き継いだものであった。さらに、バチャの従業員でない市民は、こうした近代的な住宅建設の恩恵にあずかることはかなわなかった。戦間期の人口急増で住宅需要は逼迫しており、旧住民は部屋の又貸しを行うことで家賃を賄わなければならなかった。社宅建設の成果の陰で、住宅問題は依然として残っていた。

以上のような問題を抱えつつも、ズリーンの社宅は社会主義期を経て、現在でも個人住宅として使われており、

図 3-7　ズリーンの労働者住宅

出典）筆者撮影

戦間期の雰囲気を今も色濃く残している。

（三）　旧家屋の世界

一九二〇年代チェコの住世界は、これまで見てきたような華やかな家族住宅の成果だけで語ることはできない。二〇年代後半における住宅新築の増大にもかかわらず、その恩恵にあずかれる階層は多くはなかった。労働者層の多くは、帝政期と変わらない一―二部屋の狭い住居で暮らしていた。都市部での一―二部屋住宅の比率は、一九二一年には六五・四％であったが、一九二九年には七六・五％と増加していた[134]。ロンドンの人口密度は、一ヘクタールあたりは三〇六人、ニューヨークは四四二人、パリは三五〇人であったのに対し、プラハでは一九二八年においても、一ヘクタールあたり五六八人、中でもジシュコフ地区は一二〇四人を数えた[135]。

住宅過密が深刻化した理由の一つは、労働者住宅では依然として、拡大家族が多かったことがあげられる。プラハの中心部では一九世紀より住宅不足が深刻であったために、地方からプラハに来て職を探している親類に部屋を貸すことが常態化していた。七区リベンの社宅では、一九〇〇年に六四世帯二七六人が居住していたが、このうち家族構成員は二四一人で、残りの二八人は下宿人、七人はベッド借りであった。一九三〇年には、プラハ全体で三一％、一六区のコシーシェ（Košíře）やモトル（Motol）では五〇％以上の住民が、一空間三人以上の過密住宅に居住していた[136]。中には、レンガ工場の小部屋に子ども一一人を含む一三人の家族が寝泊まりしており、倉庫を改造した工場全体に五〇人以上が居住していた例もあったという。住民の多くは「労働者や農民ですらなく」、貧困状態が再生産されていた[137]。一九三〇年においても、プラハ市内の労働者家族の人口過密は、住宅組合が目指したような家族住宅とは程遠い現状にあった（表3‐13、図3‐8）。

表 3-13　プラハの過密住宅(1930 年国勢調査より)

選挙区	1 部屋あたりの住民数				過密住宅の居住者割合(%)	過密住宅の平均居住者数
	2-3 人	3-5 人	5 人以上	合計		
1-7	12.3	5.3	0.6	18.2	25.5	5.03
8	18.9	11.0	1.7	31.6	41.5	4.57
9	23.9	16.3	3.8	44.0	54.0	4.52
10	11.7	4.1	0.6	16.4	22.3	4.91
11	19.3	11.2	2.0	32.5	43.5	4.61
12	10.3	4.2	0.5	15.0	20.5	4.70
13	18.1	10.1	1.7	29.9	39.5	4.62
14	20.8	11.5	2.0	34.3	45.4	4.66
15	16.8	9.3	1.9	28.0	37.2	4.43
16	15.0	8.0	1.2	24.2	32.3	4.72
17	20.2	15.2	3.8	39.2	49.5	4.52
18	15.9	8.5	1.6	26.0	34.3	4.61
19	11.0	5.3	0.7	17.0	23.2	4.64
全体	15.4	8.1	1.3	24.8	33.2	4.69

出典）NA ministerstvo veřejného zdravotnictví a tělesné výchovy, Karton. 818.

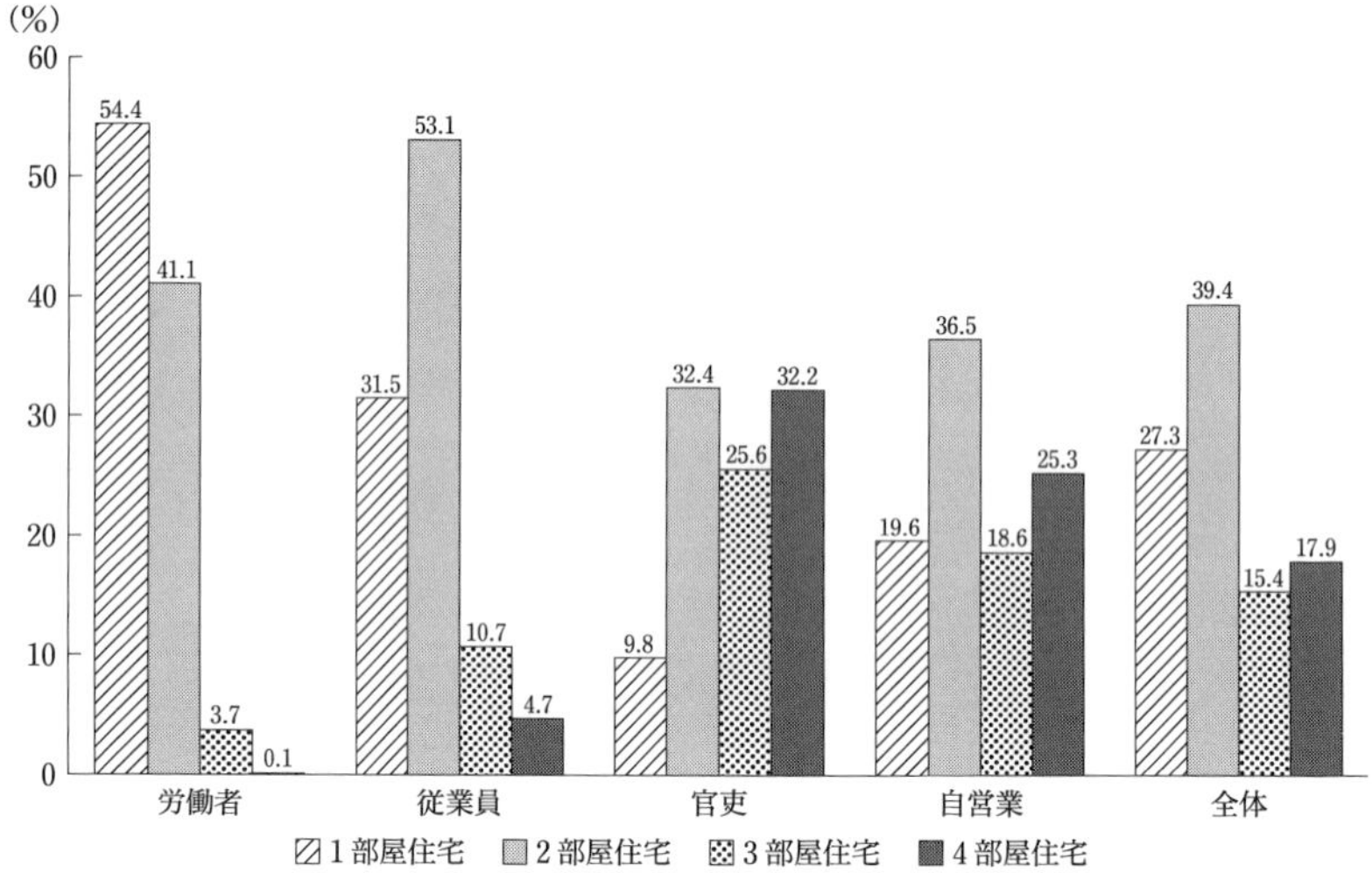

図 3-8　1930 年におけるプラハの社会階層と住環境

注）1 部屋 2 人以上を過密住宅とする。

労働者住宅に見られるような子どもの多さと、家族以外の「他人」の存在は、郊外の家族用小住宅とは異なる世界であった。プラハの共産党議員クロスナーシ（Josef Krosnář）の回想によると、彼が居住していた七区リベンの集合住宅では、一部屋住宅で二―三人のベッド借りと過ごす形態が一般的であった。台所付き一部屋住宅の相場は、月三〇〇―四〇〇コルナであったが、この家賃を賄うために、ベッドと朝食（ライ麦コーヒーと二つのパン）で毎月一二〇コルナのベッド借りを受け入れざるをえなかった。ジシュコフなどの労働者居住区では、多くの労働者がこのような生活を強いられていた。物件広告の多くは、三―一〇部屋で庭やバルコニー付きの家族住宅であり、三カ月で三千コルナ以上の費用が必要であった。当時、五人家族では最低月千コルナの収入が必要であったが、それを満たしたのは労働者の一五％のみであったということからも、新築住宅の家賃がいかに高額であったかがうかがえる。[138] 建設支援法で定められた三部屋八〇㎡という家族住宅の恩恵にあずかることのできる層は、官吏や従業員、自由業などの中間層以上に限られていた。そのため、多くの住民層が、劣悪な住環境の中に取り残されたままであった。

市内の住宅問題の深刻化を象徴していたのが、既存の住宅に入居できない地方からの流入者による、バラック小屋コロニー「仮設住宅（nouzové kolonie）」の出現であった。一九二五年の仮設住宅の住民数は既に一五〇〇家族、五千人以上に達していたが、一九二九年には一万人、一九三四年には一万五千人に増加した。その一方で、新築の空き家の数は八千戸にものぼっていたという。[139] 当時の仮設住宅の様子は、「一空間に三家族が住んでおり、その中には生後六カ月から一〇歳までの子どもが含まれている。（中略）。布の仕切りに隔てられて二家族が住んでいるが、この家族には三歳児と一八カ月の子どもがおり、麻疹にかかっている。しかし、場所がないため一つのベッドを親と二人の子どもが使っている[140]」という状態であったという。既に一九二六年に市が実施した郊外の仮設住宅調査によると、旧市内を除く全域に仮設住宅が点在しており、「非常に不衛生」と記載された木造小屋

図 3-9　1930 年代プラハの仮設住宅

出典）Vanda Tůmová, *Pražské nouzové kolonie*（『プラハの仮設住宅』）, Praha, 1971.

や廃車利用の家屋が各地で見られた。市の郊外には庭付きの家族住宅が立ち並ぶ一方で、その横には、空箱やごみから無許可で造られた仮設住宅に貧しい人たちが居住していた[141](図3-9)。

政府が進めた建設支援政策は、二〇年代後半の「相対的安定期」には、中間層、家主層と労働者の借家人との階層間格差を覆い隠していた。しかし、民間の住宅建設が大きく増加する一方で、労働者向けの低廉住宅の建設は停滞していた。郊外住宅団地の住民、借家人保護を受ける住民とそうでない住民との待遇差は、目に見える形で広がっていた。合併によって大きく市域を拡大した戦間期プラハの政治社会は、市中心部と郊外周縁部において明確な棲み分けが生じていたのである。

小括

郊外住宅団地は、戦間期のヨーロッパに出現した新たな都市社会の姿であった。戦間期の都市官僚及び住宅改革家にとって、緑地帯に建設された整然と並ぶ戸建ての家族住宅は、帝政期の過密な集合住宅で営まれた不健康な家族・人間関係を根本的につくりかえるための重要な装置であった。郊外家族住宅においては、一つの部屋に複数の家族や下宿人が入り混じるような居住形態は厳しく排され、一九世紀以来のブルジョワの住宅モデルを労働者に拡大することが目指された。二〇世紀の田園都市団地が実現した合理的な居住空間は、家庭内でのジェンダー分業を固定化し、家族の再生産を促進して、「近代化」を実現するための装置であったことはしばしば指摘されている[142]。

チェコの社会改革家にとっても、「家族は人間社会の基盤であり、その成熟と尊厳が、個人・ネイションの物質的・精神的健全さ及び人間性(ヒューマニティ)の基盤」[143]であった。スポジロフ住宅団地の建設に携わったのは、営利目的の貯蓄銀行であったため、スポジロフの住民は、前述のように大半が従業員、官吏などによって占められた。彼らは毎朝市電に乗って通勤し、週末は家族とともに、むしろ家族のみで家庭菜園で果樹を育て、自然と触れ合う「模範的な生活」を送ることが求められたのである。

スポジロフの住民の大多数を占めた官吏や従業員家族の中では、少子化、専業主婦の増大といった、「近代家族」の特徴が表れていた。チェコスロヴァキアは世界でもいち早く男女普通平等選挙を導入した国の一つであったが、建国後に制定された民法では、妻は夫に従属することが定められ、家庭という私的空間における男女関係の家父長的規範は維持された。新国家では政治的な権利としての男女平等は認められたが、国家・社会の基盤はあくまでも家族であるという主張がしばしば出されていた。女性に対しては、職場への進出といった個人の権利よりも、母性に基づいた家族への奉仕、子どもの育成といった集団的な利益が優先すべきであるという見解が根強く見られた[144]。大統領マサリクは、民主主義と男女の同権は不可分との見解から、「家事と家族の世帯は聖なるものだが、女性が家の奴隷となるようなことがあってはならない[145]」と警告した。しかし、共働きの女性が家庭を疎かにし、男性の雇用機会を奪っているという批判は根強く、政権与党もまた、家庭内や労働条件における男女平等の実現には消極的であった[146]。新国家チェコスロヴァキアにおいて、女性の職場における地位向上は政権与党が掲げていた主要目標であったが、「家族のための健康な住宅」の名のもとで、家庭内のジェンダー規範は維持・再生産され続けた。スポジロフ住宅組合は、貯蓄という規範を内面化した住民に持家を供することで、「国家の基盤」たる家族のみを構成単位とする市民層を創出するという機能を果たす役割を担っていた。こうした思想は、プラハの住宅団地ババや、ズリーンの労働者住宅においても現れていた。二〇年代初頭の農村における土地改革と同様、都市部における家族住宅の建設支援政策も、経済的に自立し、再生産機能を持つ労働力を育成するという新国家の課題を満たす政策であったともいえるだろう。

もっとも、スポジロフ団地に見られたような、家族住宅の建設を通した住宅改革と社会関係の構築は、プラハ住民の多くを占める労働者層に届いたわけではなかった。多くの住民は依然として、帝政期と変わらぬ住環境の中に取り残されていた。プラハ郊外の住宅団地は、数的にも限られており、戦間期チェコスロヴァキアの中では例外的な社会空間であった。しかし、郊外という空間において、新国家の住民は、独自の地域コミュニティを構築していた。スポジロフの組合住民は、機関誌を通した組合員への訴えや各種の結社活動においても表れていたように、団地内で特有の組織力、社会活動を形成した。貯蓄銀行側からの一方的な住宅供給・運営に対して、異議申し立てを主張する主体性を示していたのである。郊外住宅団地においては、中央政府や社会改革家が目指した、上からの社会統合とは異なる地域住民の共同体の在り方が育まれていた。

以下では、家族住宅に重点を置いてきた二〇年代のチェコ政府の住宅政策が、一九三〇年代の経済恐慌期にどのような問題に直面し、どのような対応を迫られたのか、政府及び貯蓄銀行が推進した家族住宅という思想に対してはどのようなオルタナティヴが提示されたのかを明らかにしたい。

（1） Zákon ze dne 6. února 1920, č. 114/1920Sb., kterým se sousední obce a osady slučují s Prahou, in: *Sbírka zákonů*, r. 1920, pp. 239-241; Jiří Hrůza, *Město Praha*（『都市プラハ』）, Praha, 1989, p. 267.

（2） Antonín Boháč, *Hlavní město Praha*, Praha, 1923, p. 65.

（3） Zdeněk Kárník, *České země v období 1. republiky díl. III*（『戦間期チェコ史』）, Praha, 2003, p. 138.; Pešek, *Prag*, pp. 452-453, 568.

（4） *Statistisches Jahrbuch der Čechoslovakischen Republik*, Prag, 1937, p. 15.

（5） Julie Moscheles, "The demographic, social and economic regions of Greater Prague. A contribution to urban geography", in: *Geographical Review*, 1937, p. 419.

(6) Antonín Robék, Milijan Moravcová, Jarmila Šťastná (ed.), *Stará dělnická Praha. život a kultura pražských dělníků 1848-1939*(『昔の労働者のプラハ―プラハ労働者の生活と文化一八四八―一九三九年―』), Praha, 1981, pp. 11, 261.

(7) Moscheles, "The demographic, social and economic regions of Greater Prague", p. 422.

(8) Jiří Musil, "The Development of Prague's Ecological Structure", in: R. E. Pahl (ed.), *Readings in Urban Sociology*, Pergamon Press, 1968, p. 251.

(9) Moscheles, "The demographic, social and economic regions of Greater Prague", p. 420.

(10) František Charvát, Jiří Linhart, Jiří Večerník, "K vývoji třídně sociální struktury kapitalistického Československa"(「資本主義チェコスロヴァキアの階級社会構造の展開」), in: *Sociologický časopis*(『社会学雑誌』), 11, no. 4, 1975, p. 345.

(11) Petr Matějů, "Sociologické aspekty vývoje bydlení v Praze"(「プラハの住の社会学的見解」), in: *Sociologický časopis*, 13, no 1, 1977, pp. 41-42.

(12) Václav Ledvinka (ed.), *Osm století pražské samosprávy*(『プラハ自治の八〇〇年』), Praha, 2000, p. 75. 市参事会(Stadtrat)が市政の最高自治機関として位置づけられてきた経緯は、ドイツ都市と同様である。北住炯一『近代ドイツ官僚国家と自治―社会国家への道―』成文堂、一九九〇年、一八頁を参照。

(13) Andělín Merta, "Vývoj pražské městské správy od roku 1922 do roku 1945"(「一九二二―一九四五年におけるプラハ都市行政の発展」), in: *Pražský sborník historický*, 9, 1975, p. 152.

(14) 「マギストラート(magistrát/Magistrat)」は、二〇世紀には行政の肥大化によって、政府からの委任権限を実施する官僚機構としての性格を強めていたことから、本書では「市役所」とする。*Osm století pražské samosprávy*, p. 77.

(15) Merta, "Vývoj pražské městské správy", pp. 162-169.

(16) *Osm století pražské samosprávy*, p. 106.

(17) Merta, "Vývoj pražské městské správy", p. 151.

(18) Petr Zenkl, "Poznámky k sociální péči hl. města Prahy"(「首都プラハの社会福祉」), in: *Sociální Revue*, 4, 1923, pp. 10-18.

(19) Petr Zenkl, "O sociální péči hlavního města Prahy"(「首都プラハの社会福祉に関して」), in: *Sociální Revue*, 8, 1927,

p. 73.

(20) Merta, “Vývoj pražské městské správy”, pp. 174-175.

(21) Pešek, *Prag*, pp. 560-564.

(22) Merta, “Vývoj pražské městské správy”, p. 152.

(23) Janák, *Dějiny správy*, 2005, pp. 376-377.

(24) Karel Maier, *Hospodaření a rozvoj českých měst 1850-1938*（『一八五〇―一九三八年におけるチェコ諸都市の経済発展』）, Praha, 2005, pp. 72-88.

(25) *Osm století pražské samosprávy*, p. 92-93.　一九二七年の自治体行政改革とりわけ財政面については、渡邊竜太「一九二〇年代末チェコスロヴァキアにおけるドイツ人社会民主党の市町村付加税論争―地方自治行政と国民的自治―」『西洋史研究』東北大学、六一号、二〇〇五年、一〇九―一三二頁を参照。

(26) Pavel Bělina (ed.), *Dějiny Prahy II. Od sloučení pražských měst v roce 1784 do současnosti*（『プラハ史第二巻―一七八四年の市統合から現在まで―』）, Praha, 1998, p. 300.

(27) Jiří Pešek, *Prag*, Praha, 2002, pp. 564-565.

(28) Archiv útvaru hlavního architekta. Dějiny plánování a výstavby hlavního města Prahy Max Urban, Díl. III, sešit. 1.

(29) Jiří Hrůza, “Ideální Velká Praha”（「理想的な大プラハ」）, in: *Fórum architektury a stavitelství*, 7, no. 3-4, 1999, pp. 74-75

(30) AHMP Protokoly schůzi ústř. správní komise 1922.

(31) リブシェはチェコの年代記に登場する、プラハを名づけたとされる伝説の女性であり預言者。Archiv útvaru hlavního architekta. Dějiny plánování a výstavby hlavního města Prahy Max Urban, Díl. III, sešit. 1.

(32) Jiří Hrůza, “Velká Praha-80 let”, in: *Urbanismus a územní rozvoj*（『アーバニズムと都市開発』）, 5, no. 1, 2002, pp. 42-49.

(33) Zákon ze dne 5. února 1920, č. 88/1920Sb., o zřízení státní regulační komise pro hlavní město Prahu a okolím, in: *Sbírka zákonů*, 1920, pp. 151-154.

(34) Hrůza, "Eustach Mölzer", pp. 57–60.

(35) AHMP Praesidium magistrate, karton. 866.

(36) Ferdinand Peroutka, *Budování statu II*, Praha, 1989, pp. 608–609.

(37) Zákon ze dne 30. října 1919, č. 592/1919Sb. o zabírání bytův obcemi, in: *Sbírka zákonů*, 1919, pp. 843–848; Kárník, *České země, III*, pp. 715–716.

(38) AHMP Budování Prahy, Sbírka rukopisů, Eustach Mölzer.

(39) "Částka XV. 40. Zákon ode dne 10. dubna 1886", in: *Zákonník zemský a věstník vládní korunní země České*, 1886, Praha, pp. 70–110. 建築条例に関しては、*Schriften der Zentralstelle für Wohnungsreform in Oesterreich* Nr. 16, 1913, Wien, p. 17も参照。

(40) *O pozemkové, stavební a bytové politice v českoslov. republice*（『チェコスロヴァキアの土地・建設・住宅政策』）, Praha, 1928, pp. 40–42.

(41) AHMP Budování Prahy, Sbírka rukopisů, Eustach Mölzer.

(42) Eustach Mölzer, "Regulační problém velké Prahy"（「大プラハの都市開発問題」）, in: *Časopis československých architektů*, 24, 1925, pp. 74–81.

(43) Eustach Mölzer, "Praha-sobě", in: *Věstník*, 45, no. 34–35, 1938, pp. 669–670.

(44) AHMP Budování Prahy, Sbírka rukopisů, Eustach Mölzer.

(45) Hrůza, "Eustach Mölzer", pp. 57–58.

(46) Eustach Mölzer, "O výstavbě a regulaci měst. Regulační plán-základ šťastné budoucnosti obce"（「都市建設と都市開発について」）, in: Čeněk Chyský, *Lepší Slaný*, Slaný, 1940, pp. 19–20.

(47) Národní archiv, ministerstvo veřejných prací, Státní regulační komise, Karton. 2229.

(48) フランクフルトの事例及び建築線・建築条例が都市開発と住宅政策に与えた影響については、北住『近代ドイツ官僚国家と自治』二二一—二三二頁を参照。

(49) Mölzer, "O výstavbě a regulaci měst", p. 23.

(50) Redukce, "O státní regulační komisi", in: *Stavba*, 1, 1922, p. 84.

(51) 実現しなかったが、戦間期には地下鉄の建設計画も設計競技によって行われた。*Regulační plán velké Prahy s okolím*, p. 27.
(52) Archiv útvaru hlavního architekta. Dějiny plánování a výstavby hlavního města Prahy Max Urban, Díl. III, sešit. 6.
(53) *Praha v obnoveném státě československém*, pp. 497-498.
(54) *O pozemkové, stavební a bytové politice*, pp. 38-39.
(55) Eustach Mölzer, "Pozemková a stavební politika", in: *Věstník*, 35, no. 4, 1928, pp. 89-90.
(56) NA, ministerstvo veřejných prací, Státní regulační komise, Karton. 2229.
(57) NA, ministerstvo veřejných prací, Státní regulační komise, Karton. 2229.
(58) NA, ministerstvo veřejných prací, Státní regulační komise, Karton. 2229.
(59) Hrůza, "Velká Praha-80 let", pp. 42-49.
(60) *Regulační plán velké Prahy s okolím*（『大プラハとその周辺の都市開発計画』), Praha, 1931.
(61) *Regulační plán velké Prahy s okolím*, p. 27.
(62) *Dějiny Prahy II*, p. 300.
(63) *Statistisches Handbuch der Čechoslovakischen Republik* IV, Prag, 1932, p. 454.
(64) Adelheid von Saldern, "Wohnen in der europäischen Großstadt 1900-1939. Eine Einführung", in: Alena Janatková, Hanna Kozińska-Witt (Hg.), *Wohnen in der Großstadt 1900-1939. Wohnsituation und Modernisierung im europäischen Vergleich*, Stuttgart, 2006, pp. 11-38.
(65) 二〇年代には、日本の近代建築家の多くがヨーロッパ諸国を訪問しており、特にドイツのモダニズム建築は大正期日本の都市計画構想に強い影響を与えている。片木篤、藤谷陽悦、角野幸博編『近代日本の郊外住宅地』鹿島出版会、二〇〇〇年。
(66) 以下の考察は主に、ウィリアム・アシュワース（下総薫監訳）『イギリス田園都市の社会史―近代都市計画の誕生―』御茶の水書房、一九八七年、西山八重子『イギリス田園都市の社会学』ミネルヴァ書房、二〇〇二年、長谷川章『世紀末の都市と身体―芸術と空間あるいはユートピアの彼方へ―』ブリュッケ、二〇〇〇年、鈴木博之ほか編『近代とは何か―シリーズ　都市・建築・歴史7―』東京大学出版会、二〇〇五年などを参照。

(67) 西山『イギリス田園都市の社会学』八五頁。
(68) 小沢弘明、佐伯哲朗、相馬保夫、土屋好古『労働者文化と労働運動―ヨーロッパの歴史的経験―』木鐸社、一九九五年、一五九頁。
(69) 小玉徹ほか『欧米の住宅政策―イギリス・ドイツ・フランス・アメリカ―』ミネルヴァ書房、一九九九年、一八七頁。
(70) ヨーロッパの住宅団地と日本の「田園都市」の比較については多くの研究があるが、さしあたって、片木ほか『近代日本の郊外住宅地』、鈴木勇一郎『近代日本の大都市形成』岩田書院、二〇〇四年などを参照。
(71) Jiří Hrůza, "Sto let zahradních měst Zítřka" (「「明日の田園都市」の百年」), in: *Urbanismus a územní rozvoj* 5, no 3, 2002, p. 51.
(72) František Fabinger, *Bytová otázka. Zahradní město dle E. Howarda* (『住宅問題―ハワードの田園都市―』), Hradec Králové, 1920, p. 70.
(73) Alena Janatková, "Bau und Gegenbau. Die tschechische moderne Architektur und die moderne Architektur", in: Susanne Marten-Finnis, Matthias Uecker (Hg.), *Berlin-Wien-Prag. Moderne, Minderheiten und Migration in der Zwischenkriegszeit*, Bern, 2001, p. 63.
(74) Jane Pavitt, "From the garden to the factory: urban visions in Czechoslovakia between the wars", in: Malcolm Gee, Tim Kirk, Jill Steward (ed.), *The city in Central Europe. culture and society from 1800 to the present*, Aldershot, 1999, pp. 30-31.
(75) Clemens Zimmermann, *Von der Wohnungsfrage zur Wohnungspolitik: die Reformbewegung in Deutschland 1845-1914*, Göttingen, 1991, pp. 45-46.
(76) Alena Janatková, "Großstadtplanung und die Expertenöffentlichkeit. Architektur und Städtebau in Prag und Brünn der Zwischenkriegszeit. Ansätze für eine vergleichende Untersuchung", in: Andreas Hofmann, Anna Veronika Wendland (Hg.), *Stadt und Öffentlichkeit in Ostmitteleuropa 1900-1939. Beiträge zur Entstehung moderner Urbanität zwischen Berlin, Charkiv, Tallinn und Triest*, Leipzig, 2002, p. 34.
(77) ヤナークの代表作であるロンド・キュビズム様式については、『チェコのキュビズム建築とデザイン一九一一―一九二五―ホホル、ゴチャール、ヤナーク―』ＩＮＡＸ出版、二〇〇九年、五六―五七頁を参照。

(78) Pavel Janák, "Činžák kontra rodinný dům"（「家族住宅と賃貸集合住宅」）, in: *Přítomnost*（『現在』）, 8, no. 6, 1931, pp. 93-96.

(79) Alois Kubíček, "Anglie-Země bytové kultury"（「住宅文化の国イギリス」）, in: *Naše doba*（『我々の時代』）, 30, 1923, pp. 35-38; Kubíček, "Pro naši bytovou kulturu"（「我々の住宅文化のために」）, in: *Naše doba*, 32, 1925, pp. 153-157.

(80) Zdeněk Louda, "Stavba a bydlení"（「建設と住」）, in: *Dělnická osvěta*『労働者の啓蒙』, 11, 1925, pp. 117-119, 187-190.

(81) Josef Macek, "Bytová kultura v Anglii"（「英国の住宅文化」）, in: *Naše doba*, 34, 1927, pp. 35-42.

(82) モウトヴィッチは、スポジロフ住宅組合文書をプラハ市文書館において整理し、住宅組合の運営を明らかにしている。Miroslav Moutvic, "Spořilov, stavební družstvo zklamaných nadějí"（「スポジロフ—失望の住宅組合—」）, in: *Pražský sborník historický*（『プラハ市論集』）, 28, Praha, 1995, pp. 102-146. 以下では、組合を指す場合はスポジロフ住宅組合、団地を指す場合は単にスポジロフ、またはスポジロフ住宅団地と表記する。

(83) "Padesát let městské spořitelny pražské"（『プラハ市貯蓄銀行の五〇年』）, in: *Věstník hlavního města Prahy*（『首都プラハ年鑑』）, 32, no. 11, 1925, pp. 195-200.

(84) "Zákon ze dne 14.4.1920, č. 302/1920Sb., kterým se upravují právní poměry spořitelen", in: *Sbírka zákonů*, 1920, pp. 693-696.

(85) Karel Maier, *Hospodaření a rozvoj českých měst 1850-1938*（『一八五〇—一九三八年におけるチェコ諸都市の経済発展』）, Praha, 2005, p. 87.

(86) *Architekt SIA*, 27, 1928, pp. 179-181.

(87) Adolf Branald, *Převleky mého města*（『わが街の移り変わり（作家の回想録）』）, Praha, 2002, p. 8.

(88) *Architekt SIA*, 27, 1928, p. 181.

(89) Antonín Roběk, Miilijan Moravcová, Jarmila Šťastná (ed.), *Stará dělnická Praha. život a kultura pražských dělníků 1848-1939*（『昔の労働者のプラハ—プラハ労働者の生活と文化　一八四八—一九三九年—』）, Praha, 1981, p. 155.

(90) 台所が家庭内での妻の主婦としての役割を固定化する方向に働いたという指摘は、ウィーン出身のマルガレーテ・シュッテ＝リホツキーによって設計された「フランクフルト・キッチン」の事例において説明されている。長谷川『世紀末の都市と身体』一三二—一三七頁。

(91)　『スポジロフ新聞』参照。http://www.sporilov.info/view.php?nazevclanku=&cisloclanku=2004102702（二〇〇九年一一月二二日閲覧）。同誌は現在でも刊行されている。
(92)　P. Altschul, "Spořilov", in: *Žijeme*（『生きよう』）, 1931-1932, p. 228.
(93)　Moutvic, "Spořilov", p. 140.
(94)　*Spořilovské noviny*, 1931.4.
(95)　住宅を通した家族政策と「近代化」の関係については例えば、西川祐子『近代国家と家族モデル』吉川弘文館、二〇〇〇年、同『住まいと家族をめぐる物語—男の家、女の家、性別のない部屋—』集英社新書、二〇〇四年、小山静子『家庭の生成と女性の国民化』勁草書房、一九九九年、祐成保志『「住宅」の歴史社会学—日常生活をめぐる啓蒙・動員・産業化—』新曜社、二〇〇八年等を参照。
(96)　ただし、世帯主の大半が男性であったことから、世帯主以外の女性たちの職業についてはまだ詳しいことは分かっていない。
(97)　Průcha, *Hospodářské a sociální dějiny*, p. 366.
(98)　Moutvic, "Spořilov", p. 135.
(99)　AHMP Stavební družstvo Spořilov, Inv. č. 26.
(100)　http://www.sporilov.info/view.php?nazevclanku=&cisloclanku=2006052602
(101)　Průcha, *Hospodářské a sociální dějiny*, p. 388.
(102)　*Die sozialpolitische Bedeutung*, pp. 476-485.
(103)　Průcha, *Hospodářské a sociální dějiny*, p. 237.
(104)　Libor Musil, "Chudoba a československý stát mezi dvěma světovými válkami"（「戦間期の貧困とチェコスロヴァキア国家」）, in: *Sborník prací filozofické fakulty brněnské univerzity*（『ブルノ大学哲学部論集』）, 43, Brno, 1995, p. 32.
(105)　*ČS stavební a bytová družstva*, p. 11.
(106)　*Spořilovské noviny*, 1933.12.
(107)　Roběk, *Stará dělnická Praha*, pp. 271-272.
(108)　Průcha, *Hospodářské a sociální dějiny*, p. 37.

(109) *Národní listy*（『国民新聞』）, 3.5.1931.

(110) AHMP Budování Prahy, Sbírka rukopisů, Eustach Mölzer.

(111) *Spořilovské noviny*, 1930.9.

(112) 国民連盟は、国民社会党や国民民主党の右派を結集し、都市部の困窮層の支持を得て一九三一年のプラハ市議会選挙では一〇〇議席中一一議席を獲得した。同党はファシスト的な性格を持ち、ドイツ人や社会主義政党への暴力攻撃も行った。中田瑞穂『農民と労働者の民主主義―戦間期チェコスロヴァキア政治史―』名古屋大学出版会、二〇一二年、一八七―一八八頁。

(113) Moutvic, "Spořilov", pp. 136-137. 投票結果は一三区全体であり、スポジロフ住民のみを対象としたわけではないことに留意したい。共産党の得票はスポジロフ以外からと思われるが、ここでは定かではない。*Věstník hlavního města Prahy*, 38, no. 40, 1931, pp. 872-874.

(114) Branald, *Převleky mého města*, pp. 23-24, 147.

(115) Marek Laštovka (ed.), *Pražské spolky*（『プラハの結社』）, Praha, 1998. 国内最大の結社であった「ソコル」の会員数は、一九二八年には五六万人に達していた。福田宏『身体の国民化―多極化するチェコ社会と体操運動―』北海道大学出版会、二〇〇六年、二一九頁。

(116) Branald, *Převleky mého města*, pp. 74-80.

(117) Branald, *Převleky mého města*, p. 39.

(118) Branald, *Převleky mého města*, p. 80.

(119) *Spořilovské noviny*, 1934.3-5.

(120) NA ministerstvo veřejného zdravotnictví a tělesné výchovy, Karton. 818.

(121) *Spořilovské noviny*, 1930.1.

(122) *Spořilovské noviny*, 1930.5.

(123) *Spořilovské noviny*, 1930.5.

(124) *Spořilovské noviny*, 1930.12.

(125) Hynek Kubišta, "Mezinárodní bytový sjezd v Berlíně"（「ベルリン国際住宅会議」）, in: *Sociální revue*, 12, 1931, pp. 339-345.

(126) *Sociální pracovnice*（『ソーシャルワーカー』）, 4, no. 8, 1935, p. 6.
(127) Moutvič, pp. 141-142.
(128) 当地の名称の由来は、空が暗くて重い、年老いた女性（チェコ語で baba と呼ばれる）のように見えることにあるという。Stephan Templ, *Baba, die Werkbundsiedlung Prag*, Basel, 1999.
(129) 以下の文献を参照。Rostislav Švácha, "Osada Baba", in: *Umění*, r. 28, 1980, pp. 367-379. Ševeček, *Zrození Baťovy průmyslové metropole. Továrna, městský prostor a společnost ve Zlíně v letech 1900-1938*（『バチャ工業首都の誕生―ズリーンにおける工場・都市空間・社会一九〇〇―一九三八年―』）, Ostrava, 2009.
(130) Ondřej Ševeček, "Bydlení, bytová otázka a bytové poměry v Baťově Zlíně v letech 1918-1938"（「バチャのズリーンにおける住と住宅問題」）, in: *Slezský sborník*, 104, no. 2, 2006, p. 43.
(131) 一九三〇年代には、チェコ最大の「摩天楼」が建設された。
(132) Ševeček, "Bydlení, bytová otázka a bytové poměry v Baťově Zlíně", p. 43.
(133) 例えば、以下の文献を参照。相馬保夫『ドイツの労働者住宅』山川出版社、二〇〇六年。
(134) Antonín Chyba, *Postavení dělnické třídy v kapitalistickém Československu*（『資本主義チェコスロヴァキアにおける労働者階級』）, Praha, 1972, p. 182.
(135) Mölzer, "Pozemková a stavební politika", p. 93.
(136) *Etnografie pražského dělnictva*, 1, 1975, pp. 361-364.
(137) 当時、『人民新聞（Lidové noviny）』の記者だったチャペックの告発を参照。カレル・チャペック（飯島周編訳）『チェコスロヴァキアめぐり』ちくま文庫、二〇〇七年、一五四―一七一頁。
(138) Vanda Tůmová, *Pražské nouzové kolonie*（『プラハの仮設住宅』）, Praha, 1971, p. 33.
(139) *Přítomnost*『現在』, 4, no. 31, 1927, pp. 493-494; Václav Sekara, *Bytová poměry*（『住環境』）, Praha, 1935, p. 26; Chyba, *Postavení dělnické třídy*, p. 196.
(140) *Rudý večerník*（『共産党夕刊紙』）, 4.4.1930; Tůmová, *Pražské nouzové kolonie*, p. 19.
(141) "VII. schůze ústřední zastupitelstvo 30.6.1931", in: *Věstník*, 38, no. 27, 1931, p. 709.
(142) 西川『家族と住まいの物語』参照

(143) Melissa Feinberg, *Elusive Equality. Gender, Citizenship, and the Limits of Democracy in Czechoslovakia, 1918–1950*, University of Pittsburgh Press, 2006, p. 72.
(144) Feinberg, *Elusive Equality*, pp. 157–158.
(145) *Spořilovské noviny*, 1934.1–2.
(146) Feinberg, *Elusive Equality*, pp. 96–98.

第II部　「家族住宅」から「最小住宅」へ

――一九三〇年代の住宅改革から戦後へ――

第四章　経済恐慌期における住宅政策の変容
――「家族住宅」から「最小住宅」へ――

建国から一九二〇年代を通して、チェコスロヴァキア政府は、民間建設の促進を目的に住宅建設援助を推進してきた。政府による建設援助政策によって、二〇年代後半の「相対的安定期」には、民間建設が大幅な増加を示すまでに至った。このような統計から判断する限り、民間の住宅市場の活性化という政府の意図は実現されたかに見える。この方針は、農業党と社会民主党を中心とした二〇年代前半においても、また二〇年代後半に社会主義政党が下野して成立した「ブルジョワ連合」体制においても変わることはなかった。

前章までで見たように、一九二〇年代において、住宅改革の担い手は、自治体などの公的機関よりもむしろ住宅組合であった。首都プラハでは、国民社会党は首都開発計画を通して住宅組合への援助を行い、社会改革家が帝政期より規範として掲げる家族住宅を、合併によって獲得した郊外地域において実現しようとした。しかし、庭付き家族住宅という住宅モデルは、市周縁部の仮設住宅への居住を余儀なくされている住民層を対象にしたものではなかった。こうした建国期の住宅政策の矛盾を突いたのが、戦間期の最大野党であった共産党であった。共産党は、市の住宅政策から排除された層を組織化することで、国民社会党を中心とする市与党に対峙した。一九二〇年に社会民主党から分離して結成された共産党は、市内の労働者地区で独自の教育・文化活動を行い、地域社会において独自の社会的基盤を作り上げていた。

連立政府と共産党との対立は、一九三〇年代に深刻化した経済恐慌によって先鋭化した。連立政府が建国以来推進してきた、家族用の戸建て持家住宅への支援政策そのものが、見直されることになるのである。本章では、一九三〇年代の経済恐慌によって、連立政権内でどのような住宅政策の見直しが論じられたのかを整理する。そのうえで、政権与党やプラハ市政がどのような形で住宅・社会政策の改正に乗り出し、台頭する共産党との間にどのような論点の相違を引き起こしたのかを考察する。

第一節　戸建て住宅からの転換

一九二〇年代後半の好景気を経て軌道に乗ったかに見えた、戸建て住宅建設の支援政策は、一九三〇年代の経済恐慌によって見直しを余儀なくされた。一九二九年一〇月の国民議会選挙によって、チェコ・ドイツ両社会民主党が大幅に得票数を回復したため、社会民主党、国民社会党、ドイツ人社会民主党と、共産党を除くすべての社会主義政党が政権入りした拡大連合体制(Široká koalice)が成立した。

新政権は、経済恐慌で逼迫した住宅供給を回復するために、帝政期以来の三部屋八〇㎡という基準を大幅に緩和する方針を打ち出した。政府は、建設費を四万コルナに抑えた四〇㎡以下の住宅を「最小住宅」と定め、最小住宅の建設に対して三億五千万コルナの政府援助及び最大九〇%の建設費貸付、二五年間の家屋税免除を盛り込んだ新建設支援法を、一九三〇年四月に制定した(1)。社会福祉省は財源確保のために、貸付額の二・五%を建設寄付金(stavební příspěvek)として政府に納めることを家主に課した。建設費の利子八％が家賃額として算出されていたが、家賃を利子から建設寄付金を差し引いた額として設定することで、実質的な家賃値下げを図った。社会福祉省は、建設寄付金を建設財源として最小住宅の建設を促進することで、最終的に借家人保護を廃止することが狙いであると説明した。(2)

最小住宅の建設が促進されたことによって、一九三一年から一九三二年にかけて、新築数は再び上昇に転じた。このことは、二〇年代に大部分を占めていた戸建て家族住宅への援助から、大規模集合住宅への建設に重点が移動したことを示していた。家族住宅の建設において大きな役割を果たしていた住宅組合への援助額は大きく減らされ、組合もまた集合住宅の建設に転換した。経済恐慌期における政府の建設援助政策の性格は、建国直後の住宅政策から様相を異にするようになった。

他方で、一九二〇年にはプラハでの家賃の平均年額は六三九コルナであったが、一九三〇年には二七八九コルナに跳ね上がっていた。(3) このような住環境のため、借家人保護法は、国民民主党や農業党などの廃止要求にもかかわらず、戦間期を通して存続された。プラハでは、借家人保護の対象となる戦前以来の旧家屋の比率は、一九三〇年においても、依然として七〇％以上を占めていた。さらに、ブルノでは六四％、オストラヴァでは六三％、プルゼンでは六七％、リベレツでは五九％、チェスケー・ブジェヨヴィツェでは五八％と、工業都市や地方中核都市において多くの家屋が借家人保護下に置かれていた。(4) 一九三一年には、借家人保護なしの一部屋住宅の年額家賃は三〇六五コルナ、二部屋住宅では四七五〇コルナに達したが、保護付きの一部屋住宅では一三四〇コルナ、二部屋では二二二〇コルナに抑えられていた。(5) 借家人保護の対象となる安価な旧家屋も市中心部には多かったが、そのような住宅需要は逼迫していた。また、住宅組合が建設した住宅及び社宅は、官吏や従業員などの中間層、及び大規模工場の従業員層を対象としており、借家人保護を必要とするような労働者層などにとって利用可能な安価な住宅は、依然として不足していた。一九二一年から一九三〇年にかけて、借家人保護下の住宅においても家賃は二倍以上、保護なしの住宅においては五倍以上の家賃値上がりを記録していた[6]。世界恐慌の影響が深刻化した一九三二年から一九三三年にかけては、チェコ全土の失業者数は一四〇万人に達した[7]。この影響は住宅市場にも表れ、一九三一年、三二年と増大していた新築供給は、一九三三年に一気に半分近くにまで落ち込んだ[8]。政府は一九三四年二月の改正法案において、借家人保護法をさらに一九三五年末日まで延長する一方、三部屋以上及び年収四万コルナ以上の借家人を保護の対象外とするなど、漸進的に条件を緩和した。これによって、一九二九年には借家人保護を受ける住宅は保護なし住宅のおよそ三倍であったが、一九三四年には保護なし住宅が上回った[9]。恐慌期の政府の住宅政策においては、社会主義政党の発言力が行使される形で、国民民主党や農業党の主張する借家人保護の廃止は回避された。

一九三五年の国民議会選挙を経て成立した、農業党のホジャ(Milan Hodža)を首班とする内閣は、一九三六年三月二六日に第一共和国では最後となる建設支援法改正法第六五号法を公布した。最小住宅の基準は二四㎡に引き下げられ、貸付額は最大九〇％、三億コルナまで増額されたほか、小住宅家屋において二五年間の家屋税免除が定められた。政府は、年収六千コルナ以下の困窮者を援助対象として定めるなど、単身者のための住宅を確保する必要に迫られていたことがうかがえる。借家人保護法は一九四〇年六月まで延長されたが、借家人保護の条件はさらに緩和された。一九三八年六月時点で年収三万コルナを超える者、一九三九年六月時点で年収二万四千コルナを超える者が保護の対象外となった[10]。

一九三〇年代の政府は、建設支援法の内容を大幅に変更しつつ、二〇年代の住宅政策の方針を維持し続けた。これは、建国以来の「ブルジョワ政党」、社会主義政党両者の連立協定によって、建設者側の利害と借家人の利害を調整することが可能なためであった。一九二九年に成立した拡大連合内閣は、共産党を除くほとんどの主要政党が閣僚入りしたことによって、特定の社会階層に偏らない政策が打ち出された(11)。

他方で、最大野党であった共産党は、効果的な社会政策を打ち出さない連立政府に対して、激しい反対活動を見せるようになった。以下では、戦間期の共産党が活動の拠点としていた労働者の地域社会と、彼らが影響を及ぼした住宅・社会改革案を検討する。

第二節　共産党の台頭と労働者の組織化

当時の労働者層の住宅生活は、依然として帝政期と同様の、下宿人やベッド借りが出入りする「半開きの住居」において営まれていた。子どもたちは、集合住宅の他の大勢の子どもたちと、路地裏で社会経験を積んでいたと考えられる。

戦間期のプラハ労働者街において住民の組織化を図ったのが、一九二一年に結成された共産党であった。社会民主党から脱退した急進左派を中心に設立された共産党は、連立政府への参加を続ける社会民主党や国民社会党に反発する労働者勢力を吸収することで大きく勢力を拡大した。結党初期の一九二一年には八万九九四一人であった党員数は、一九二五年には二〇万一〇三五人にまで膨れ上がった。同年の国政選挙では社会民主党の議席が半減に追い込まれる一方で、共産党は第二党にまで躍進した。共産党は、国内の政党の多くが民族別に組織されていたこととは対照的に、国内の全民族を傘下におさめたことで、西ボヘミアからポトカルパツカー・ルスに至るまで、全国各地で支持を得ることに成功した。チェコの共産党はほかの「東欧」諸国と異なり、戦間期を通して非合法化されず、国政・プラハ市政において一〇％前後と相対的に大きな勢力を有していた。

戦間期の共産党は、帝政期に形成された労働者地区での社会活動・組織化によって支えられた。共産党は、帝政期の社会民主党時代の伝統を引き継ぎ、労働者の組織化のための啓蒙運動や文化活動を積極的に行っていた。労働者人口が多いことでも知られたプラハ一一区ジシュコフ地区において、共産党は集会や体操団体の活動、劇場機能を果たす「人民の家(Lidový dům)」を建設した。この事業は、党組織、靴職人・鉄道労働者・食品労働者などの組合から三〇万コルナを工面することによって賄われた。一九二一年五月には、「労働者体操連盟」を設立したことを皮切りに、青年組織や労働者劇場、プロレタリア文化(Proletkult)に取り組む芸術家を組織化した。教育活動を担った党組織「ジシュコフの青年の教育委員会」は、一九二三年以降は毎日午後の五時から八時まで、公民、図画、絵画、歴史、体操、手芸などを教える、子どもたちのための自由学校を開催した。このような活動が功を奏し、一九二三年の市選挙では、共産党はジシュコフ区議会の三〇議席中八議席を獲得し、国民社会党の一〇議席に肉薄した。(12)共産党はさらに、プラハ北東部八、九区と南東部一四区のヌスレ(Nusle)地区に基盤を持った。「チェーカーデー(ČKD)機械工場」のような大工場から、五〇人以下の小工場まで数多くの労働者を抱える八区では、一五工場に党細胞を持ち、一九二六年には二二六三人の共産党の労働組合員(Rudé odbory)を抱えた。(13)これらの地区は、のちに共産党の牙城として、「赤いゾーン(rudý pas)」と呼ばれた(表4-1)。

二〇年代に共産党が要求したのは、自治体や郡における自治、学校、行政における言語問題の解決、スロヴァキアの自治と財政的自立性といった、社会改革の徹底と民族問題の調和であった。(14)帝政期より同党の指導的立場にあったシュメラル(Bohumír Šmeral)は、チェコ人にとっては帝国の存続が必要であるという見解を有しており、当時のオーストリア社会民主党(全体党)が掲げていた「オーストロ・マルクス主義」とほぼ同じ立場を取っていた。(15)地方行政における自治、民族的少数派の権利保護に基づく共産党の方針は、全体党が一八九九年のブリュン(ブルノ)民族綱領で掲げた内容を引き継ぐものであったといえる。

表 4-1　戦間期のプラハ各区議会選挙における共産党の議席獲得数と比率(%)

選挙区(議員数)	1923 年選挙	1927 年選挙	1931 年選挙	1938 年選挙
1-7(42)	6(12.21)	5(10.60)	3(7.19)	5(13.04)
8(24)	9(36.80)	7(29.10)	6/30(20.59)	8(28.20)
9(18)	6(36.30)	6(31.94)	6/24(24.39)	6(26.84)
10(24)	3(11.39)	2(8.83)	1(7.05)	3(13.64)
11(30)	8(25.25)	7(20.88)	4(14.09)	6(21.32)
12(30)	3(7.84)	2(6.76)	2(5.23)	3(10.06)
13(24)	7(26.01)	5(21.06)	4/30(14.49)	6(21.43)
14(24)	7(28.66)	6(25.39)	5/30(17.32)	8(25.39)
15(12)	1(14.30)	2(17.63)	2/18(10.89)	3(15.95)
16(30)	6(18.87)	5(16.04)	4(11.70)	5(16.20)
17(18)	7(37.15)	6(31.34)	5/24(21.57)	7(28.50)
18(18)	5(29.88)	5(24.42)	3/24(14.60)	5(19.05)
19(24)	5(21.28)	4(15.21)	3/30(9.55)	4(13.50)
	73/318(19.17)	62(16.61)	48/366(11.95)	69/366(18.42)

出典）Václav Ledvinka, “Zastoupení KSČ v obecní samosprávě hlavního města Prahy v období 1923-1939” (『プラハ市自治における共産党の代表者』), in: *Documenta Pragensia* 2, 1981, pp. 24-25.

しかし、革命よりも社会改良を目指すという指導部の方針に対して、コミンテルンの意向を汲んだ新世代の批判が高まっていた。一九二九年二月の第五回共産党大会で、のちの社会主義期の大統領ゴットワルト(Klement Gottwald)が党指導部を掌握した。この時期に党の「ボルシェヴィキ化」が採択されたことで、結党以来の「社民的」性格の排除が目指された。共産党は社会主義政党を「社会ファシスト」として攻撃する方針を掲げ、与党と対決姿勢に入ることになった。共産党は一九二九年一〇月の国民議会選挙に向けて、賃上げ、七時間労働、組合を基盤とする失業者救済(ゲント・システム)の廃止、失業者への政府援助、賃金への課税廃止、住宅問題の解決、非所有者の家賃引き下げ、失業者への家賃免除、革命的な出版・労働者集会の検閲廃止など、より明確な社会改革を打ち出した[16]。

他方で「ボルシェヴィキ化」に伴う党内の内部分裂は、党の勢力減退を招くことになった。結党初期の一九二二年には八万九九四一人であった党員数は、一九二五年には二〇万一〇三五人にまで膨れ上がったが、一九三〇年には一一万三七〇二人へと落ち込んだ。都市部では一一%、農村部では一〇%という大衆基盤を有していたが、労働組合の勢力は社会民主党ほど強力ではなく、組合全体の構成員は一七〇―一九〇万人で推移した。[17] このような背景から、共産党は前回比で一五万票を失い、第四党にまで後退した。

共産党は戦間期を通して非合法化こそ免れたものの、一九三一年二月には、政府は共産党の機関紙『赤い権利(Rudé Právo)』を半年にわたって発禁処分とするなど、共産党の活動は大きな制約を受けることになった。しかしこのような中で、共産党と政権与党であるチェコ及びドイツ人社会民主党との対立関係は、一九三三年一月のナチ政権の成立によって変化を迎えた。共産党は、直後の一九三三年三月には、「反貧困、反ファシスト、反戦」を統一戦線の形成を、社会民主党、国民社会党、ドイツ人社会民主党に呼びかけた。しかし社会民主党側は、共産党がこれまで行ってきた「社会ファシスト」に対する攻撃への反発から、統一戦線の形成を拒否した。政府は、「反民主主義」政党の活動を制限すべく、一九三三年六月には新聞法の制定や共和国防衛法の改定が行われた。一九三四年夏には、共産党のゴットワルトやコペツキー(Václav Kopecký)などをはじめ、プラハ市の共産党議員を逮捕するという措置に踏み切った。[18] このように、一九三〇年代前半には政府と共産党の関係は極めて緊張したものとなっていた。

共産党と他党の対立は、市の住宅政策において顕著になった。共産党は、プラハ市議会で国民社会党と社会民主党が「ブルジョワ勢力」と連合を組んだこと、自治体が中央権力からの自律性を有しておらず、資本主義国家の下部機関になっていると批判した。党指導部が、社会主義政党を「社会ファシスト」と定めたことを受けて、市議会内でも、共産党は社会主義政党に対する攻撃を明確にした。[19]

共産党と社会主義与党の対立関係が明確になるのが、一九二〇年代より増大していた郊外の仮設住宅をめぐる問題であった(第三章参照)。一九三三年の新築戸数は七三二八戸にとどまり、一九三四年には四九三〇戸、一九三五年には五二〇七戸と停滞した。一九三〇年一二月には、プラハ市内二三万七六四二世帯に対して、仮設住宅の世帯数は五五九九世帯にも及んでいた。共産党は、市が進める仮設住宅の解体を、「社会ファシスト」の国民社会党と警察の協力によるものだと批判した。[20] 同党は、一九三〇年二月にプラハ郊外で六つの失業者大会を組織したのを皮切りに、三月六日には市内で数千人規模のデモを組織した。[21] 一九三一年二月二五日の「失業に反対する国際的な日」で、共産党はプラハ市内で二万人、チェコスロヴァキア全土で最大規模の二〇万人を動員し、失業問題の改善及び物価の値下げを求めるデモを行った。[22] 共産党は「社会ファシスト」勢力が市議会選挙の宣伝のために小住宅の建設計画を利用する一方で実施は疎かになっていると批判し、市による仮設住宅の解体に立ち向かうよう呼びかけた。[23] 共産党は、社会主義与党の住宅政策が「ブルジョワ勢力」の利益を優先していると主張した。仮設住宅の解体政策を攻撃することで、市の住宅政策に包摂されない失業者層の不満を吸収することを狙い、社会主義与党との支持基盤の相違を明確にした。

一九三一年九月二七日のプラハ市議会選挙では、国民社会党はほぼすべての選挙区で第一党であったが、郊外選挙区においては、共産党が第一党に肉薄するほどの得票率を示した地区もあるなど、総じて中心部から離れた地区で共産党が高い得票率を示した。しかし、共産党の過激化は逆に有権者の関心を遠ざけることになり、共産党は四議席を失って一三議席にとどまった。他方、社会民主党は一四議席を確保して第三党となった。[24] 一九三二年に市は失業対策として「プラハ市一万五〇〇〇人の失業者のための職業斡旋計画」[25] を打ち出すなど、失業者政策において共産党に対して先手を打った。

小括

一九二〇年代末から三〇年代初頭にかけて生じた世界的な経済恐慌は、チェコ社会をも大きく揺るがした。こうした状況は当然のことながら、住宅政策の在り方にも影響を及ぼした。建設費援助政策の基準が、二〇年代の住宅政策を規定していた八〇㎡の敷地的余裕を持つ家族住宅から、住宅不足解消という喫緊の課題に直面した四〇㎡の最小住宅へと移行したのである。三〇年代は住宅政策においても、転換期となった。

こうした住宅政策の転換は、当時のチェコ政治の変容を反映するものであった。戦間期のチェコスロヴァキア共産党は、既に都市周縁部の労働者世界や芸術家などの文化活動に多大な影響を及ぼしていた。共産党は恐慌期に入ると、住宅問題を最大の社会問題として捉え、その改革を声高に要求するようになった。共産党の社会改革の要求と連動する形で、政府や住宅組合が目指した住宅改革とは大きく異なる形で、新しい住宅改革の動きが一九三〇年代に現れるようになった。その担い手が、のちに見るように、戦間期にアヴァンギャルド芸術及び機能主義建築を学んだ、若手の前衛的建築家たちであった。共産党は、下部の文化組織の中に、数多くのアヴァンギャルド知識人を抱え、彼らの住宅改革構想を取り込もうとした。以下の章では、戦間期チェコスロヴァキアの建築家たちの活動を中心に、経済恐慌という第一共和国の転換期において、どのような住宅改革の変化が生じたのかを見ていきたい。

（1）“Zákon ze dne 10. 4. 1930, č. 45/1930Sb., o stavebním ruchu”, in: *Sbírka zákonů*, 1930, pp. 309-319.

(2) Hynek Kubišta, "Osnova nového bytového zákona"(「新住宅法の草案」), in: *Sociální revue*, 13, 1932, p. 272.
(3) Petr Matějů, "Sociologické aspekty vývoje bydlení v Praze"(「プラハの住の社会学的側面」), in: *Sociologický časopis*, 13, no. 1, 1977, pp. 39-48.
(4) Zdeněk Deyl, *Sociální vývoj Československa 1918-1938*(『チェコスロヴァキアの社会発展一九一八―一九三八年』), Praha, 1985, pp. 96-98; *Die sozialpolitische Bedeutung der Wohnungswirtschaft in Gegenwart und Zukunft*, Frankfurt, 1931, pp. 15-16.
(5) *Statistisches Jahrbuch der Čechoslovakischen Republik*, Prag, 1937, p. 154.
(6) Antonín Chyba, *Postavení dělnické třídy v kapitalistickém československu*(『資本主義チェコスロヴァキアにおける労働者階級』), Praha, 1972, p. 188.
(7) Nancy M. Wingfield, *Minority politics in a multinational state. The German Social Democrats in Czechoslovakia, 1918-1938*, Columbia University Press, 1989, p. 102.
(8) Státní úřad statistický, *Hospodářský a společenský vývoj československa*(『チェコスロヴァキアの経済社会発展』), Praha, 1968, p. 34.
(9) Václav Průcha (ed.), *Hospodářské a sociální dějiny Československa 1918-1992*(『チェコスロヴァキア社会経済史一九一八―一九九二年』), Brno, 2004, pp. 409-410.
(10) Zákon ze dne 26. 3. 1936, č. 65/1936Sb., o stavebním ruchu, in: *Sbírka zákonů*, 1936, pp. 195-206.
(11) 中田瑞穂『農民と労働者の民主主義―戦間期チェコスロヴァキア政治史―』名古屋大学出版会、二〇一二年、130頁。
(12) Roběk, *Stará dělnická Praha*, pp. 282-283.
(13) Jiří Málek (ed.), *Nástin dějin dělnického a komunistického hnutí na obvodě Praha 8*, Praha, 1985, p. 5.
(14) Christiane Brenner, "Zwischen Staat, Nation und Komintern. Loyalitätsbezüge der KPTsch 1921-1938", in: Martin Schulze Wessel (Hg.), *Loyalitäten in der Tschechoslowakischen Republik 1918-1938. Politische, nationale und kulturelle Zugehörigkeiten*, München, 2004. p. 98.
(15) Jacques Rupnik, *Dějiny Komunistické strany Československa: od počátků do převzetí moci*(『チェコスロヴァキア共産党史―結成から権力掌握まで―』), Praha, 2002, pp. 48-56. シュメラルの構想については、高橋和「社会主義者のジレンマ

―ボフミール・シュメラルとチェコスロヴァキア独立運動―」羽場久浘子編『ロシア革命と東欧』彩流社、一九九〇年、四三―六〇頁も参照。

(16) Růžena Hlušičková, *Pražská stranická organizace v letech 1929-1939*（『プラハの共産党組織一九二九―一九三九年』）, Praha, 1981, p. 22.

(17) Heinrich Kuhn, "Zur Sozialkultur der kommunistischen Partei der Tschechoslowakei", in: *Bohemia*, no. 3, 1962, pp. 426-467.

(18) Věra Olivová, *Dějiny první republiky*（『第一共和国史』）, Praha, 2000, p. 184.

(19) Václav Hlavsa, *Za novou a lepší Prahu*（『よりよいプラハのために―プラハ市議会における共産党クラブの活動報告―』）, Praha, 1957, pp. 50-57.

(20) AHMP Protokoly schůzi ústř. správní komise, 2. 9, 1929; *Dělnický deník*（『労働者日刊紙』）, 28. 3. 1930.

(21) Hlušičková, *Pražská stranická organizace v letech 1929-1939*, pp. 43-48.

(22) Květa Kořálková, *Hnutí nezaměstnaných v Československu v letech 1929-1933*（『チェコスロヴァキアにおける失業者運動一九二九―一九三三年』）, Praha, 1962, pp. 102, 176-180.

(23) *Rudé právo*（『赤い権利』）, 6. 9. 1931.

(24) *Věstník*, 38, no. 41, 1931, pp. 888-897.

(25) "Dr. Petr Zenkl. Budovatel sociální péče obce Pražské"（「ペトル・ゼンクル―プラハの社会福祉の創始者―」）, in: *Věstník*, 41, no. 24, 1934, p. 405.

第五章　新しい住宅改革構想
——戦間期チェコの建築家集団の活動から——

チェコスロヴァキア政府が建国以来進めてきた、建設支援法に基づく郊外住宅団地の開発政策は、一九三〇年代の経済恐慌によって大きな転換点を迎えた。そのような中、チェコの住宅改革において新しい構想を提唱したのが、一九二〇年代ヨーロッパの機能主義建築、及びアヴァンギャルド芸術の薫陶を受けた若手の建築家たちであった。世紀末ウィーンや帝政末期のチェコで花開いたモデルネの影響を受けた建築家たちに加えて、独立後の民主主義的体制のもとで自由な芸術活動を展開できた若手知識人たちは、西欧に近い地理的環境を生かして国際的な交流を行ってきた。このような社会・文化的背景から誕生した戦間期チェコの機能主義住宅建築は、国際的にも着目される発展を見せたのである。

機能主義建築による新しい住宅改革の思想は、首都プラハをはじめ各地で見られたが、中でも独自の発展を遂げたのが、チェコ第二の都市でモラヴィアの州都であるブルノであった。この戦間期ブルノの都市整備、建築文化を支えたのが、ブルノ市建設局で建築事業に携わった若手建築家たちであった。チェコでは一九世紀末から芸術工科大学の整備が進み、首都ウィーンの影響を受けながらも、チェコの文化的背景を踏まえた自前の建築家を育成する体制が整えられてきた。本章で扱う戦間期チェコの建築家たちは、世紀転換期に生を受け、チェコの工科大学でモダニズム建築の薫陶を受けて育った世代として、二〇—三〇代の時期にチェコスロヴァキア第一共和国で建築事業に携わった。[1]

彼らが依拠した機能主義建築は、単なる住宅建設にとどまらず、住宅を通した人々の社会改革という側面を強く有していた。特に、二〇年代後半から三〇年代にかけて着手された市営住宅の建設は、二〇年代までのような郊外田園都市という形態ではなく、規格化と共同生活重視の方向性を強く打ち出すことで、一九世紀以来の「市民的」な住宅改革とは異なる、新しい社会改革の方向性を提示していた。なぜ、このような機能主義の住宅建築が、生まれたのか、彼らが掲げた住宅・社会改革の思想は、戦間期チェコスロヴァキアにおいて、どのように位置づけられるのであろうか。また、このようにして生まれた建築文化・思想が、戦間期だけでなく、その後の激動の時代にどのように変容し、受け継がれていったのか。

モラヴィアの州都ブルノの政治社会に関する考察は、ハプスブルク帝国期についてはドイツ系とチェコ系の民族問題や市政に着目した研究が陸続と現れているのに対して、独立後の両大戦間期については通史等を除いてむしろ多くない。[2]その一方で、戦間期チェコ、とりわけブルノの建築に着目した研究は、建築史の分野において豊富に存在する。特に近年では、「ブルノ市民建築協会(Spolek obecní dům Brno)」が刊行した図説・資料集は、住宅も含めた同時代のブルノの建築と建築家について詳細にまとめている。[3]これらの図説の中には、英語に翻訳されているものもあり、両大戦間期チェコスロヴァキア、とりわけブルノの建築文化の近代性を世界に発信することに重点が置かれている。そこでは特に、建築家のバイオグラフィーやブルノの社会経済的背景を説明したうえで、戦間期ブルノで展開された機能主義建築の独自性が強調されている。これらの成果を踏まえた研究としては、両大戦間期チェコの機能主義建築に取り組んでいるシュヴァーハとヤナトコヴァーの研究を取り上げなければならない。特にヤナトコヴァーは近年の研究で、当該期のブルノの建築家集団の活動を、一九二八年の「チェコスロヴァキア現代文化博覧会」で展示された機能主義住宅展を中心に考察している。[4] 両者はいずれも、同時代に刊行されていた建築雑誌を主に用いることで、チェコの建築家たちの建築・社会思想を考察している。

さらに、戦間期チェコの住宅改革運動が研究史で取り上げられた背景には、戦後の共産政権期における大規模な社会主義的住宅団地のルーツとして、戦間期の機能主義建築とその建築家が着目されたという理由がある。近年の研究では、戦間期にヨーロッパ規模で展開されたモダニズム・機能主義建築が、どのような形で戦後の社会主義建築に受け継がれたのか、あるいは当時に比してどのような理念の変容が生じたのかという問題が説明されている。[5]

本章の目的は、歴史研究の立場から戦間期チェコで生み出された機能主義建築の活動が、どのような住宅・社会改革の構想を掲げていたのか、この社会改革構想が戦間期という政治的背景の中で、新国家チェコスロヴァキアにおいてどのような意味を有していたのかを問い直すことである。

第一節　戦間期ブルノの都市空間

（一）　ブルノとプラハ

チェコ共和国第二の都市ブルノは、中世よりモラヴィア辺境伯領の都として栄えた街であった。ハプスブルク帝国の統治下にあった一九世紀には工業化が進み、特に繊維産業が栄えた。このため当時のブルノは「モラヴィアのマンチェスター」とも称され、プラハや北ボヘミア、モラヴィア北部のオストラヴァなどとともに、チェコ工業をけん引した。ブルノの人口は、一八五七年の五万九八一九人から、一九一三年には一三万一四六三人へと増加しており、隣接自治体も含めると、都市化のテンポは著しかった。[6] 工業化の進展に伴って、ブルノにも大ブルジョワジーが勢力を拡大し、豪勢な建築物を建て始めた。

しかしその一方で、労働者の住宅には水道はなく、灯油ランプで明かりを間に合わせている状態であった。一九〇〇年にはブルノ市域二万〇八八八戸中、一万一五一二戸(五三・九%)が一―二部屋の小住宅であり、ワンルームに一〇人が居住している例もあったといわれている(表5-1)。この数値には、「ベッド借り」は含まれておらず、住宅内での過密状態はさらに劣悪であった。ブルノはウィーンやプラハとならび、高い死亡率(一八七五年の住民千人あたりの死亡率は、ウィーン三一・三人、ブルノ四一人、プラハ四五人)[7]を記録していた。市中心部の繁栄と郊外労働者住宅の間に生じた貧富の格差は、当地に激しい労働運動を発生させた。

他方で、プラハと比較した場合のブルノの大きな特徴は、同地が地理的にプラハよりも帝都ウィーンに近く、ドイツ文化の影響を強く受けていたことであった。ブルノを中心とする南モラヴィアからは、ウィーンへと出稼ぎに向かうチェコ人労働者が多かったため、ブルノはウィーンの労働者供給地、「ウィーンの郊外」ともいわれた。一九世紀末から二〇世紀初頭にかけて、プラハが既にチェコ系民族運動の中心地としての地位を確立していた一方で、帝政期のブルノではドイツ系政治勢力が大きな力を有していた。このように、プラハとブルノはともに都市化・近代化の波を経験しつつも、帝政期の両都市は異なる政治文化を有していた。

ブルノのこうした政治的・文化的特徴は、一九一八年のチェコスロヴァキア独立によって大きく変わることになった。帝国内の一地方都市にすぎなかったブルノは、新国家チェコスロヴァキア第二の都市に「昇格」したの

表 5-1　1921-1935 年におけるブルノの住宅状況

年	人口	棟数(戸数)	1家屋あたりの居住者数(1戸あたり)
1921	221,758	13,244(48,376)	16.7(4.5)
1930	262,325	18,590(64,472)	14.1(4.0)
1935	289,670	22,129(76,870)	13.0(3.6)

出典）*Brno. Přehled historického, hospodářského, sociálního a stavebního rozvoje*, Praha, 1935, p. 56.

である。プラハと同様に、戦後の郊外自治体の合併に伴う「大ブルノ」の誕生によって建設ラッシュが始まり、特に郊外の発展は著しかった。

ブルノの市政もまた、帝政期に比して大きく変容した。特にチェコ系政党の伸長は著しく、独立後はチェコ系政党が多数派を占めるようになっていた。しかし、チェコ系政党の内部でも社会民主党と人民党といった左右の相違があり、これに加えてドイツ系政党の間でも同様の相違が存在するなど、戦間期のブルノ市政は極端な政党乱立状態にあった。このため、チェコ社会民主党出身のヴァニェク(Karel Vaněk)を除いて、他の市長は大学教授や技術官僚などの出身者が務めていた。市政全体の傾向としては、過半数を占めるほどの社会主義政党が存在せず、ブルジョワ政党に加えて、利害団体を基盤とした政党が一定の影響力を有していた。この点では、戦間期ブルノの政治勢力は、制限選挙制によって財産所有者が優遇されていた戦前と連続性を有していた。このため、当時のブルノでは大規模な土地の公有化政策は実施されず、住宅供給においても民間建設が圧倒的であった。このような状況下で、当時のヴァニェク市長は、「住宅建設は今や国の仕事である」と、公的機関による住宅供給の必要性を強く訴え、一六五社に政府の住宅建設プログラムに参加するように呼びかけたが、彼の提案は、建設業者からは拒否された。(8)

しかしその一方で、戦間期を通して公営住宅の建設を促進するなど、ブルノ市当局は公共事業の整備に努めた。市は戦間期を通して、電力の普及や市電網の敷設などの大規模な都市整備事業に乗り出した。特に、一九二六年に実施された都市改造事業では、交通インフラ、環状道路、公共建築、鉄道駅などが整備・建設され、現在のブルノの姿が形を現した。これは、モラヴィア州都としての威容を整えるという、チェコ系ブルジョワジーの意向が強く働いていたためでもあった。このような、戦間期ブルノの都市発展を支えたのが、次に見る若手建築家たちであった。

（二）ブルノ工科大学の建築家たちと都市開発

中世の街並みを残し、歴史主義の建築家の勢力が強かった首都プラハに対して、一九世紀以降に商業都市として発展したブルノでは、機能主義建築が数多く建設された。戦間期のブルノで花開いた機能主義建築は、チェコのみならず国際的にも着目される存在となった。

チェコにおける建築家の育成は、一九世紀末に整備されたプラハ芸術工科大学を中心に進められたが、チェコにおいて「世紀末ウィーン」の建築の影響は非常に大きかった。ブルノ出身のロース(Adolf Loos)は、のちにウィーンのモダニズム建築家として名をあげた人物であり、プラハ出身のヤナーク(Pavel Janák)、ピーセク出身のホホル(Josef Chochol)、ブルノ出身のコチェラ(Jan Kotěra)など、のちのチェコ建築の代表格として知られている建築家たちは、いずれもヴァーグナー(Otto Wagner)のもとで学んでいた。彼らはその後、プラハで改組された芸術工科大学で指導にあたり、ウィーンでの経験と地元チェコ文化、さらには民族運動の勃興という政治的要請を踏まえた近代チェコ建築の育成に携わった。このような背景から、ブルノの建築家はウィーンとプラハの両方の影響を受けていた。

ブルノの建築活動における転機となったのが、一九一八年のチェコスロヴァキア独立であった。前述のようにブルノがチェコ第二の都市に「昇格」したことで、市内には短期間で数多くの大学が設立された。大統領の名を冠したマサリク大学をはじめ、獣医大学、農業大学、工科大学が次々に開設されたことで、ブルノは一躍、大学街としての顔を持つようになったのである。中でも、新設のブルノ工科大学建築学科によって自前の建築家の養成が可能になったことは、ブルノの建築にとって大きな転機となった。プラハに比して、歴史的建造物が相対的に少なく、都市化が急速に進展していたブルノでは、プラハよりも大胆な改造が容易であったため、新世代の建築家が台頭する余地があった。市建設局には、ブルノ工科大学出身の若い建築家が入るようになり、彼らに活躍の場が与えられるようになったことは、プラハとの大きな相違であった。

モダニズム建築の教育を受けて戦間期ブルノの建築政策に携わった建築家の代表格が、ブルノ市建設局のフクス(Bohuslav Fuchs)であった。彼は、二〇年代のブルノでキャリアをスタートさせ、共産期までチェコの建築活動を主導した中心人物であった。彼に加えて、一九二〇年代にはクンポシュト(Jindřich Kumpošt)、ポラーシェク(Josef Polášek)、グルント(Jaroslav Grunt)、ヴィーシェク(Jan Víšek)、ヴィースナー(Arnošt Wiesner)、アイスラー(Otto Eisler)といった建築家が市の機能主義建築に携わった。彼らはみな、ウィーンやブルノ工科大学で専門教育を受けた二〇代から三〇代の若い世代であり、前世期に教育を受けたプラハの都市開発委員会の面々に比して大きな特徴であった。[9]

さらに、バウハウスなどの影響を受け、近代的な家具建築などを試みたヴァニェク(Jan Vaněk)は、戦間期の建築文化に大きな影響を及ぼした。[10]ブルノのチェコ工科大学建築学科が発行する『水平線(Horizont)』誌は、都市建設や住宅をテーマに掲げ、同時代の建築家の公共圏形成に寄与した。彼らの建築活動によって一九二〇年代のブルノは、フランクフルトやロッテルダムと並ぶ、機能主義建築が花開いた都市となった。彼らは、一九二〇年代にはまだ二〇代後半~三〇代の若さでありながら、既にブルノで今も残る数々の機能主義建築を完成させていた。二〇年代には、グロピウス、ル・コルビュジェらがブルノを訪問するなど、ブルノの機能主義建築は西欧諸国からも着目されていた。特にフクスは、市中心部の銀行及びホテル、郵便局、後述する博覧会場といった重要建築を任されており、その建築は同時代の日本にも紹介されるほどであった[11]。このように、一九二〇年代におけるブルノの都市開発の進展は目覚ましく、ブルノは新国家チェコスロヴァキアの近代性を示すショーウィンドウ的な役割を果たすことになった。こうして発展したチェコの現代文化を内外に誇示する契機となったのが、一九二八年一〇月に開催された「チェコ現代文化博覧会」であった。

(三) 一九二八年のチェコ現代文化博覧会と「新しい家」

一九二八年一〇月にブルノで開催されたチェコ現代文化博覧会は、開催時期からもうかがえるように、チェコスロヴァキア建国十周年を祝う博覧会であった。

プラハでは帝政期の一八九一年に工業博覧会が開催され、現在も残る工業宮殿等に代表されるようなチェコの近代性が内外に誇示された。その一方で、このときの博覧会でチェコの主催者は「ボヘミアの小屋」と呼ばれる農村住宅を展示し、チェコ文化を農村に求める見解を提示していた。これに対して、一九二八年に開催された博覧会では、モダニズム建築を全面に押し出した催しとなった。チェコ文化と農村の結びつきが模索された一九世紀とは異なり、新国家チェコスロヴァキアにおいては現代性との結びつきが強調された[12]。この博覧会がプラハではなくブルノで開かれたのは、二〇年代のブルノが見せた現代文化の発展こそが、新国家の礎となるという認識のためであった[13]。

一九二八年の現代文化博覧会で、チェコの機能主義住宅のモデルを発信したのが、ブルノ工科大学のクロハ(Jiří Kroha)であった。クロハはプラハ出身で、一九二八年にブルノ工科大学教員として赴任した人物であった。

プラハで建築教育を受け、学生時代からプラハのアヴァンギャルド知識人たちと交流があった。彼の建築活動は、一九二〇年に設立された「チェコスロヴァキア工作連盟(Svaz československého díla)」に表れていた。名称からもうかがえるように、この組織はムテジウス(Hermann Muthesius)やタウトらドイツの建築家を組織した「ドイツ工作連盟」[14]を範とした組織であり、近代工業デザインに取り組むことを目的としていた。

ドイツ工作連盟の活動は多岐にわたっていたが、住宅においてその思想を体現していたのが、規格化された建設に基づくジードルンク(集合住宅)であった。一九二七年にドイツ工作連盟がシュトゥットガルトで開催したヴァイセンホーフ・ジードルンク展は、当時の集合住宅思想を世界的に広めた展覧会として名高いが、クロハらチェコスロヴァキア工作連盟はこのジードルンク展を受け、チェコにおける現代住宅の模範を提示することを試みた。クロハらは一九二八年の現代文化博覧会において、自ら設計した「新しい家(Nový dům)」一六家屋を展示した。この博覧会での住宅展示には、クロハだけでなく、前述のフクスやヴィースナーら、同世代のブルノの若手建築家が機能主義の住宅を展示した(図5-1)[15]。

クロハが「新しい家」において提示した目的は、ドイツのジードルンクをただ紹介することだけではなかった。クロハやフクスらは、機能主義に基づいて規格化を推し進める一方で、彼らが提示した「新しい家」は、富裕層のための住宅ではなく、市民のための戸建ての家族住宅であった。このような住宅が、建国十周年という意味を持つ博覧会の中で展示されることは、機能的に設計された市民のための家族住宅こそが、新国家チェコスロヴァキアの未来を体現するものであるということを意味していた。クロハは、「住宅改革の社会的要素、住宅文化は国家経済に関わる問題であり、国の義務である」と述べ、住宅問題の解決を社会問題の解決のための最重要の課題と位置づけていた[16]。同時代のブルノで建設されたミース・ファン・デル・ローエ作の「トゥーゲントハット邸」[17]と異なり、クロハらの「新しい家」は、あくまでも「ふつうの市民」のためのモデル住宅であった。

図 5-1　1928 年のブルノ現代文化博覧会で提唱された「新しい家」

出典）筆者撮影

（四）一九三〇年代におけるブルノ集合住宅建築の成果

クロハらが現代文化博覧会で提唱した住宅は、現代都市生活の中で、誰のために、どのような機能が住宅に求められているのかを提示した点で、極めて大きな意味があった。すなわち、家族のための健康で衛生的・文化的な居住という二〇年代以来の課題を、機能主義建築という新機軸によって実現するという方向性が打ち出されたのである。

一九三〇年代に入ると、経済状況の悪化によって都市社会における貧富の格差が拡大していた。一九三〇年の建設支援法改正で政府は、従来の最小八〇m²の住宅に対する援助から、四〇m²の住宅からなる集合住宅への建設援助を行う方針を打ち出した。これは、二〇年代の戸建て家族住宅からの転換を図ったものであった（表5-2）。一九三〇年一一月から一九三二年

表5-2　1930年度における国内主要都市の建設主体と住宅建設戸数

	プラハ	ブルノ	ブラチスラヴァ
住宅組合	21,539	2,341	2,322
自治体	9,030	2,258	1,364
州	762	357	18
国	4,488	1,086	1,703
民間その他	197,679	62,627	26,945

出典）*Sčítání bytů ve větších městech republiky československé ze dne 1. 12. 1930*（『チェコスロヴァキア大都市における住宅統計（1930年12月1日）』），Praha, 1935; *Statistisches Handbuch der Čechoslovakischen Republik 4*, Prag, 1932. より作成。

九月までの間に、全国平均で一三〇％の家賃の値上がりが見られた一方で、新築建設数は一九二八年をピークに、一九三〇年には四〇％以上落ち込んだ。[18]このため政府は、住宅供給量を増やす必要に何よりも迫られていた。ブルジョワジーのみならず、社会の広範な層のために模範的な住宅を提供するという課題は、より切実な課題となって、ブルノの機能主義建築家たちに突きつけられた。

首都プラハに比して、機能主義建築家が市建設局に進出していたブルノでは、その試みはより目に見える形で進められた。ブルノの機能主義住宅の建設に携わった若手建築家が、市建設局のクンポシュトとポラーシェクであった。彼らは、機能主義を大胆に取り入れた集合住宅案によって供給を確保しつつ、居住空間を小型化させながらも家族のためのプライヴァシー空間を確保する住宅を建設した。

クンポシュトは一九二五年から一九三二年にかけて、ブルノ市北部のコトラーシュスカー（Kotlářská）通りに住宅組合「節約（Úspora）」の集合住宅を、ターボル（Tábor）通りに住宅組合「繁栄（Stavog a Blahobyt）」の集合住宅を建設した。この集合住宅は、五―六階建てのアパート四棟から成り立っており、浴室・トイレが備え付けられた二部屋住居が機能的に埋め込まれた。間取りも考慮され、部屋による日照の不公平は極力取り払われた。[19]

クンポシュトが手掛けた組合集合住宅を受けて、ブルノ市建設局の若手建築家ポラーシェクは、機能主義建築を市営住宅において反映させた。彼は一九三〇年から一九三二年にかけて、市東部のヴラノフスカー（Vranovská）通りに四棟の

図 5-2　1930 年代のブルノの機能主義住宅(J.クンポシュト設計)

出典）左：*Stavba* 11, no. 5 1933, p. 67, 右：筆者撮影。

図 5-3　1930 年代のブルノの機能主義市営住宅(J.ポラーシェク設計)

出典）左：*Stavba* 11, no. 5 1933, p. 70., 右：筆者撮影。

集合住宅を建設したのを皮切りに、市北部のクラーロヴォ・ポレ(Královo pole)地区・スカーツェロヴァ(Skácelova)通りに市営集合住宅を建設した。この市営住宅は、敷地面積一万㎢に、一千万コルナを投じて建設された大規模なものであった。五階建て六棟が結合した住宅二五〇戸から構成され、居住空間三四―三八㎡の台所・浴室付き一―二部屋住宅として設計された。二部屋住宅は家族の入居を前提としており、中庭は公園としての機能を果たしていた(図5-2、図5-3)。[20]

もっとも一九三〇年代のチェコにおいて、機能主義の市営住宅は、散発的に建設されることにとどまった。ブルノ市建設局が設計した集合住宅においても、「赤いウィーン」で提唱されたような子どもの教育施設など社会化のための施設は併設されなかった。市の建設事業や不動産は依然として民間中心であり、当時の住宅不足を量的に解消するほどの大規模な住宅供給政策ではなかった。

しかし、数は少なかったとはいえ、一九三〇年代にクンポシュトやポラーシェクらが実現した機能主義の集合住宅は、設備の充実と合理的な住居配置を両立させた住まいとして、以降の居住生活のモデルを提供するものであった。一九二〇年代の郊外田園都市で提示された、「健康で衛生的な」家族住宅というモデルを換骨奪胎しながら、経済恐慌という背景を踏まえてより広範な層に住宅を提供するという方向性が表れたのである。

第二節　一九三〇年代の住宅改革の概要——前衛的建築家たちの社会構想——

(一)　カレル・タイゲの社会構想

一九二〇年代末から生じた世界恐慌は、新国家チェコスロヴァキアにも深刻な社会問題を引き起こした。特に、失業者の増大と住宅不足は、喫緊の問題として立ち現れ、政府に建国以来の住宅・社会政策の転換を迫った。

こうした社会状況の中で、チェコの住宅改革の理論的支柱となったのが、戦間期の代表的なアヴァンギャルド知識人であったタイゲ(Karel Teige)の建築論であった。タイゲの難解なアヴァンギャルド理論を紹介することは、筆者の能力を超える問題であり、また本書の目的からも逸脱するものである。したがってここでは先行研究(21)を踏まえたうえで、彼が目指した主要理論の一つであった住宅改革、とりわけ「最小住宅」に関する議論に限定し、建築理論よりもその政治性及び社会状況との関係を、これまでのチェコ政府の住宅政策と対比させたうえで位置づけることにする。

タイゲは一九二〇年に、ヴァンチュラ(Vladislav Vančura)、ネズヴァル(Vítězlav Nezval)、サイフェルト(Jaroslav Seifert)など、当時のチェコの著名な作家・知識人らとともにアヴァンギャルド芸術団体「デヴェトシル(Devětsil)」を結成した。同団体の機関紙『レヴュー・デヴェトシル(ReD)』の編集者として、タイゲは二〇代の若さでチェコ・アヴァンギャルドの中心的理論家としての地位を確立した。彼は建築を社会改革、アヴァンギャルド芸術の重要な理論として重視していた。彼は自らが編集長を務めた建築雑誌『建設(Stavba)』の中で、ル・コルビュジェらの機能主義建築を積極的にチェコに紹介した。実際にル・コルビュジェをチェコに招待するなど、当時のヨーロッパの建築家と幅広い交流関係を構築していた(22)。

このようにタイゲは、西欧の機能主義建築に傾倒する一方で、一九二〇年代の諸外国における住宅改革運動に対して、ReD誌上で以下のように評していた。すなわち、資本主義の枠内で住宅を社会化するというのは、ナイーヴな改良主義であり、幻想にすぎない。フランクフルトの郊外住宅団地を建設した建築家マイ(Ernst May)の実験も、二〇%の住宅増にとどまっている。フランクフルトの団地では、近代的な材質や工法が用いられておらず、その建築費が家賃に跳ね返っている。スタム(Mart Stam)設計のヘラーホフ・コロニー(kolonie Hellerhof)団地も、オランダの伝統的なレンガ造りであって、フランクフルトの事例と同様の問題を抱えている。ウィーンの住宅政策は、住の社会化に取り組んだ事例である。求められているのは、シュトゥットガルト住宅展覧会(第一節参照)で示されたようなブルジョワジーの家族住宅ではなく、働く個人のための集合住宅(kolektivní obytný dům)である。集合住宅によって住宅問題を解決するという考え方は新しいものではない。イギリスの寄宿舎(boarding house)、オランダのフラット(flat)、アメリカのアパートメント・ホテル

（appartements-hotel）、バウハウスなどがその先例である。キッチンなどは共同化し、居住空間を縮小する。技術進歩は社会主義住宅に行きつくのか、決してそうではない。これらの最新技術は、まず支配階級が用いるだろう。進歩的な建築は社会主義革命によって真に実現するが、今日の資本主義世界では机上のユートピアにすぎない[23]。このようにタイゲは、西欧諸国で試みられてきた住宅改革の在り方を批判した。タイゲの批判の矛先は、プラハで建設された戸建て住宅団地のスポジロフやババにも向けられた[24]。タイゲは、中間層向けの戸建て家族住宅が建設される一方で、失業者の増大によって市周縁部に仮設住宅が増加している現状を「失業者の田園都市」と言い表した[25]。

このような住宅問題の悪化を背景に、タイゲは戦間期チェコの住宅政策の根幹にあった家族住宅に変わるオルタナティヴを追求した。タイゲの構想の背景には、ル・コルビュジェの三〇〇万人未来都市や、ロシア・アヴァンギャルドを体現した社会主義の集合住宅など、ヨーロッパ規模で住宅・社会改革の波があった。各国の建築家が都市問題を議論する近代国際建築会議（ＣＩＡＭ）フランクフルト大会（一九二九年）において、大会の主唱者でもあるル・コルビュジェらは、住宅問題への対応として「最小住宅」をテーマに掲げた。タイゲはここで提唱された「最小住宅」の具体案を、翌年のＣＩＡＭブリュッセル大会において発表した。

このように一九三〇年代には、一九世紀以来の住宅改革運動とも、政府主導の建設支援政策とも異なる、新たな住宅改革構想が表れるようになっていた。それでは、一九三〇年代のチェコで提唱された「最小住宅」とはいかなる構想であったのだろうか。

（二）「最小住宅」の構想

タイゲらチェコのアヴァンギャルド知識人・建築家が提唱した「最小住宅」は、労働者住宅の供給を、大規模集合住宅の建設によって実現することを目指したものであった。CIAM大会を踏まえてタイゲが一九三二年にまとめた著作『最小住宅（Nejmenší byt）』によれば、プロレタリア階級にとって家族とは経済的単位にすぎず、工業の発達によって女性が家族から引き離された状況にあっては、市民層のような家族世帯を形成する理由はない。子どもを持たない夫婦や一人暮らしの増加に加えて、将来的には女性の解放・同権が実現されうる。家父長制の廃止が、女性と子どもの解放につながる。女性も男性と同様に家庭外労働に従事している現状では、労働者のための住宅設計が必要である。考慮すべきは、「集団主義（kolektivism）」を住宅設計に反映させることである。タイゲはこのような観点から、個人の私的な住宅から集合住宅への移行の必要性、家族・世帯という枠を超えた、プロレタリアのためのホテルのような住宅を設計することの必要性を訴えた。[26]

その住宅改革構想を端的に表したのが、一九三一年にプラハ南東部ヴルショヴィツェ地区で実施された、労働者の消費協同組合「ミツバチ（Včela）」の住宅設計競技案であった。建築家ハヴリーチェク（Josef Havlíček）とホンジーク（Karel Honzík）が提唱した集合住宅は、炊事・育児からの女性の解放を実現するために、共同食堂・台所、文化ホール、労働者クラブ、講演ホール、図書室、幼稚園などを団地内に併設するというものであった。一部屋二—三人あたり二三・五㎡、四—五人用の部屋は四〇・五㎡程度の広さとし、建設を合理化することで、一〇〇—一二五家族、三〇〇人の成人、一〇〇人の子どものための戸数確保が見込まれていた。[27] タイゲはこの住宅案を評するにあたって、一九三〇年の建設支援法によって政府が推進している住宅は、ノーマルな市民の

図 5-4　1930 年代プラハ市南部パンクラーツの機能主義団地

出典）筆者撮影。

住宅の劣化版である。女性が家事と育児に追われる一方、経済的観点から家庭外労働にも従事しなければいけない状況下で、「ミツバチ」の設計は、労働者への配慮を行ったチェコ最初の試みであると評した[28]。

タイゲはさらに、プラハ南部パンクラーツ地区に中央社会保険局が設計した集合住宅を取り上げた。この集合住宅は、五千人が居住する一五の集合住宅群、文化センター、五〇〇人の就学前児童のための六七の別棟（パヴィリオン）、メディカルクリニック、共同キッチン、スポーツフィールドから構成された。タイゲは同案を、「チェコのモダン建築における唯一最大の思想的成果」と評した[29]（図5-4）。

タイゲの影響を受けた前衛的建築家の主張は、一九世紀以来の郊外田園都市、家族住宅の建設を通した住宅改革による市民的規範の育成という概念を覆すものであった。彼ら前衛的建築家たちは、一九世紀以来の住宅改革はシステムキッチンなど主婦の存在を前提としたジェンダー規範を内包するものであり、ブルジョワ的規範を一般市民層に拡大しただけであると批判した。タイゲらの住宅改革は、家父長制を強化する「市民的な住」の否定に裏打ちされていた。[30] それでは、戦間期チェコのアヴァンギャルド知識人は、どのような形でチェコの政治社会に関与し、どのような社会構想を発信していたのか、一九三〇年代のチェコの政治的再編の中で、どのような役割を果たしていたのだろうか。

第三節　「左翼戦線」の住宅改革構想

（一）「左翼戦線」の設立

タイゲをはじめとするプラハのアヴァンギャルド知識人や、クロハらブルノの建築家集団に最も大きな影響を及ぼした政治勢力は、チェコスロヴァキア共産党(以下、共産党)であった。共産党は一九二一年に、同党の公式の文化組織として、詩人ノイマン(Stanislav Kostka Neumann)を議長とする「プロレタリアート礼賛(Prolet-kult)」を設立しており、一九二〇年代のチェコの左派系知識人の多くが参加していた。タイゲやクロハら戦間期の若手知識人は、共産主義とソ連文化への強い関心を有していた。しかしその一方で、タイゲらデヴェトシルのアヴァンギャルド知識人たちは、共産党の政治活動とは距離を置き、独自の文化活動を展開していた。

しかし、一九二九年に共産党が採択した党の「ボルシェヴィキ化」によって、多くの知識人が共産党から離脱した。タイゲ、シャルダ(František Xaver Salda)、ヴァンチュラ、ネズヴァル、サイフェルトらデヴェトシル出身の三〇人のアヴァンギャルド知識人は、プロレタリア文学やモデルネなどの芸術活動を存続させるために、新たな文化組織である「左翼戦線(Levá fronta)」を一九二九年に結成した。この左翼戦線は、「近代の意思を表す建築、文学、新聞、法学などあらゆる分野を糾合することで国際的な活動を行う」ことを掲げ、チェコ国内の芸術・文化活動を統合することを試みた組織であった(31)。文化活動の再編に迫られていた共産党は、一九三一年の第六回党大会で、左翼戦線を共産党の文化組織であると位置づけ、党の文化活動の宣伝を担わせようとした。このため、左翼戦線に集った建築家は、共産党の反政府戦略に動員されることになったのである。

しかし、知識人の間でも立場は一様ではなかった。クロハがブルノ大学に職場を持ち、共産党員であったのに対して、タイゲは一九五一年に死去するまで、共産党に所属することなく、在野の編集者・理論家として活動を続けた。アヴァンギャルド知識人の間でも、共産党とのかかわりをめぐって、三〇年代後半以降、路線対立が生じていた(32)。

(二)　左翼戦線の住宅改革構想

タイゲらが設立した左翼戦線には、建築理論に関心を持つ知識人と建築家が多く集まっていた。左翼戦線の住宅政策に対する考えは、貧困層のための住宅建設は民間ではなく公的機関によって行われるべきであり、貧困層の住生活を市民層に合わせるのではなく、「国民(národ)の最貧困層のための家屋」を建設すべきというものであった(33)。

左翼戦線の建築家ジャーク(Ladislav Žák)も、以下のように主張した。すなわち、一日の仕事のあと、我々は家族に安らぎを求めると考えられているが、家族は人々の健康などに貢献していない。共同生活はカフェや居酒屋、ハイキングなどによって補える。炊事洗濯、幼児教育といった、従来は家庭内の私的な空間によって行われるとされた領域に関しても、食堂や共同洗濯場による合理化、団地内の教育施設を通した社会化によって替えられる。女性は家事・育児を行うことが自然であり、外で働く女性は女性本来の姿を失っているという見解は根強いが、女性の平等こそがあるべき姿であり、そのためにも家事育児の社会化は不可欠である。資本主義家族の教育は私立学校にゆだねられているが、集合住宅内での教育施設に子どもをゆだねることが、プロレタリア女性の家事からの解放である、という見解が示された。(34)

左翼戦線の思想は、国内の機能主義建築家にも大きな影響を及ぼしており、数多くの若手建築家が、左翼戦線の建築活動に参加していた。「新しい家」を提唱したクロハは、左翼戦線のブルノ支局長を担い、マルクス主義と建築の関係についての講演を二〇〇以上も行った。(35) 三〇年代のクロハは、ヴァイセンホーフ・ジードルンクの影響を強く受けた「新しい家」から、次第にソ連社会主義建築を重視する姿勢を示し始めた。左翼戦線ブルノ支部にはフクス、クンポシュト、ポラーシェクら市建設局の建築家が多く参加しており、ブルノの建築政策にも左翼戦線の思想は強く及んでいた。(36)

(三) 「反ファシスト建築家連盟」の改革構想

左翼戦線は、一九三〇年に建築部門「反ファシスト建築家連盟(architektonická sekce antifašistického sdružení Levá Fronta = ASLEF)」を設立し、独自の建築活動を展開した。ASLEFには、社会主義建築を専門に扱う若い世代の建築家が集まり始めた。その中には、ベンシュ(Adolf Benš)、ギラル(Jan Gillar)、クレイツァル(Jaromír Krejcar)など、一九三〇年代の建築界を代表する若手建築家が結集していた。さらに、ヤヌー(Karel Janů)、シュトゥルサ(Jiří Štursa)、ヴォジェニーレク(Jiří Voženílek)といった、第二次世界大戦後の共産期の建設政策を担う若手建築家は、一九三二年に「社会主義建築家連盟(Svaz socialistických architektů)」を創設し、社会主義建築の理論化に取り組み始めた。(37)

彼らはタイゲより一〇歳以上若く、プラハ工科大学で近代建築に触れたのは既に二〇年代後半に入ってからであった。二〇代で参加した左翼戦線の建築活動は、彼らの今後の活動を決定づける契機であった。特に大きな影響を及ぼしていたのは、二〇年代後半から三〇年代にかけてソ連で建設された大規模集合住宅であった。ギンズブルク(Moisei Ginzburg)やミリューチン(Nikolay A. Milyutin)が提唱した機能主義住宅、特に一九三〇年にミリューチンが刊行した『ソツゴロド―社会主義都市計画の書(Sotsgorod)―』は、社会主義建築家連盟の建築家に大きな影響を及ぼした。(38)

ヤヌーら社会主義建築家連盟はこのようなソ連建築と社会主義都市計画の流れを受けて、一九三二年の大会でソ連モデルの社会改革構想を発表した。具体的には、失業者が家賃を支払わなくても済むこと、最低水準で暮らす層の家賃改正、小住宅の税率の引き下げ、使われていない住居の収用、自治体に住宅建設のための土地収用権を付与することが提唱された。(39)そこでは、政府の建設支援政策や自立した個人を基盤とした家族住宅といった「ブルジョワ的」政策は、打倒すべき対象となった。

共産党や左翼戦線の文化活動は、政府からしばしば制限を受けたものの、他の東欧諸国と異なり、三〇年代においても解散を命じられることなく存続した。前衛的知識人の活動がこの時期にも続けられたことで、若手建築家たちは機関誌などで自らの活動を発信し、国内外で経験を積むことができた。このプログラムに参加したヤヌー、シュトゥルサ、ヴォジェニーレクらは、このときの活動と共産党との協同が評価され、第二次世界大戦後の共産政権下での建設活動において主導的な役割を果たすことになった。

しかし、左翼戦線の建築家・知識人たちは必ずしも一枚岩ではなかった。左翼戦線の主唱者であったタイゲは、共産党のヒエラルキーを嫌い、独自の構成主義を求めて左翼戦線から距離をとるようになった。ヤヌーら共産党との結びつきを強めていった若手建築家たちが戦後の共産党政権下で見せた大規模住宅建築は、「タイゲの理論的遺産を歪めた形で実現させた」と評されることになる。[40]

小括

一九世紀以降、都市化・工業化の進展に伴って深刻化した住宅問題は、ヨーロッパ諸国で様々な住宅改革運動を生み出した。これらの運動によって、田園都市運動、ジードルンクや公営住宅の建設などに代表される、現代にも受け継がれる様々な住宅政策が生まれた。こうした改革運動は主に市民層によって担われ、住宅の量的供給のみならず、健康で衛生的な、市民層を模範とする家族生活の在り方を労働者層などに訓育し、規律化するという側面を有していた。また、戦間期以降に緒に就いた各国での公営住宅などの「社会的住宅建設」は、第二次世界大戦以降の福祉国家(社会国家)化への道を用意した。

一九二〇年代にヨーロッパ各国で始まったバウハウスなどのモダニズム、機能主義建築やル・コルビュジェの都市論、さらにはアヴァンギャルド芸術の勃興を受けて、建築家たちは新たな社会改革の思想を生み出した。これらの思想を受けて、田園都市構想などに代表される従来の住宅改革が、失業者の社会問題を解決しえないという危機感が建築家たちに認識されるようになり、一九世紀以来の住宅改革運動を批判的に乗り越えようとする改革理論が現れ始めた。タイゲの影響を受けたチェコの前衛的建築家は、家族の社会化を目指した集合住宅というオルタナティヴを提示することで、社会問題の根本的な解決を模索した。市民的規範に基づく家族のための住宅ではなく、家族や社会の在り方そのものをつくりかえるという考え方が表れ始めたのである。こうした社会改革構想は、「ブルジョワジーの共和国」チェコスロヴァキアそのものへの異議申し立てでもあった。

中でも、戦間期ブルノの若手建築家たちは、こうした前衛的建築に共鳴しながらも、共産党の政治的急進化からは距離を置きつつ、戦間期ブルノの政治経済・文化的条件を踏まえた住宅改革の方向性を模索した。彼らは、内外の前衛的建築家が精緻化した集合住宅理論を、ブルノ建設局がこれまでに積み重ねてきた市民的住宅改革の上に接合しようとした。彼らは単に西欧やソ連の住宅を紹介しただけでなく、同時代のチェコの政治・社会体制を踏まえて、主体的に社会改革の理論を取捨選択しようとした。

このような政策の背景には、民主主義体制の維持というチェコの政治的条件に加えて、戦間期ブルノが置かれた社会的・文化的条件が影響を及ぼしていた。プラハが新国家の首都として中世以来の歴史性を強調する必要があったのに対して、第二の都市ブルノでは歴史的建築よりも近代建築を展開できる条件が整っていた。三〇年代のブルノで建設された機能主義の市営住宅は、住の効率化による労働者層の住宅改善と、個人の自立の両立を目指す試みとして、その存在感を示した。

一九三〇年代に入るとヒトラー政権の誕生とスターリンの文化政策によって、モダニズムやアヴァンギャルド芸術は、大きな試練に直面した。しかし、両国の狭間にある新国家チェコスロヴァキアでは、民主主義体制が維持され、共産党が非合法化されることはなかった。機能主義建築家による文化活動は数々の制限を受けながらも合法的に継続された。タイゲが「最小住宅」を提起し、建築家に舞台を提供していたＣＩＡＭでは、チェコの建築家カリヴォダ（František Kalivoda）の提起を受けて、中東欧諸国の建築家を糾合する「ＣＩＡＭ東部支部」

がブダペシュトに設立された。ハンガリー、チェコスロヴァキア、ポーランド、ユーゴスラヴィア、ギリシャの建築家が集った東部支部では、地方都市や農村の住環境改善を視野に入れた、西欧と異なる住宅改革を目指す動きが表れていた。(41)

(1) 本章では、二〇年代以降の住宅建築を主に指す場合に機能主義という語を、帝政末期以降の建築全体を考慮に入れる場合にモダニズムという語を用いる。

(2) ブルノの通史としては、Karel Kuča, *Brno - vývoj města, předměstí a připojených vesnic*, Brno, 2000. を参照。帝政期のブルノ市政を市民層と「給付行政」の観点から扱った研究として、Lukáš Fasora, *Svobodný občan ve svobodné obci ? občanské elity a obecní samospráva města Brna 1851-1914* (『自由な自治体の自由な市民?-』), Brno, 2007. があげられる。ブルノを中心とするモラヴィアの政治文化に関しては、京極俊明の一連の研究を参照。「「ブルノ学校協会(Matice skolska v Brne)」による「少数民族学校」建設運動(一八八七―一八八九)」『東欧史研究』二八号、二〇〇六年、四五―六四頁、同「多民族帝国における多重言語能力の育成―モラヴィアにおける民族言語の相互習得をめぐる論争より―」駒込武、橋本伸也編『帝国と学校』昭和堂、二〇〇七年、六五―九二頁。

(3) Zdeněk Kudělka, Jindřich Chatrný, Karel Šabata (ed.), *O nové Brno, brněnská architektura 1919-1939: catalog*, Muzeum města Brna, 2000; Petr Pelčák, Ivan Wahla (ed.), *Generace 1901-1910: první absolventi české školy architektury v Brně 1925-1940 = first graduates from the Czech school of architecture Brno 1925-1940*, Spolek obecní dům Brno, 2001.; Petr Pelčák, Ivan Wahla (ed.), *Jindřich Kumpošt 1891-1968*, Spolek obecní dům Brno, 2006.

(4) Rostislav Švácha, *Od moderny k funktionalismu. proměny pražské architektury první poloviny dvacátého století*, Praha, 1995.; Alena Janatková, *Modernisierung und Metropole. Arhcitektur und Repräsentation auf den Landesausstellungen in Prag 1891 und Brünn 1928*, Stuttgart, 2008.

(5) 以下の研究を参照。Kimberlay Elman Zarecor, *Manufacturing a Socialist Modernity: Housing in Czechoslovakia,*

1945-1960, University of Pittsburgh Press, 2011.

（6）Fasora, *Svobodný občan ve svobodné obci ?*, p. 26.

（7）Andreas R.Hofmann, "Von der Spekulation zur Intervention. Formen des Arbeiterwohnungsbaus in Lodz und Brünn vor und nach dem Ersten Weltkrieg" in: Janatková, *Wohnen in der Großstadt 1900-1939*, p. 232.

（8）Hofmann, "Von der Spekulation zur Intervention", p. 245.

（9）Kudělka, Chatrný, Šabata (ed.), *O nové Brno*; Pelčák, Wahla, *Generace 1901-1910* を参照。

（10）以下の文献を参照。Jindřich Chatrný (ed.), *Jan Vaněk 1891-1962: civilizované bydlení pro každého*, Brno, 2008.

（11）吉村辰夫、輿石武『新建築起原』建築工業社、一九三〇年、一四九―一七七頁。

（12）Janatková, *Modernisierung und Metropole*, pp. 65-66.

（13）Miroslav Jeřábek, "K ideové rovině výstavy soudobé kultury v Československu v Brně roku 1928", in: *Brno v minulosti a dnes*, r. 21, 2008, pp. 315-340. Miroslav Jeřábek, "Mladému státu ke cti a slávě: výstava soudobé kultury v Brně", in: *Dějiny a současnost*, 30, no. 7, 2008, pp. 21-23.

（14）長谷川章『世紀末の都市と身体―芸術と空間あるいはユートピアの彼方へ―』ブリュッケ、二〇〇〇年。

（15）「新しい家」については、以下の研究も参照。田所辰之助「チェコスロヴァキア工作連盟によるジードルンク展「新しい家」の概要と特徴―一九二〇―三〇年代初頭における工作連盟のジードルンクについて」『学術講演梗概集』F-2、二〇〇四年、七五―七六頁。

（16）Dita Dvořáková, Marcela Macharáčková (ed.), *Jiří Kroha (1893-1974): architekt, malíř, designér, teoretik v proměnách umění 20. Století*, Brno, 2007. 参照。

（17）大実業家トゥーゲントハットの個人邸宅として建設され、チェコの機能主義建築の代表として世界遺産に登録されている。

（18）"Bytová krise", *Stavba*, 9, 1933, pp. 66, 69.

（19）Pelčák/Wahla, *Jindřich Kumpošt 1891-1968*, pp. 86-93.

（20）Pelčák/Wahla, *Josef Polášek 1899-1946*, pp. 37-38, 82-85.

（21）タイゲの建築理論については、Švácha (1995) に加えて邦語では市川祐子、矢代真己、近江栄「カレル・タイゲのチェコスロヴァキア近代建築運動に果たした役割について―建築理論家カレル・タイゲ研究・その一―」『日本建築学会学術講演梗概集。F—二、建築歴史・意匠』三五五—三五六頁、同「論文「構成主義の理論」にみるタイゲの近代建築理念について—建築理論家カレル・タイゲ研究・その二—」前掲書、三五七—三五八頁、市川祐子、矢代真己「前衛芸術家組織「デヴィェトシル」の建築分野の会員とその活動内容について—建築理論家カレル・タイゲ研究・その三—」前掲書、一九九九年、三五五—三五六頁においても紹介されている。タイゲのアヴァンギャルド理論については、井口壽乃、圀府寺司編『アヴァンギャルド宣言—中東欧のモダニズム—』三元社、二〇〇五年を参照。

(22) Karel Teige, “Urbanismus”, in: *Stavba*, 4, 1925-1926, pp. 100-112.

(23) *ReD. měsíčník pro moderní kulturu*, 3, no. 10, 1929-1931, pp. 302-305.

(24) Rostislav Švácha, “Osada Baba”, in: *Umění*, 28, 1980, p. 369.

(25) Karel Teige, *Zahradní města nezaměstnaných*, Praha, 1933.

(26) Karel Teige, *Nejmenší byt*, Praha, 1932, pp. 18, 295-297.

(27) Karel Teige, “K soutěži na nájemné domy s malými byty pro dělnický spolek Včela v Praze”, *Stavitel*, 12, 1931, p. 81.

(28) Teige, “K soutěži na nájemné domy”, pp. 86-87.; Alena Janatková, *“Die Bauaufgabe Kleinwohnung in der Tschechoslowakei der Zwischenkriegszeit”*. In: Alena Janatková, Hanna Kozińska-Witt (Hg.), *Wohnen in der Großstadt 1900-1939. Wohnsituation und Modernisierung im europäischen Vergleich*, Stuttgart, 2006, pp. 315-336.

(29) Wojciech Leśnikowski, Vladimír Šlapeta (ed.), *East european modernism. architecture in Czechoslovakia, Hungary & Poland between the wars*, London, 1996, pp. 72-73.

(30) Teige, *Nejmenší byt*, pp. 20, 305.

(31) 左翼戦線と共産党の関係については、Ladislav Cabada, *Komunismus, levicová kultura a česká politika 1890-1938*, Plzeň, 2005, pp. 154-159. を参照。

(32) Cabada, *Komunismus, levicová kultura*, pp. 132-158, 164-181.

(33) J. E. Koula, “Výstava bydlení”, in: *Žijeme*, 1932, pp. 201-202.

(34) Ladislav Žák, “Jak žijeme- jak bydlíme”, in: *Jak žijeme*, 1933, pp. 20-22, 53-55, 88-91.; Žák, “Sociologické analysy bytové otázky”, in: *doba*, 5, 1934, pp. 73-76.

(35) Dvořáková, Macharáčková (ed.), *Jiří Kroha (1893-1974)*, p. 232.

(36) Rostislav Švácha, "Prag, Brno und Zlín 1918-1937", in: Eve Blau, Monika Platzer (ed.), *Shaping the great city: modern architecture in Central Europe, 1890-1937*, Munich/London/Prestel, 1999. p. 216.

(37) Zarecor, *Manufacturing a Socialist Modernity*, 2011, p. 21. 左翼戦線と建築家の関係については，Alena Vondrová, *Česky funktionalismus 1920-1940*, Díl. 1, Praha, 1978. を参照。

(38) Teige, *Nejmenší byt*, p. 18, 336.

(39) Karel Janů, Jiří Štursa, Jiří Voženílek, *Architektura a společnost: Vývoj architektury za kapitalismu a úkoly socialistického architekta: Zásady a program socialistických architektů*, Praha, 1933, pp. 25-26.

(40) Zarecor, *Manufacturing a Socialist Modernity*, pp. 22-24.

(41) Monika Platzer, "From CIAM to CIAM-Ost, 1928-1937", in: Blau/Platzer, *Shaping the great city*, pp. 227-235.

第六章　ドイツ系住民の居住地域における住宅問題
――地域社会とネイション――

これまでは主にチェコ人社会において発生してきた住宅問題を考察した。戦間期のチェコスロヴァキアにおいては、連邦制や自治が導入されなかったため、政府の住宅政策は全国に遍く適用されるものであった。しかし、冒頭でも示したように、新国家チェコスロヴァキアはチェコ人だけでなく多様な社会集団を包摂して誕生した国家であった。中でも、チェコ側を中心に居住するドイツ系住民の数は三〇〇万人にのぼり、その数は「マイノリティ」と呼ぶにはあまりにも巨大であった。チェコ政府が推進する住宅政策は、こうした多様な住民集団が織りなす地域社会に対して、どのように適用されたのか、「マイノリティ」の側からどのような反応を引き起こしたのか、以上の問題を考察していきたい。

第一節　チェコの「ドイツ系社会」

（一）　ドイツ系地域の社会変容

第一次世界大戦の終結に伴う帝国解体と国民国家の形成は、ハプスブルク帝国の広範なドイツ系地域からの資本流入と市場に支えられてきたボヘミア地域の経済構造に大きな変化を迫るものであった。中でも工業化と人口移動の影響が強く見られたのが、ドイツとの長い国境に面した北・西ボヘミアであった。北ボヘミアには、ライヘンベルク（リベレツ）(Reichenberg)(Liberec)やカールスバード（カルロヴィ・ヴァリ）(Karlsbad)(Karlovy Vary)、テプリッツ（テプリツェ）(Teplitz)(Teplice)など、織物工業やガラス工業が盛んな都市が多く存在した。さらに、一九世紀半ば以降はアウジヒ（ウースチー・ナド・ラベム）(Aussig)(Ústí nad Labem)、ブリュックス（モスト）(Brüx)(Most)、コモタウ（ホムトフ）(Komotau)(Chomutov)といった都市が、褐炭採掘などによって急速に発展した。北ボヘミアの褐炭採掘地域では、チェコにおける褐炭の九〇%の採掘量を生み出し、ドイツに次いでヨーロッパ第二の褐炭生産地域となった[1]。

北ボヘミア地域は、エルツ山脈を挟んでドイツとの国境をなしており、突出した中心都市は存在しなかった。ライヘンベルクの人口は一九二一年には三万四九八五人、アウジヒの人口は三万九八三〇人であり、周辺地域を含むと六万三九八八人、五万六六二八人に膨れ上がったが、プラハの六七万人、ブルノの二二万人と比較すれば、都市としての規模は限られたものであった[2]。他方で、北ボヘミアにはガブロンツ（ヤブロネツ・ナド・ニソウ）

(Gablonz) (Jablonec nad Nisou)、テプリッツ、ブリュックス、コモタウなど同規模の中小都市が密に点在しており、近郊に農村を抱えた中規模工業都市が点在する社会構造となっていた。従業員五人以下の小規模経営は、全国で三〇万を超えており、近隣農村から工業都市へ通勤する労働者層が多く見られた。このため、一九三五年には、二五〇〇人以下の自治体において労働者が占める比率は三四・四%、五万人以上でも四一・五%に達していた。(3) 北・西ボヘミアのガラス製造や織物製造は、ドイツやオーストリアなどへの市場を通して発達した経緯を持っていた。当地の産業は新国家チェコスロヴァキアにとっては貴重な輸出産業であったが、独立後は国際的な経済情勢に左右される脆弱さも併せ持つことになった。

帝政期に支配的地位を維持していたドイツ系住民の居住地域は、北ボヘミアを中心に南ボヘミア、シレジアといったドイツやオーストリアとの国境地域を中心に、チェコ側地域の広範囲にわたっていた。中でも、北・西ボヘミアの中心都市であったアウジヒ、ライヘンベルク、カールスバードにおけるチェコ人の比率はそれぞれ一八・五%、一五%、五%にすぎず、住民の圧倒的多数をドイツ系住民が占めていた。また、シレジアの中心都市トロッパウ(オパヴァ)(Troppau) (Opava) においても、チェコ系住民の比率は二七%にとどまっていた。(4) このほかにも、ブルノやイグラウ(イフラヴァ) (Iglau) (Jihlava) といったモラヴィアの諸都市は、ドイツ語住民が孤立して集中していた「言語島」と呼ばれていた。

このように、チェコでは帝政末期より、ドイツ系住民が少数派となったプラハや中央ボヘミアなどの地域と、ドイツやオーストリアとの国境地帯の都市では、民族構成が大きく異なっていた。しかし、特に一八八〇年代以降、褐炭採掘の増大に伴う労働者の大量流入によって、北ボヘミアのブリュックスでは、一九一〇年におけるチェコ系住民の比率は二五・四%から一九二一年には四〇・六%と増大していた。(5) 北ボヘミアの工業経営者の多くがドイツ系であったが、工業化に伴う地方農村からのチェコ系労働者の流入は、ドイツ系支配層にとっては脅威と映り、労働運動などにおいて社会的な対立が先鋭化する様相を見せた。

その一方で、帝政期より北ボヘミアとドイツ（ザクセン）側では、国境を超えた労働力の移動が存在しており、プラハやウィーンとは異なる、独自の経済圏が形成されていた。[6]

（二）　ドイツ系社会の政治化

一九一八年一〇月二八日のプラハの独立宣言の直後、「チェコ王冠諸邦」の全域がチェコスロヴァキアに組み込まれることに、旧帝国議会のボヘミア・ドイツ人議員は強い反発を見せた。彼らは、三〇〇万人以上のドイツ人が住む国境地帯をチェコから分離し、オーストリアに帰属することを宣言した。

建国直後のドイツ・ボヘミアの分離運動を指導したのが、ゼーリガー（Josef Seliger）らドイツオーストリア社会民主党を中心とする勢力であった。同党の母体であったオーストリア社会民主党（全体党）は、一八九七年に民族（ドイツ人、チェコ人、ポーランド人、スロヴェニア人、イタリア人、ウクライナ人）別に再編された。この結果、ボヘミア領邦内の社会民主党員は、属人主義的な組織原理に基づき、チェコスラヴ社会民主党とドイツオーストリア社会民主党に区分けされた。[7]ドイツオーストリア社会民主党は大戦後も、オーストリアなどドイツ人地域との結びつきが必要であるという立場から、チェコのオーストリアからの分離に反対した。

しかし、これらの地域は年内にチェコスロヴァキア軍によって制圧され、一九一九年のパリ講和会議を経てチェコスロヴァキアは領域的に不可分の国家であることを国際的に承認された。第一次世界大戦後の国際秩序再編の過程で、「民族自決」を認められなかった諸集団に対して、新国家チェコスロヴァキアは彼らをマイノリティとして政治的・文化的に保護することを義務づけられた。中央政府の社会政策はマイノリティの居住地域に対しても一元的に導入されることになり、ドイツ系住民が要求したような領域内における民族別の自治は認められなかった。

北・西ボヘミアがチェコ系、ドイツ系の「国民社会」へと分化・再編される契機となったのは、ハプスブルク帝国において言語統計が始まった一八八〇年代以降のことであった。ドイツ系住民が多く居住していたドイツとの国境に隣接する地域では、経済的に優位に立つドイツ系住民に対抗するために、チェコ人ナショナリストは「北ボヘミア国民協会(Národní jednota severočeská)」や「シュマヴァ国民協会(Národní jednota pošumavská)」といった結社を設立した。これに対してドイツ人ナショナリストも、「ボヘミアの森協会(Böhmerwald-bund)」などの民族団体を設立して、ドイツ系住民の啓蒙に努めた(8)。

チェコスロヴァキア建国後、チェコ系民族団体は、ドイツ系住民が数多く住むドイツとの国境沿いの地域を「国境地帯(pohraničí)」と呼び表し、この地域に住むチェコ系住民の民族意識を煽りたてた。ドイツ系民族団体も、この地域を「ズデーテンラント」と呼称することで、同地域がドイツ人の地域であるという宣伝を行った。ズデーテンとは本来、ドイツ(第二次世界大戦後はポーランド)とチェコとの国境にあるズデーテン山脈を表す地域名称であったが、こうした民族団体の活動によって政治的な意味を帯びることになり、のちにはドイツ系住民が居住するすべての地域を指すようになった。

両民族団体は、地理学者や自然科学者、統計学者など様々な専門家を動員して、どの地域にどれだけのチェコ人、ドイツ人が居住しているのか、彼らはどのような「民族文化の伝統」を持っているのかを証明しようとした。民族団体の活動によって、チェコ人の社会とドイツ人の社会は明確に区切られるべきという考え方は、チェコスロヴァキア建国後も続いていた(9)。のちに見るように、住宅組合や児童福祉協会がネイション別に分化して設立された背景には、帝政末期よりドイツ系住民とチェコ系住民が、政治的にも、社会的にもネイション別に再編され

たことがあげられる。(10)

もっとも、新国家に組み込まれたドイツ系住民にとっては、民族主義的な主張よりも、戦後の混乱で逼迫する生活・社会問題の解決が焦眉の課題であった。一九一九年六月に実施された地方自治体選挙において、ドイツ民族主義系の諸政党は選挙をボイコットした。このため、ドイツ系地域ではドイツ人社会民主党が得票率を大きく伸ばし、チェコ全土のドイツ系住民から四二・一%の得票率を示した。(11)一九一九年九月には、チェコ国内のドイツオーストリア社会民主党は全体党から正式に離脱し、チェコスロヴァキア共和国ドイツ人社会民主労働者党として統合された。経済状況の悪化に伴う急進左派の伸長によって、ドイツ人社会民主党内の左派が離脱し、両民族を組織する共産党の設立へとつながった。

しかし、左派のドイツ人社会民主党からの離脱は、チェコ社会民主党内の分裂ほど深刻な影響を及ぼさなかった。ドイツ人社会民主党は一九二四年の地方選挙で得票率を減らしたものの、二〇年代にはドイツ系地域の複数の自治体で市長を輩出しており、ドイツ系地域で強い影響力を有していた。ドイツ系自治体では、市営住宅の比率がライヘンベルクでは七・三%、ガブロンツでは五・二%と、チェコ系都市に比して高い傾向にあった。(12)

第二節　ドイツ系社会の住宅改革運動

(一)　ボヘミアにおける住宅改革運動の民族的分化

一九世紀末以降のチェコにおける、ドイツ系・チェコ系社会への分化は、住宅組合も例外ではなかった。特にドイツ系住民の多い地域では、住宅問題や都市の社会問題は民族問題と結びつけられる傾向が強まった。

このような社会問題と民族問題の関係を理論化したのが、プラハ・ドイツ人大学の統計学者ラウフベルク(Heinrich Rauchberg)であった。彼はボヘミアの住宅問題について、都市化における農村からの人口移動、都市内の人口動態や職業構成など様々な角度から分析した。彼は、一九世後半以降のボヘミアにおける「ドイツ語住民」「チェコ語住民」の大幅な人口動態の変化を、統計を用いて可視化した。すなわち、ボヘミアにおける人口問題について、一八六七年憲法が移動の自由を認めた以上、流入民の増加を防ぐことはできないうえ、経済面でもそれは妨げられるべきではないとしたうえで、移住者の成功には高次の文化への同化が必要であること、新しい本籍地にどのように受け入れられるかが問題であると主張したのである。[13]

ラウフベルクの調査によれば、ライタ川以西の帝国西半分では新生児の三分の一以上が故郷権(Heimatrecht)を持たず、ライタ川以西の三五九都市のうち、住民の半分以上が故郷権を有していない都市は八七にのぼった。[14]加えて、ラウフベルクは、チェコ語都市のドイツ語住民数は二万八七〇六人(五・八八%)であるのに対して、ドイツ語都市のチェコ語住民は二万〇一八四人(一〇・一五%)と、チェコ語住民がドイツ語都市で大幅に増加している状況を強調した。[15]そのような状況を踏まえて、プラハにおいて奉公人のいない家庭は、ドイツ語住民の場合は千人中三五八人であるのに対して、チェコ語住民の場合は七九九人にのぼること、ベッド借りはドイツ語住民二五人に対してチェコ語住民の場合は七七人にのぼることを引き合いに、彼はドイツ語住民の社会的地位はチェコ語住民よりも高いと結論づけていた。

ラウフベルクは、子どもの数に関しても、プラハのドイツ語住民には独身者が多い一方、チェコ語住民の家庭の方が多産であるという結論を引き出し、その原因をチェコ語人口における結婚年齢の低さと生活水準に対する満足度に求めた。[16] 乳児死亡率についても、ドイツ語地域での出生数千人のうち、一年以内に死亡したのは二八・一％、三五・八％が五年以内であったのに対し、チェコ語地域では二三・七％と三二％にとどまっていたが、ラウフベルクはドイツ語地域で女性の工業従事が多いこととドイツ語女性の乳児死亡率が高いことを結びつけた。このように、ナショナルな差異は家族生活にまで深く入り込んでいるという考えが一九世紀末より表れ出ていた。

ラウフベルクが社会問題の分析に際して民族的相違に言及していた背景には、チェコのドイツ系住民が持つ「国民資産(Nationalbesitzstand)」の強化を図ることを意図していたことがあげられる。[17] 彼は、当時確立しつつあった統計学を駆使して、ドイツ系・チェコ系住民層の生活状況を前述のように数値化した。統計によって得られた「客観的」データに基づき、教育、救貧、衛生、住宅などの社会福祉活動は、ドイツ系住民の資産に見合った質量によって実施されるべきと捉えたのである。

このような時代背景から、帝政末期には住宅組合をはじめとする組合運動や民間福祉活動もまた、ドイツ系、チェコ系に分化して設立された。二〇世紀初頭には、プラハのドイツ系住民のための住宅建設を目的とする「プラハ国民住宅協会(Prager Volkswohnungsverein)」が設立された。これに対して、青年チェコ党の日刊紙「国民新聞(Národní listy)」は、ドイツ系協会の活動はプラハのドイツ化を進めるものであると反発した。[18] 一九世紀末に現れ始めた、チェコ社会におけるナショナルな分化は、住宅問題のような社会政策課題においても立ち現れ、その担い手となった住宅組合や結社は、政府が進める社会政策を下支えする一方で、マイノリティを結集する媒体にもなった。

（二）　戦間期におけるドイツ住宅連盟の住宅改革構想

チェコスロヴァキア新政府は、社会政策を整備することで国民の掌握と新国家の統合を図った。建国後は、児童福祉などに代表されるようなネイション別の結社は、社会福祉省の組織に組み入れられ、新国家の社会政策の基盤となった。

その一方で、地域の現場で社会福祉を担う結社と自治体は、地域住民を結合して、中央政府への反対活動を行う力を持つようになった。チェコのドイツ系勢力は帝政期より、自治体を自らの勢力基盤とする領域的自治の実現を目指した。一九〇〇年には「ボヘミアにおけるドイツ都市連盟（Bund deutscher Städte in Böhmen）」がライヘンベルクに設立され、一六八のドイツ系自治体のうち、一四九自治体が参加していた。[19] 他方で、国内のチェコ系都市自治体は、帝政期に設立されたチェコスロヴァキア都市連盟（Svaz československých měst）によって組織されており、[20] 北ボヘミアや南ボヘミアのドイツ系諸都市は参加していなかった。このように、戦間期には都市自治・都市政策においても、ネイションの分化は進展していた。

チェコスロヴァキア独立後のドイツ人地域の住宅改革議論の中心となったのが、「ドイツ住宅供給中央連盟（Deutsche Hauptstelle für Wohnungs- u. Siedlungsfürsorge in Prag）（以下、ドイツ住宅連盟）」であった。ドイツ住宅連盟は一九二四年一〇月一一―一二日にモラヴィアの小都市メーリッシュ＝シェーンベルク（シュンペルク）（Mährisch Schönberg）（Šumperk）で開催された大会において、政府の建設援助と借家人保護の廃止を審議する専門機関の設置を政府に要求した。[21] さらに、ドイツ住宅連盟は一九二六年一一月に北ボヘミアのテチェン（ジェチーン）（Tetschen）（Děčín）で開催された「第三回ドイツ住宅供給大会」において、チェコ系政党が主導する政府の住宅政策に対する批判を行った。同大会は、ライヘンベルク、アウジヒ、ガブロンツなどの主要都市をはじめ、広範なドイツ系都市の参加を得ていた。

この大会において理論的な指導を行ったのが、チェコスロヴァキア独立の結果、国内でマイノリティの地位に甘んじることになったドイツ人の地位回復運動を行っていたラウフベルクであった[22]。ラウフベルクの主張の要求の背景には、建国後のドイツ人地域が置かれた社会状況が大きく関係していた。北ボヘミアのドイツ系企業の主要産業であった褐炭採掘、繊維・陶磁器工業は、ハプスブルク帝国の広範なドイツ人地域を市場としていが、帝国解体と新国家形成は、チェコのドイツ系企業にとってこれまでの市場を喪失することを意味していた。新通貨コルナは、財務相ラシーンのデフレ政策によって、隣国ドイツがハイパーインフレーションに苦しむ中、相対的に強い価値を保ったが、このことは、ドイツへの輸出の依存度を強めていたドイツ系企業にとって、同地域の輸出競争力を下げることにつながった[23]。一九二三年に生じた経済不況は、ドイツ人建設労働者の失業問題、及び住宅建設市場の悪化を引き起こした。ラウフベルクはドイツ人地域の住宅建設市場の停滞が、新政府の住宅政策によって引き起こされたという理由を、以下のように説明した。

「我が国の経済政策で、住宅政策は最も必要とされている。建設用地・費用をねん出し、家屋を建てるのには長い時間がかかる。我が国民は遊牧民になることを望んでいない。我々が望むのは、ハイム(Heim)は故郷であり続けるということだ。借家人保護及び建設支援法に代表される政府立法が、無計画に時限立法であり続けるのは得策ではない。これでは住宅不足と失業が増加してしまう。借家人保護法は一九二八年三月三一日まで有効だが、いつまで続くかは誰も分からない。家主と借家人の関係も悪化する。借家人保護の廃止が、住宅不足を解消する。住宅需要は民間資本の参加なしには、共同経済の住宅建設によっても解消されうるということは期待でき

ない。公的介入は必要だが、現在の住宅政策は民間に利益を与えている。」(24)

ラウフベルクは、旧家屋の家賃が借家人保護法によって低額に抑えられ、住宅新築を阻害していることを問題視した。彼は、住宅不足が深刻な状況での借家人保護の廃止は確かに家賃の高騰を招く可能性があるが、労働者層にとっては家賃値上がりよりも失業が続くほうが悪影響を及ぼすという考えを示した。

「仕事がないよりも高い家に住む方がましである。家主も借家人も、法案がもたらす自分たちのリスクを熟考しなければならない。家主は、借家人保護が現在の形で続くのは暫定的なものであり、家主は完全な形で自分の家を獲得できることを認識しなければならない。借家人は、借家人保護が戦時経済の残滓であり、長期間続くものではないこと、どこかで廃止されることを認識しなければならない。いずれにせよ、闘争継続は両者にとってリスクであり、我が国民経済にとって大きな損失である。このことは議会でも争われている。政府提案の受け入れに疑いの余地はない。もっとも私は、議会活動にとって客観的熟考だけでなく、戦略的抜け目なさ、特に有権者の意思尊重も重要であることを知らないほど世間知らずではない。この点に関して、大部分のブルジョワ政党は態度がはっきりしない。これらの政党がみな家主と借家人を抱えている。すべての家主が借家人保護を廃止したいと思い、すべての借家人がその存続を願っているということは間違っていると思われる。収入の大部分を家賃から得ていない家主は大多数にのぼっている。彼らは新しい家屋に住み、同時に家主としての立場から借家人に対して無関心である。このような状況は、住宅政策を政党のチェスの不適当な問題に仕立て上げ、議会政党が客観的歴史観に基づいて決定することを妨げている。彼らは有権者に対して責任を取っていない。住宅問題の解決には個々の利害を乗り越える必要があり、私的な利害よりも全体の利益が、個人の経済よりも国民経済が優先されるべきである。[25]」

ラウフベルクは、借家人保護をめぐって借家人と家主の階級分裂が続くことは、ドイツ系住民にとって大きな損失であり、借家人保護の廃止こそが新築建設の促進とドイツ人の「国民経済」の改善をもたらすという立場に立っていた。ドイツ住宅連盟が要求する住宅改革には、「全体の利益」が掲げられながらも、実質はドイツ系住民の利害に立つ要求にとどまっていた。

他方で、目指すべき住宅像に関しては、ドイツ人改革家の間でも相違があった。アウジヒ市の衛生医グルシュタ(Theodor Gruschta)は、四〇m²に満たない最小住宅こそが収益性の高い住宅建設であり、ひいてはドイツ系住民の国民経済にも貢献すると主張していた。これに対して、ドイツ家主協会帝国連盟のマレシュ(Walther Maresch)は、安価な土地の不足と大規模住宅建設における技術的問題から、民間住宅市場では最小住宅の供給には適さないと捉えていた。ラウフベルクもマレシュの見解を支持し、四〇m²以下の最小住宅は文化的ではなく、最小住宅への援助は結果的に、ドイツ人にとって望ましい住宅形態を損なうものであると考えていた。[26]最小住宅を推進する改革家とラウフベルクとは反対の立場であったが、建設援助対象がチェコ系住民への対抗を念頭に置いたドイツ系住民に限定されていた点では、ラウフベルクらと同じ利害を共有していた。

二〇年代後半の連立政府は、借家人保護の縮小と民間建設の促進によって住宅問題を解決するという点でドイツ住宅連盟と見解が一致していた。建国当初、チェコ人主導の新政府に反対していたドイツ系勢力と政府との関係は、住宅・社会政策に関していえば、二〇年代後半にはより接近したものになっていた。国内のドイツ系地域においても、ラウフベルクら帝政期からの社会改革家は、新政府の建設支援法に反対の姿勢を示しながらも、家族住宅を規範として捉えていた点では、チェコ系主導の政府と見解を共有していた。こうして、二〇年代後半にはチェコ系主導の政府とドイツ系政党の協同の道が開かれていくことになるのである。

(三) ドイツ系政党の住宅政策への見解

建国直後のドイツ人政党は、チェコ人政党主導の新政府に敵対的な姿勢を示していた。しかし、二〇年代の体制安定化に伴い、チェコスロヴァキア国家を承認することで国内のドイツ系住民の地位向上を目指す「積極派(Aktivisten)」と称される勢力が現れた。その代表が、ドイツ人カトリック及び農民層を代表するドイツ人キリスト教社会党(Deutsche christlich-soziale Volkspartei)、及びドイツ人農業者同盟(Bund der Landwirte)であった。

ドイツ人キリスト教社会党は、一九一九年一一月に設立され、のちに司法相となる党首マイヤー＝ハルティング(Robert Mayr＝Harting)の指導下で、資本主義に対する社会保護、金融機関の独占排除と民族間の平等を訴えた。ドイツ人農業者同盟は一九二〇年一月に設立され、マサリクと懇意であったクシェペク(Franz Kr̆epek)に率いられながら、市民的平等よりも民族集団の同権を重視していた。両党は、帝政期以来の民族主義政党の系譜をひくドイツ人国民党(DNP)やドイツ人国民社会主義労働者党(DNSAP)(第二章参照)などの「消極派(Negativisten)」と区別された[27]。

両党は、ドイツ系住民が被った経済的利害の回復を主張するという点では、民族的な要求を行っていた。他方で、借家人保護のような統制経済が家主層や企業の建設活動の利益に反しているという見解においては、チェコ系ブルジョワ政党と見解を共有していた。ドイツ人キリスト教社会党は、二〇年代初頭の住宅立法に関して、民間建設の促進を骨子とする政府の住宅立法に賛同しながら、同法に住宅建設のための土地収用が盛り込まれていることに強い懸念を示した。ドイツ人キリスト教社会党のシェルツキ(Robert Schältzky)議員は、一九二四年四月八日の国民議会において、「公的機関の援助による住宅建設が個人の利害を超えた国民の健康のために行われるべきである。借家人保護は必要悪であり、徐々に廃止されなければならない」と主張した。[28] シェルツキは、前述したドイツ住宅連盟の創設者でもあり、ドイツ人地域の住宅改革を推進した人物でもあった。ドイツ系の住宅改革運動もまた、チェコ系の改革運動と利害を共有していた。

さらにドイツ人農業者同盟は、借家人保護法は家主層の「神聖な私的所有」を損なう政策であり、戦時期以来の遺物であると批判した。[29] 同党によると、建設支援法の財源において負担を被るのは、旧家屋の家賃値上げが制限されている家主層である。家主は働かずして収入を得ているという偏見は是正されるべきであり、少なくとも三千人未満の自治体では借家人保護法を廃止すべきだと主張した。

さらに両党は、チェコ系与党が主導する土地収用は、ドイツ人家主・土地所有者の経済的基盤を掘り崩す、国家的・民族的暴力であるという見解を示した。[30] ドイツ人農業者同盟は、自分の土地には肉体・精神的な意味での「民族性(Volkstum)」が宿っているにもかかわらず、政府の土地改革によって何千ヘクタールもの土地が収用され、「民族性」は損なわれている。政府はプラハやフラデツ・クラーロヴェーのようなチェコ系都市に対して何十億コルナもの建設支援を行っているが、このことはチェコ系のみを利するものであると、政府の住宅政策を批判した。[31]

これに対してドイツ人社会民主党は、民族的見地よりもあくまで借家人の立場から借家人保護法を存続すべきであると両党に反論した。ドイツ人社会民主党は、ドイツ人キリスト教社会党やドイツ人農業者同盟は「ブルジョワ政党」であり、住宅困窮と借家人の問題を全く考慮していないと主張した。すなわち、ドイツ人農業者同盟は、住宅困窮の原因は農民の離村であり、プロレタリアートが農村から大都市へ移動しているためであると説明している。しかしこのために、例えば北西ボヘミアのドイツ系工業都市ビリン（ビーリナ）（Bilin）（Bílina）では住宅不足が深刻化しており、六七戸に七〇〇人以上が、一人あたり二・五㎡の空間で寝泊まりしている。その一方で、都市部の家主は千万コルナの収益を自分の家屋から得ており、借家人は毎年万六コルナを家主に払わなければならないため、収入のほとんどを失ってしまう。このような状況を改善するためには、政府による家賃統制は不可欠である。ドイツ人農業者同盟はこのような住宅内の子供たちの悲惨な状況を理解しておらず、ドイツ人農業者同盟こそ、家父長的な制度を温存している。このようにドイツ人社会民主党は批判したのである。

ドイツ人キリスト教社会党とドイツ人農業者同盟は、チェコ農業党や人民党と、階級・身分的な利害において接近したことから、一九二六年一〇月にはチェコ社会民主党などと入れ替わりにドイツ人政党として初の入閣を果たした。新内閣は、社会主義政党を排したチェコ・ドイツ両者のブルジョワ連合内閣として成立した。社会福祉省が作成した住宅改正法案は、このブルジョワ連合内閣によって審議された。社会福祉省に参加したドイツ人住宅改革協会と、入閣したドイツ人「積極派」政党によって、住宅政策にはドイツ系勢力の見解も反映されることになったのである。住宅改革の重要性については共通の認識を有しつつも、社会化に対抗して民間経営を維持することが、「民族性」の保持につながるというドイツ人キリスト教社会党及びドイツ人農業者同盟の見解は、ドイツ人社会民主党とは相反するものであった。そのため、ドイツ人政党内部でも、民族対立のみでは説明できないような利害対立が存在していた。

第三節　ナチ期の住宅政策（一九三八－一九四五年）

（一）　ズデーテン・ドイツ人党の台頭

一九二九年一〇月の国民議会選挙の結果、チェコ社会民主党と国民社会党がドイツ人社会民主党の入閣を要請したことで、チェコ・ドイツ両中道・右派政党と社会主義政党とが入閣した「拡大連合（Široká koalice）」と呼ばれる内閣が誕生した。ドイツ人社会民主党から入閣した社会福祉大臣チェフ（Ludwig Czech）は、二〇年代より残されてきた直接的な住宅建設政策、及び社会政策の見直しに着手した。

しかし、戦間期チェコスロヴァキア工業において重要な役割を占めてきた北・西ボヘミア地域、とりわけカールスバードなどの都市部では、経済恐慌によって失業率が三〇％以上に達していた。当地のドイツ系住民の窮乏と不満は、一九三三年一〇月にヘンライン（Konrad Henlein）によって結成されたズデーテン・ドイツ郷土戦線（Sudetendeutsche Heimatfront）、のちのズデーテン・ドイツ党（Sudetendeutsche Partei）に吸収される形となって現れた[32]。

ドイツ人勢力の伸長は、チェコ人側の民族主義を引き起こした。チェコ人政党の間では、既に一九二〇年代より、軍出身のガイダ（Radola Gajda）や国民社会党出身のストゥシーブルニー（Jiří Stříbrný）らを中心とする民族主義的な勢力が現れていた。三〇年代の経済危機にはチェコ・ファシスト勢力「国民連盟（Národní liga）」が一定の勢力を獲得し、一九三四年にはファシズム勢力と国民民主党の合同による「国民統一（Národní sjednocení)」が結成された。[33]

しかし、これらのチェコ系ファシスト勢力が、既存のチェコ系与党勢力を切り崩すには至らなかったのに対して、一九三五年五月の国民議会選挙においてズデーテン・ドイツ人党は、ドイツ国境地帯の自治を要求することで大きな支持を集め、農業党に次ぐ四四議席を獲得した。[34] 同党の台頭は、国内の既存のドイツ人政党に再編を迫った。二〇年代より政権入りしていた「積極派」のドイツ人キリスト教社会党とドイツ人農業者同盟は、党員の流出や住民の離反で大きく勢力を落とし、一九三八年三月にズデーテン・ドイツ人党に合流する形で解散した。このため、ドイツ系の中でズデーテン・ドイツ人党に明確に反対していたのはドイツ人社会民主党のみとなった。[35]一九三八年には、国内の民族問題と民族問題を取り巻く国際関係は、いっそうの緊迫を迎えていた。三月には、ナチによるオーストリアの「合邦」が実施され、五月にはヒトラーのチェコスロヴァキア侵攻作戦とそれに対するチェコ側の武装動員にまで発展した「五月危機」が生じていた。このさなかの一九三八年五月二二日に実施された地方選挙では、ドイツとの国境地域の諸自治体におけるズデーテン・ドイツ人党の得票率は、ドイツ系住民の九〇%を超えていた。[36]

チェコスロヴァキア政府は、一九三八年九月に開催されたミュンヘン会談によって、ドイツ系住民が多く居住する国境沿いの地域のドイツへの割譲を受け入れた。これによって、二〇年続いたチェコスロヴァキア第一共和国体制は、終焉を迎えた。共産党は非合法化され、政党の大規模な再編が行われた。

この結果、エーガー(ヘプ)(Eger)(Cheb)、カールスバードを中心とする西ボヘミア地方とライヘンベルクを中心とする北ボヘミア地方、及びトロッパウを中心とするシレジア地方は、帝国管区ズデーテンラント(Reichsgau Sudetenland)(以下、ズデーテン管区)に組み入れられた(図6-1)。ドイツ(バイエルン)と隣接する南ボヘミア地方は帝国管区オーバードナウに、オーストリアと隣接する南モラヴィア地方は帝国管区ニーダードナウに

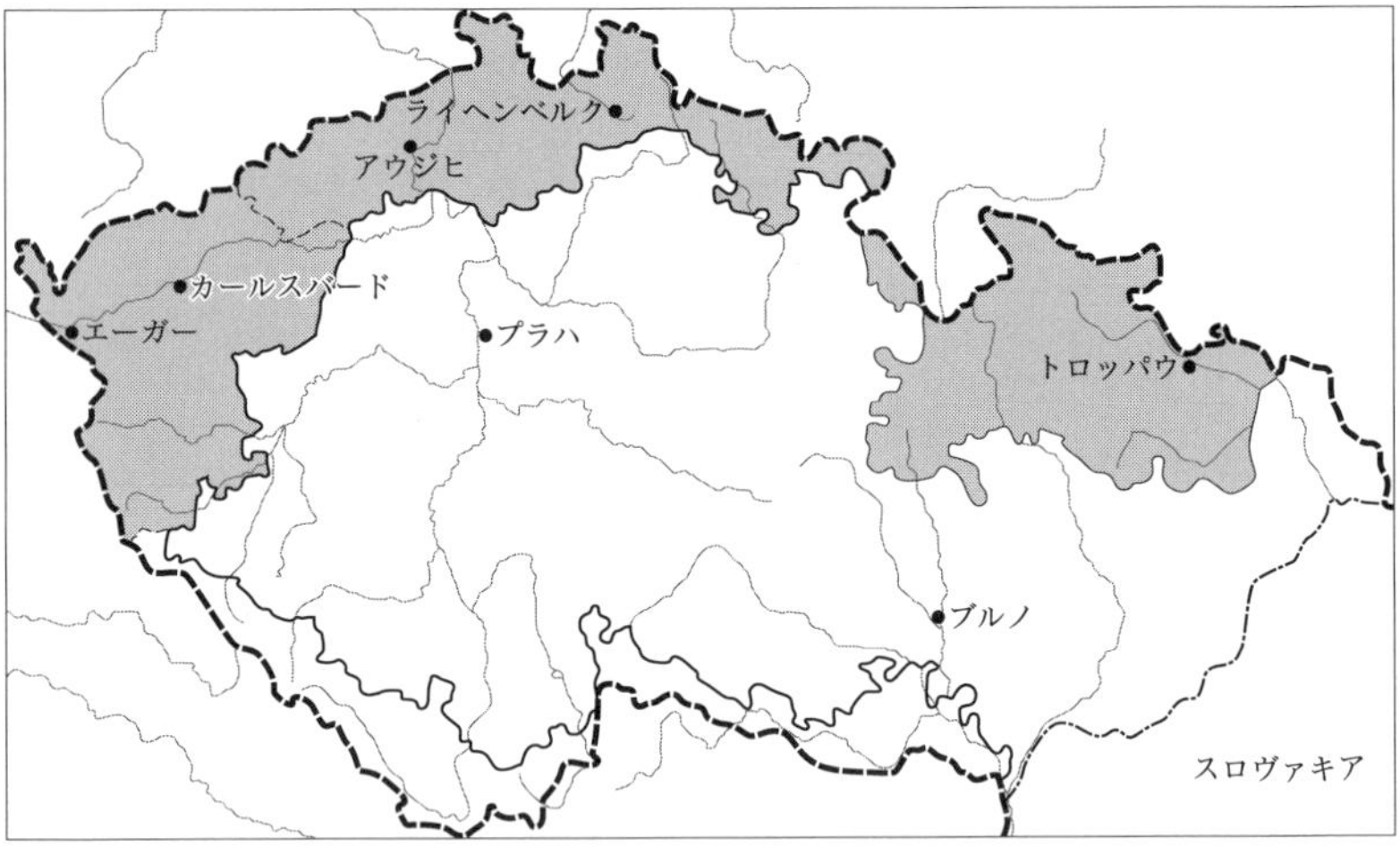

図 6-1　1938 年に成立した帝国管区ズデーテンラント

出典）Volker Zimmermann, *Die Sudetendeutschen im NS-Staat: Politik und Stimmung der Bevölkerung im Reichsgau Sudetenland (1938-1945)*, Essen, 1999. より作成。

組み入れられた。これによって、前述の地域はドイツ本国に併合される形で、行政組織も移管された。

（二）　ナチ統治下の住宅政策

ナチによって領土を割譲された残余のチェコ＝スロヴァキアは、「第二共和国」と呼ばれる体制を経た後、翌一九三九年三月のナチス・ドイツによるチェコ占領と独立スロヴァキア国の誕生によって、チェコ側は「ボヘミア・モラヴィア保護領」として、ナチの統治下に入った。チェコの住宅政策は、戦時の総力戦体制の中で、ドイツの管轄下で遂行されることになった。

ナチ占領期におけるプラハの住宅・社会政策は、ナチのプラハ当局にゆだねられた。プラハのドイツ系住民は、国境地帯のドイツ系住民との無条件の帰属意識を有していたわけではなく、ナチの思想には距離を置く者も多かった。このため、ナチス・ドイツの政権掌握後、プラハにはドイツ人の亡命者が数多く流入した。この結果、プラハの人口は一〇〇万人に達し、市内は深刻な住宅不足に陥った。チェコ政府は既に一九三八年一一月の段階で、住宅問題解決のために不当な家賃の値上げを禁止する法律を制定し、違反者には五万コルナ以下の罰金または六カ月以下の禁固刑を科した。(37)しかしナチ占領後も、チェコでは依然として二一％の住民が一部屋住宅に居住しており、二部屋住宅は四二％にものぼっていた。

ドイツに併合されたズデーテン管区の住宅事情はさらに劣悪な状態であった。ベルリン当局によれば、ズデーテン管区の九五万戸のうち、およそ一八万戸は過密である。住宅過密はドイツ本国よりもひどく、その数はオーストリアの二倍に達していたという。このため、当局はズデーテン管区で三〇万戸の住宅需要を満たす必要があるという試算を立てていた。(38)

こうした状況に対しては、ナチ当局のみならず、チェコ系右派勢力の中からも状況改善を求める声が上がった。三〇年代にチェコ政府が推進した二四㎡を基準とした一九三六年の建設支援政策は、設備の劣る住宅を増やしただけであり、貧困層のために住環境の改善が必要であるという見解が示された。こうした住宅状況を前に、保護領当局は一九三九年一一月の法改正で、建設支援法の基準を五二㎡へ、一九四一年一二月の改正でさらに六四㎡へ引き上げ、二部屋住宅を最低基準と定めた。この政策のために、保護領当局は四億コルナにのぼる建設支援の貸付を決定した。(39)当局は三〇年代の最小住宅立法が効率化のみを追求した政策であり、住環境を向上させるためには家族住宅を建設すべきという見解を示したのである。第一共和国が三〇年代に推進した最小住宅は、ナチによって自由主義経済の象徴とみなされ、その考え方は戦後のチェコ共産党政府にも引き継がれていく。

ナチの占領政策は、これまで見てきた住宅協会の新たな活動と連動して進められることになった。前節で見たドイツ住宅連盟は、経済恐慌が深刻化した三〇年代に入ると、住宅問題解決のためにドイツ人会員を国内他地域に入植させ、住宅地を建設する構想を打ち出すようになった。ドイツ住宅連盟は、一九三五年に失業者のためのコロニー建設を西ボヘミアのエーガーに計画した。ドイツ住宅連盟は、市の郊外二・一ヘクタールの敷地に、六つの二戸住宅の建設費五万コルナを、エーガーの貯蓄銀行や市、商工会議所から貸付を受けることで賄う構想を打ち出した。(40) 一九四一年にドイツ住宅連盟は、「ボヘミア・モラヴィア保護領ドイツ人住宅連盟(Verband deutscher Wohnungsunternehmen im Protektorat Böhmen und Mähren)」と改称し、保護領の全領域を対象地域とした。

一九三九年三月の「ボヘミア・モラヴィア保護領」形成に先立って、ズデーテン管区では、ズデーテン住宅ジードルンク会社(Wohnungs-und Siedlungsgesellschaft Sudetenland)が設立された。こうした団体を通してライヒ当局は、社宅及び農業労働者・手工業者の持家建設を推進し、家族住宅の建設のための貯蓄活動を奨励した。同社は一九三九年六月以来、同地の庭付き小住宅(Heimstätte)の建設を推進した。ズデーテン管区では、一九三九年から一九四〇年にかけて、本国からの一〇〇万マルクの補助金によって住宅修復が行われ、九〇〇万マルクが住宅新築に投じられた。一九四一年に、ナチはズデーテン管区に六千戸の住宅建設を発表したが、エーガーやカールスバードなど、住宅不足が深刻だった地域の住宅建設はほとんど進展しなかった。(41)

(三)　住宅政策の背景

ナチ占領期の住宅政策の背景には、在住チェコ人の土地を収用したのち、「民族・人種に応じて国境地帯におけるドイツ民族の入植地の確保」という目的があった。戦時期のナチ占領政策は、「民族ドイツ人(Volksdeutschen)」を東欧の占領地に入植させることで、ドイツ人の「生存圏」を確保するという戦略に基づくものであった。一九四二年から四三年にかけて、チェコ人の財産の多くが収用され、ウクライナのヴォルィーニ地区やガリツィア、ベッサラビアなどから民族ドイツ人が数多く入植した。(42)

現実には、ズデーテン地域ではチェコ系住民とドイツ系住民の間での婚姻も多く、誰がドイツ人であり、誰がチェコ人なのかを確定することは容易なことではなかった。しかし、為政者はこうした状況の存続をもはや許さなかった。保護領当局は、チェコ人の半分をゲルマン化し、半分を移送・殺害する計画を立て、ヒトラーの承認を得た。(43) チェコ人の移送・殺害は最終的には実施されなかったが、ゲルマン化は児童教育などの場において実施された。そこでは、ドイツ人の祖先を持つ者や、ドイツ人に協力的なチェコ人もゲルマン化されうる者として選別された。

その一方で、ズデーテン管区のドイツ系住民は、ドイツ・ライヒ本国のドイツ人と同等に扱われることはなかった。住宅供給の対象となるのは、本国出身のドイツ人であり、チェコ国内在住の「民族ドイツ人」との待遇差は明白であった。占領下のチェコでは、ドイツ本国の出身者に対して、チェコ在住の「民族ドイツ人」は低い地位に押しやられ、彼らのナチへの期待は失望へと変わっていた。チェコ占領政策は、ドイツ系住民とチェコ系住民が長年にわたって共存してきたコミュニティを根底から破壊するものであった。

さらに、ナチの占領政策においては、民族は可変的であっても人種は変えることができない属性とされ、ユダヤ人は抹殺の対象となった。ミュンヘン協定直後の一九三八年一〇月には早くもユダヤ人財産の調査が始まり、一九三九年五月一二日には、ズデーテン管区における敵性財産没収が定められた。ユダヤ人住宅ならびにユダヤ人家財道具を収用する、「住宅のアーリア化」が実施されたのである。一九三〇年の国勢調査から、当局はズデーテンに居住する約三万六千人の「ユダヤ人」(44) から一万二千戸の住宅を収用することを見込んでいた。ズデーテン管区北部のテプリッツのユダヤ人口は三二一三人、人口の一〇%を占めており、西部のカールスバードでは二一一五人(同九%)、ライヘンベルクでは一三九二人(同三・六%)を数えていた。(45) 住宅不足が深刻化していた都市部において、彼らユダヤ人住民の住宅は占領当局によって収用された。

このような反ユダヤ政策の実施に関与したのは、ナチ当局だけではなかった。ナチ占領以降の政治再編によって、保護領において誕生したチェコ人政治勢力「国民共同体(Národní souručenství)」は、反ユダヤ主義・反自由主義と結びつけて、住宅政策批判を行った。同党は、プラハのユダヤ人住民五万人が一万五千世帯ほどを形成していることから、彼らの追放によってチェコ人労働者の住宅不足を解決するべきと主張した。さらに「国民共同体」は、チェコ人の住宅不足を横目に、プラハのユダヤ人は豪勢な家族住宅に居住していると、反ユダヤ主義を煽りたてた。(46) 住宅などの財産を収用されたユダヤ人七万八千人はアウシュヴィッツなどの強制収容所に移送・殺害され、同地に六五〇〇人居住していたロマ(ジプシー)もほとんどが収容所に送られた。

ナチの占領政策は、一九三〇年代に花開いた機能主義建築にも大きな打撃を与えた。一九三八年のミュンヘン協定と翌年のナチ占領を経て、クロハら一部の共産党系の建築家はその活動を禁止され、地下活動を余儀なくされた。しかしその一方で、機能主義に基づく集合住宅の追求は、ナチ占領下においても公式に続けられた。戦間期の建築雑誌『建設(Stavba)』『建設者(Stavitel)』『スタイル(Styl)』(第三章参照)は、『建築(Architektura)』誌に統合され、一九四二年まで刊行が続けられた。ポラーシェクやジャーク、フクスら戦間期の機能主義建築家たちは、三〇年代以来の集合住宅による住宅問題解決を求める一方で、これまでは提唱しなかったような、農村での建設活動を発表するようになった。(47) 都市建設よりも「自然との調和」が提唱され始めたのである。入植政策に基づく住宅建設政策は、戦後の共産政権にも引き継がれ、ソ連社会主義建築に傾倒した前衛的建築家は、戦後に活躍の場を与えられることになる。

小括

以上、本章ではチェコスロヴァキアの「マイノリティ」たるドイツ系住民に対する住宅政策を考察した。周知のとおり、一九三〇年代におけるズデーテン・ドイツ人党の台頭は、ナチのチェコ分割と第二次世界大戦の勃発に大きな影響を及ぼした。帝政期から引き継がれたドイツ人社会とチェコ人社会との緊張関係は、新国家において国際的な問題として立ち現れていた。両者の対立関係、とりわけ民族による社会の分裂は、中央政界のみならず地域社会の中においても現出していた。ラウフベルクらを中心とするドイツ系住宅改革家は、チェコ人主導の政府に対する反発を示していた。彼らの主張には、民族主義的なトーンがあったことも否定できない。

もっとも、彼らドイツ系住宅改革家の主張のみを論拠に、ドイツ系住民三〇〇万人の声をナチス・ドイツと結びつけるのは、早計に過ぎるだろう。確かに、ズデーテン・ドイツ人党の台頭とナチによるズデーテン併合は、チェコのドイツ人社会から熱狂的な歓迎を受けた。しかし、住宅改革協会の事例からもうかがえるように、ドイツ系改革家の中にはチェコ人主導の政府とも協同して、社会問題の解決を目指す動きもあった。戦間期チェコにおいては、住宅・社会政策は民族の相違によって決定されるものではなく、民族全体に及ぶ住宅政策も存在しなかった。

しかし、ナチによる占領は、社会政策が民族・人種の相違を基準に遂行されるという概念をチェコ社会にもたらしたという意味で、決定的な転機となった。入植政策に代表されるように、住宅政策もまた、一つの民族全体が政策の対象として構想されたのである。こうした政策思想は、戦後チェコの住宅改革にも受け継がれていくことになる。

（1） David F. Good, *The economic rise of the Habsburg Empire, 1750-1914*, University of California Press, 1984, p. 133.

（2） *Statistisches Handbuch der Čechoslovakischen Republik* 4, Prag, 1932, p. 3.

（3） Peter Heumos, “Die Arbeiterschaft in der ersten Tschechoslowakischen Republik”, in: *Bohemia*, 29, 1988, pp. 50-54.

（4） もっとも、プラハのドイツ人人口は四万人を超えており、チェコ最大の「ドイツ都市」でもあった。“Praha-hlavní město i československých Němců?”（「プラハはチェコのドイツ人の首都でもある?-」）, in: *Naše doba*（『我々の時代』）, 38, 1931, pp. 257-259.

（5） Zdeněk Kárník, *České země v období 1. republiky díl. I*（『戦間期チェコ史』）, Praha, 2002, pp. 89-90. 北ボヘミアにおける労働運動の形成過程と民族問題に関しては、Marlis Sewering-Wollanek, *Brot oder Nationalität?: nordwestböhmische Arbeiterbewegung im Brennpunkt der Nationalitätenkonflikte (1889-1911)*, Marburg, 1994. などを参照。

（6） 当時の国境を超えた地域社会の詳細については、Caitlin E. Murdock, *Changing places: society, culture, and territory in the Saxon-Bohemian borderlands, 1870-1946*, University of Michigan Press, 2010. を参照。

（7） 帝政期オーストリア社会民主党の民族別連邦化、及び戦中から建国にかけての党組織再編に関しては、小沢弘明「オーストリア社会民主党における民族問題―「小インターナショナル」の解体と労働組合―」『歴史学研究』五七二号、一九八七年一〇月、一九―三八頁、同「民族自治・民族自決・合邦―ドイツオーストリア社会民主党の転換―」『現代史研究』三三号、一九八七年、一二―三一頁を参照。

（8） チェコ系とドイツ系の民族団体の活動については、Olʼga Šrajerová (ed.), *České národní aktivity v pohraničních oblastech první Československé republiky*（『チェコスロヴァキア第一共和国の国境地帯におけるチェコ民族活動―』）, Olomouc, 2003. を参照。

（9） Šrajerová, *České národní aktivity*, pp. 20-27.; Mark Cornwall, “A Leap into Ice-Cold Water. The Manoeuvres of the Henlein Movement in Czechoslovakia, 1933-1938”, in: Mark Cornwall, R. J. W. Evans (ed.), *Czechoslovakia in a nationalist and fascist Europe 1918-1948*, Oxford University Press, 2007, p. 127.

（10）帝政期におけるチェコ系、ドイツ系両ネイションの関係については、Jan Křen, *Konfliktní společenství. Češi a Němci 1780-1918*（『チェコ人とドイツ人の対立社会』), Praha, 1990; Pieter M. Judson, *Exclusive revolutionaries. Liberal politics, social experience, and national identity in the Austrian Empire, 1848-1914*, University of Michigan Press, 1996.; Jeremy King, *Budweisers into Czechs and Germans: a local history of Bohemian politics, 1848-1948*, Princeton University Press, 2002; 福田宏『身体の国民化―多極化するチェコ社会と体操運動―』北海道大学出版会、二〇〇六年を参照。

（11）Nancy M. Wingfield, *Minority politics in a multinational state. The German Social Democrats in Czechoslovakia, 1918-1938*, Columbia University Press, 1989, p. 14.

（12）中央政府への参加を果たさなかったドイツ人社会民主党にとって、自治体政治は帝政期以来の民族・文化的自治、学校などにおける言語問題に代表される社会改革を実現するための主要な舞台であった。Karel Maier, *Hospodaření a rozvoj českých měst 1850-1938*（『一八五〇―一九三八年におけるチェコ諸都市の経済発展』), Praha, 2005, p. 257. Wingfield, *Minority politics in a multinational state*, p. 59.; 渡邊竜太「戦間期チェコスロヴァキアにおけるドイツ人社会民主党の自治行政実践とその財政的背景」『社会経済史学』七五巻五号、二〇一〇年、五四一―五六一頁。

（13）Rauchberg, “Innere Wanderungen in Oesterreich”, in: *Allgemeines Statistisches Archiv* 3, Bd. 1, 1893, p. 208.

（14）Rauchberg, “Zur Kritik des österr. Heimatsrechts”, in: *Zeitschrift für Volkswirtschaft, Socialpolitik und Verwaltung* 2, 1893, p. 68.

（15）Heinrich Rauchberg, *Der nationale Besitzstand in Böhmen*, Leipzig, 1905, pp. 132-138.

（16）Rauchberg, *Der nationale Besitzstand in Böhmen*, p. 617.

（17）「国民資産」については、桐生裕子『近代ボヘミアと農村社会―一九世紀後半ハプスブルク帝国における社会変容と国民化―』刀水書房、二〇一〇年、二〇六―二〇七頁を参照。

（18）*Národní listy*（『国民新聞』), 11. 11. 1908.

（19）*Samosprávný obzor*（『自治の水平線』), 22, no. 8-9, 1900, pp. 263-272; *Věstník svazu českých měst v království českém*（『チェコ都市連盟報告集』), 1, no. 4, pp. 129-132.　戦中の一九一五年には、ドイツオーストリア都市連盟(Bund deutsch-österreichischer Städte)が設立され、ボヘミア一六自治体を含むライタ川以西の五八のドイツ系都市が参加した。“Založení Svazu měst německo-rakouských”（「ドイツオーストリア都市連盟の設立」), in: *Věstník svazu českých měst v království českém*, 5, no. 5-6, 1915, pp. 154-160.

(20) *Čtvrtý sjezd českých měst z království českého v král. hlav. městě Praze ve dnech 15.-17. října 1911*, Praha, 1911, pp. 32-33.

(21) *Bericht über den dritten deutschen Wohnungsfürsorgetag in Tetschen*, Prag, 1926, p. 11.

(22) *Biographisches Lexikon zur Geschichte der böhmischen Länder, Bd. 3*, München, 2000, p. 388.

(23) 戦間期ドイツ人地域の経済状況については、以下の研究を参照。Catherine Albrecht, "Economic Nationalism in the Sudetenland, 1918-1938", in: Cornwall, *Czechoslovakia in a nationalist*, pp. 97-102.

(24) *Bericht über den dritten deutschen Wohnungsfürsorgetag in Tetschen*, p. 44.

(25) Heinrich Rauchberg, *Die Wohnungsvorlage*, Prag, 1926, pp. 26-30.

(26) Heinrich Rauchberg, "Die Wohnungspolitik des Wohnungsbeirates und die Wohnungspolitik der Regierung", in: *Bericht über den dritten deutschen Wohnungsfürsorgetag in Tetschen*, pp. 44-60.

(27) Eva Broklová, *Politická kultura německých aktivistických stran v Českolsovensku 1918-1938*（『チェコスロヴァキアにおけるドイツ人積極派政党の政治文化一九一八―一九三八年』), Praha, 1999. を参照。

(28) NS RČS 1920-1925, PS, 258. schůze, příloha č. 1, 8. 4. 1924. http://www.psp.cz/eknih/1920ns/ps/stenprot/258schuz/prilohy/priloh02.htm

(29) http://www.psp.cz/eknih/1920ns/ps/stenprot/258schuz/prilohy/priloh02.htm

(30) チェコ国民議会 http://www.psp.cz/eknih/1920ns/ps/stenprot/062schuz/s062001.htm

(31) NS RČS 1920-1925, PS, 258. schůze, příloha č. 1, 8. 4. 1924. http://www.psp.cz/eknih/1920ns/ps/stenprot/258schuz/prilohy/priloh02.htm

(32) Olivová, *Dějiny první republiky*, pp. 191, 195.

(33) 中田瑞穂『農民と労働者の民主主義―戦間期チェコスロヴァキア政治史―』名古屋大学出版会、二〇一二年、二九八頁。

(34) Cabada, *Komunismus, levicová kultura*, p. 162; Rákosník, *Odvrácená tvář*, p. 340.

(35) Kárník *České země III*, p. 532.

(36) 一九三八年のプラハ市議会選挙においては、ズデーテン・ドイツ人党が獲得した議席は、三議席にとどまっていた。

"Praha-hlavní město i československých Němců?" pp. 257-259.

（37） Jan Gebhart, JanKuklík, *Druhá republika 1938-1939, Svár demokracie a totality v politickém, společenském a kulturním životě*（『第二共和国―政治・社会・文化における民主主義と全体主義の対立―』）, Praha, 2004, p. 178.

（38） Wolfgang Braumandl, *Die Wirtschafts- und Sozialpolitik des Deutschen Reiches im Sudetenland 1938-1945*, Nürnberg, 1985, p. 323

（39） *Národní politika*, 20. 12. 1940; *České slovo*, 6. 2. 1943.

（40） Alois Mikuškovic, *Osidlování a přesidlování (Kolonisace) v Československé republice*（『チェコスロヴァキアにおける入植』）, Praha, 1935, p. 46.

（41） Volker Zimmermann, *Die Sudetendeutschen im NS-Staat : Politik und Stimmung der Bevölkerung im Reichsgau Sudetenland (1938-1945)*, Essen, 1999, pp. 212-214.

（42） イタリアとオーストリアの係争地であった南ティロールから、ドイツ系住民をチェコのシレジア地方に入植させる計画が存在した。Zimmermann, *Die Sudetendeutschen im NS-Staat*, pp. 316-318.

（43） Chad Bryant, *Prague in Black: Nazi Rule and Czech Nationalism*, Harvard University Press, 2007, pp. 114-128.

（44） 一九三〇年にチェコ当局が実施した統計調査によると、「ユダヤ教徒」が一一万七五五一人であったのに対し、「ユダヤ民族」として申告したのは三万六七七六人（三一・三%）であった。Jörg Osterloh, *Nationalsozialistische Judenverfolgung im Reichsgau Sudetenland 1938-1945*, München, 2006, p. 59.

（45） Osterloh, *Nationalsozialistische Judenverfolgung*, p. 55.

（46） *Vlajka*, 13. 1. 1940; *Národní politika*, 20. 12. 1940.

（47） 一九四二年までのナチ占領期の建築活動に関しては、*Architektura*, 1-4, 1939-1942 を参照。

第七章　チェコスロヴァキア第三共和国（一九四五―一九四八年）期における住宅政策

第二次世界大戦直後のチェコスロヴァキアは、ソ連の勢力拡大による共産主義体制の導入、そして、数百万人に及ぶドイツ系などマイノリティ住民の追放といった大変動を経験した。その後、同国では一九四八年二月のクーデターを経て共産党の一党独裁政権が誕生し、以降四〇年に及ぶ共産主義時代に突入する。しかし、終戦から共産党政権が成立するまでの第三共和国期と呼ばれる三年間は、戦前の資本主義体制とも、共産主義とも異なる様々な社会体制の可能性が模索された転換期であった。

第二次世界大戦直後の東欧に焦点があてられるようになったのは、東西列強の狭間に位置しながら、西側資本主義ともソ連型社会主義とも異なる「人民民主主義」と呼ばれる体制が着目されたためであった(1)。他方、チェコにおける同体制を考察するうえで最大の焦点となるのが、三〇〇万人に及ぶドイツ系住民の追放とチェコ人の入植政策である。これまでの研究では、ドイツ人被追放民の視点からドイツ人追放に関する研究が進められてきたが、体制転換以降は、チェコ側からも歴史認識の見直しが進められている(2)。いずれにせよ、チェコの戦後体制を論じるうえで、ドイツ人追放の問題を避けて通ることはできない。

終戦から共産政権成立までのチェコスロヴァキアに関する研究は、主に、共産党の勢力拡大と政権奪取の過程及び他党との関係を中心に位置づける政治史研究が中心であった。共産主義期の公式史観では、終戦から共産政権成立までの時期は、戦前の「ブルジョワ民主主義」から反ナチ闘争を経た後の、共産主義成立の前段階とみなされており、建国の父とされた初代大統領マサリクの思想は共産主義期には否定的に扱われていた。他方で、一九六〇年代には主にチェコスロヴァキア国外において、当該期を戦前の資本主義でもソ連型社会主義でもない人民民主主義として評価する動きが現れた。チェコスロヴァキアの場合はとりわけ「東西の架け橋」「チェコスロヴァキアの道」と評され、その独自性が着目されてきた(3)。

しかし近年の研究では、人民民主主義期の特殊性を強調する見解に対して、共産党もチェコスロヴァキア国家の存立自体については否定せず、大統領マサリクが掲げた民主主義・人道主義の理念を共産党も積極的に評価していたことが明らかにされている(4)。さらに、同時期に構想された社会政策に関しても、近年では、より具体的なフィールドに目を向けた研究が現れている。この時期の最重要政策の一つであるドイツ人追放に関しても、近年の研究では、追放問題のみにとどまらず、チェコ人の入植に伴う戦後の社会体制の再編に着目した研究が陸続と現れている。アルブルクやチャプカ、ヴィーデマンらの研究によれば、共産党がチェコ人の入植政策を通して、ドイツ系住民が居住していた国境地帯を掌握し、戦後チェコスロヴァキアの共産化政策の実験場と位置づけた過程が明らかにされている(5)。

以上の研究潮流を踏まえて、本章では人民民主主義期に動き始めた、戦前の資本主義体制とも共産主義とも異なる新たな社会変革の構想を、より具体的な政策の場において考察することを試みる。本章で扱う時期は、チェコ国境地帯で実施された数百万人の住民移住に伴って、国家の手による大規模な住宅供給政策が初めて実施された時期として重要な意味を持つ。戦後チェコの住宅政策に関しては、人民民主主義期に実施された「二カ年経済計画」での大規模住宅建設を中心に、近年の社会政策史研究が概観している。(6)住宅建設の担い手に関しては、建築史家ザルツァーの研究が、一九三〇年代から戦後にかけて台頭したチェコ前衛的建築家の集合住宅案を取り上げており、本章も多くを依拠している。(7)本章では以上の研究史を踏まえたうえで、ドイツ人から収用した住宅の供給がチェコ人入植政策の契機となった点を重視し、戦後のチェコスロヴァキア政府がどのような住宅構想を抱き、どのような問題点に直面したのかを主な考察対象とする。

第一節　戦後の住宅政策の背景

(一)　国民戦線政府の成立と共産党

第二次世界大戦直後のチェコスロヴァキアは、国民戦線政府によって運営された。同政府は、ベネシュ大統領らロンドン亡命政府と社会民主党、国民社会党、チェコ人民党など戦前の与党に加え、戦中はソ連に活動拠点を置いていたチェコ共産党とスロヴァキア共産党(以下、「共産党」はチェコ共産党を指す)、スロヴァキア民主党から構成されていた(第二章参照)。

こうした体制が形成された背景には、戦間期のチェコスロヴァキアが東欧諸国の中でも議会制民主主義に基づく政権を維持した唯一の国であり、その回復を目指していたことがあった。ベネシュ(Eduard Beneš)大統領のように、戦前の亡命政権が復帰した事例は東欧においてはチェコスロヴァキアだけであり、これは、ハンガリーやポーランドなど他の東欧諸国の戦後体制が、戦前の体制の否定の上に成り立っていたことと比して、著しい相違点であった。一九四六年五月に実施された戦後初の総選挙も、複数政党制を維持したうえで、民主的手続きに則って行われた(8)。

国民戦線政府において最大勢力となった政党が共産党であった。共産党は、戦前より合法政党として活動していた経験から労働者層などに大きな支持基盤を得ていた(第四章参照)。加えて、戦前は野党として当時の体制に責任を有さなかったことから、他党に対して自らの正当性を主張できる立場にあった。共産党は全国各地に設けられた地区国民委員会(místní národní výbor)を統括する形で、ドイツ軍敗走後の国内行政を掌握しており、政府内で大きな発言力を有していた(9)。共産党員の数は、戦前には二万八四八五人であったが、解放時は既に五万人以上を数えており、一九四六年春には一〇〇万人に達していた(10)。共産党は、内務省や農業省など今後の社会改革を実施するうえでの主要ポストを掌握していたが、一九四六年五月に実施された総選挙では約四〇％の得票率を得て第一党となり、党首のゴットワルト(Klement Gottwald)を首相に擁立した。共産党は主要閣僚や地方行政を押さえたことで、自党のイニシアティヴを国民戦線政府内で大幅に強めた。

もっとも、共産党の政策はソ連型の共産主義化を目指すものではなかった。四五年四月当時、ゴットワルトは、「ソヴェトや社会化は喫緊の目標ではなく、民主・国民革命が目標である(11)」と宣言しており、他党との連立を維持したうえで、東西の架け橋となるべく「チェコスロヴァキアの道」を目指す方向性を打ち出した。国民戦線政府は、戦前から自由主義とは距離を置く政党から構成されていたために、統制経済の必要性については合意がなされていた。ゴットワルト内閣が制定した「国家建設計画」は「共和国の全市民の義務は、自らの仕事を全体の繁栄のために行うことであり、その義務は、市民に付与された権利(労働、公正な対価、教育、休息、労働時の不正への対処)と対応するものである(12)」と述べており、個人の権利よりも社会的な義務を重視するという見解を打ち出していた。第三共和国期には、戦前のある程度自由主義的な経済体制とは大きく異なる計画経済が導入された。

(二)　ドイツ人追放とチェコ人の入植政策

戦後チェコスロヴァキアにおいて最大の懸案だったのが、主にドイツ系住民を対象としたマイノリティ住民の追放であった。東欧各国に居住していた国外マイノリティの存在がヒトラーの侵略を引き起こしたという見解は、既に大戦中より表れていたが、問題解決の手段としてドイツ系住民を東欧諸国から追放するという方針が、連合国とチェコスロヴァキア亡命政権の間で論議されていた。国民戦線が終戦直前の一九四五年四月に制定した「コシツェ綱領」は、ドイツ人、ハンガリー人及びチェコ人の「対敵協力者」の処罰と財産没収及び主要産業の国有化を掲げていた(13)。これに伴って、一九四五年九月までには、鉱山、エネルギー、冶金、金属圧延、兵器、セメント、セルロースなど、チェコ側だけでも九千以上の企業が接収された。チェコ国内の主要産業の多くはドイツ系の手にあったため、国有化政策は容易に進められた。接収された土地は二四〇万ヘクタール以上に及んだが、中でもドイツ系住民が多く居住していた国境地帯から接収された土地は、一九五万ヘクタールを占めていた(14)。追放政策と復興政策は、当初から密接に結びついていた。

一九四五年五月の解放後には既に、チェコ系住民によるドイツ系住民に対する報復が横行しており、この「野蛮な追放」によって、約五〇万人のドイツ人が居地を追われた。一九四五年八月のポツダム会談でドイツ人の「組織的な移送」が決定され、同年一〇月二五日に公布された「敵性財産の接収と国家復興基金に関する大統領布告」(15)によって、政府によるドイツ人及びハンガリー人財産の接収が定められた。これらの法的基盤を背景に、一九四六年一月から一〇月までに、二一六万五一三五人のドイツ系住民が連合国の支援のもとで「組織的に」追放された。この政策で追放の対象となった者は、一九三〇年の国勢調査でドイツ人と申告した者に加えて、ドイツ人の夫を持つチェコ人家族も含まれた。またドイツ人のみならず、戦時中に対敵協力者とみなされたチェコ人も、財産を没収されたうえ、戦後の人民裁判によって処罰された。この結果、一九四五年から一九五三年までの間に同国のチェコ側を去った者は二九九万六千人に及んだ。[16] 追放完了後の一九四七年初頭にチェコスロヴァキア国内に残ることが認められたドイツ人は、反ナチ闘争者や経済的に必要とされる職人など約二一万人だけであった。[17]

(三)　入植政策と国境地帯

ドイツ系住民の追放政策は、チェコ国内の大幅な住民の減少と経済力の低下を引き起こすものであった。このため、ドイツ系住民の組織的移送が進行していた一九四六年夏に、政府は四八年末までに二五〇万人にも及ぶ国内外のチェコ人・スロヴァキア人を、かつてのドイツ人居住地帯に入植させる計画を打ち出した。

こうした政策が重点的に実施された地域は、ドイツやオーストリアなどと隣接し、ドイツ系住民が多く居住していたためにナチに併合された「ズデーテン」地域であった。戦後政府がドイツ系住民の歴史を想起させる「ズデーテン」という呼称を禁じたため、追放・入植の対象となる地域は「国境地帯(Pohraničí)」と呼び表された[18]（第六章参照）。

戦後チェコスロヴァキアにおいては、ドイツ人追放はチェコ人とスロヴァキア人からなる均質的なスラヴ人国家の建設を目指す政策の根幹をなしていた。とりわけ共産党は、国境地帯へのスラヴ系住民の入植を、「スラヴ人の入植者によって敵のドイツ人から国家を防衛する」政策であると位置づけ、国境地帯を自覚の支持基盤とする構想を抱いていた。

共産党はドイツ人追放後の国境地帯を、無限の可能性を持つ「カリフォルニア」であり、同地の植民者には、輝かしい未来が約束されるという見解を示した。「新しい入植者は国境地帯に安定した防壁を築き、敵のドイツ人からチェコを防衛する。入植者の運命は我々の運命である」と、同地域への入植政策は国家的課題として位置づけられた(19)。

国境地帯における入植政策は、入植局(Osidlovací úřad)と呼ばれる組織によって担われた。入植局は、一九四五年七月一七日の「国内入植の統一組織に関する大統領布告」によって内務省内に設立され、ドイツ人やハンガリー人などの「敵性財産」の没収と入植者への再配分を管轄する組織であった(20)。入植構想は、入植局長を務めたクレイサ(Miroslav Kreysa)に代表されるような、国内で抵抗運動を行っていた若い世代の共産党員によって実施に移された(21)。入植局は四五年一一月に住宅市場統制のための指令(směrnice)を出し、住宅の公正な再配分と家賃の基準を定めたほか、入植に関する総合的な計画立案を行った。入植局は、適切な住宅分配が国境地帯の安定をもたらし、同地域のみならず全国の模範となると位置づけていた(22)。北ボヘミアなどドイツ系住民が大量に追放された国境地帯は、チェコ人入植政策において、「共産主義の実験場」としての性格を帯びるようになった。

第二節　国境地帯における住宅供給政策

（一）住宅供給政策の担い手と実施

国境地帯を舞台としたドイツ人追放政策を実施するうえで最重要の課題の一つが、ドイツ系住民から接収した家屋財産の入植者への分配であった。共産党は戦後の住宅供給を、追放されたドイツ系住民の没収財産をチェコ人入植者に再配分することで実現しようとした。中でも、ドイツ系住民が居住してきた住宅は、没収財産の中でも最重要の財産であり、収用住宅の再配分は、入植政策における最大の懸案事項となったのである。

この住宅再配分政策は、共産党が主導する入植局と地区国民委員会によって担われた。地区国民委員会は、地域行政を統括する組織であり、接収した住宅及び入植者のデータを管理し、希望者に住宅を分配する役割を担った。委員会は、反ナチ闘争に参加したチェコ人とスロヴァキア人など「国家の信頼に足る者」を優先的にドイツ人家屋へと入居させた(23)。地区国民委員会は、国民戦線政府の諸政党によって統括されていたが、実質上は共産党の発言力が大きな影響を及ぼしていた。

住宅供給の実施に当たって、地区国民委員会、入植局員、専門家の三人から構成される分配委員会が入植局内に設置され、収用財産の再分配にあたった。ドイツ系住民からの財産没収によって、当局はチェコ側の三分の一、八〇万戸以上の住宅を確保したが、家屋財産の分配を処理できたのは一日に五家屋程度にすぎなかった。このため、家屋調査とそれに伴う家賃決定のために、高等技術学校や建築学校の学生が多数動員された。地区国民委員会は九万人の国家行政官(národní správce)を動員し、短期間で財産の収用と家屋調査及び値段決定を推進した。収用財産の管理と住宅建設の財政に関しては、四五年一〇月二五日の「敵性財産の接収と国家復興基金に関する大統領布告」で定められた国家復興基金(Fond národní obnovy)が、入植局及び地区国民委員会の復興政策を支えることになった。(24)

ドイツ系住民が立ち去った後に残った家屋財産を求めて、終戦直後から多くのチェコ系住民が殺到した。終戦直後から四五年八月までの「野蛮な追放」の時期に、一二〇万人に及ぶチェコ系住民が、国境地帯に流入していた。実際の接収家屋の分配がどのようになされたのか、一九三八年にナチに併合されたシレジア地区の中心都市オパヴァ(トロッパウ)での地区国民委員会の政策を見てみよう。同市スメタナ通りは、二階建ての家屋の上下階に各世帯主が居住しており、台所付き二部屋住宅が一般的であった。家賃は月三〇〇コルナ程度で、この通りの世帯主一九人中一六人が、一九四五年五月の終戦から一一月にかけて入居していた。彼ら入居者のほとんどがチェコ人であり、短期間で組織的に入居してきたことがうかがえる。ドイツ人居住者は三人のみで、そのうち一人は、同年一二月に退去した。市中心部に近いチェルナー通りでは、四六人の世帯主が登録されていた。ここでは、終戦以前からの居住者が二四世帯に及び、ドイツ人世帯主は一七人を数えていた。家賃の幅は、月額五〇コルナから一五〇コルナと比較的低廉であった。戦前から居住しているチェコ人は五世帯のみであり、チェコ人の多くはやはり終戦直後に入居していた。終戦直後の入居を地区国民委員会によって承認され、既に家賃支払いも発生していた。こうした背景から、住民の多くが短期間で入れ替わり、一つの家屋にドイツ人とチェコ人が混在している事例が確認できる。このように、わずか数カ月で大量の入植者が、接収家屋に入居を始めた様子がうかがえる。(25)

（二）　住宅供給政策の現実と問題点

チェコスロヴァキアの戦争被害は、首都プラハが戦火を免れたこともあって、他の東欧諸国に比して小さかった。一九四五年五月には、国境地帯には六〇万家屋が残され、このうち農業用は一八万家屋、半農業用は一六万、家族住宅・ヴィラは二〇万家屋、集合住宅は六万戸であった。一九四六年一〇月までに、二五〇万人のドイツ系住民の追放が完了したことで、数の上では住宅供給は満たされていた。さらに、国境地帯においては、一九三〇年の居住者が三八四万人であったのに対して、一九五〇年には二五一万人、戦前に比して約三五％も減少していた（表7-1）。このことは一戸あたり三・五人の居住と考えた場合、約三七万戸の供給増をもたらす計算であった。

しかし実際には、国境地帯での住宅供給政策は大きな困難を伴っていた。ボヘミアでは三〇一四家屋が破壊され、一万家屋以上が被害を受けたが、東部では戦争被害が大きく、モラヴィアでは一万九千家屋、シレジアでは三四九八六家屋が被害を受けたうえ、ソ連赤軍とドイツ軍の戦場となったスロヴァキアの被害は相対的に大きかった。戦中に住宅建設が滞っていたために、住宅不足は戦前の三倍に達していた[26]。二六万戸に及んだ戦争被害からの復興が伴っていない段階では、入居可能な住宅は数字上ほど多くはなかった。一九四五年一〇月の「敵性財産の接収と国家復興基金に関する大統領布告」によって収用されたドイツ人の家族住宅は二〇万家屋に及び、そのうち一五万家屋が国境地帯の住宅であった。しかし、国境地帯で接収された住宅の多くは、衛生面などで不適切な居住条件であり、分配の基準を満たす家族住宅は九万戸程度であった[27]。表7-2からもうかがえるように、一九四六年には北ボヘミアや西ボヘミアの諸都市では、一戸あたりの居住人数が二人未満であったにもかかわら

表7-1　1930年と1950年の国境地帯における各主要郡の人口推移

	1930年度	1950年度	減少比(%)
西ボヘミア全域	589,998	285,412	48.37
ヘプ	157,715	72,134	45.74
カルロヴィ・ヴァリ	199,366	105,515	52.92
北西ボヘミア全域	1,115,510	734,601	65.85
ジェチーン	231,859	131,279	56.62
ホムトフ	147,760	85,398	57.79
リトムニェジツェ	149,970	107,089	71.41
モスト	127,424	101,199	79.42
テプリツェ	200,603	129,583	64.60
ウースチー・ナド・ラベム	130,579	93,490	71.60
北東ボヘミア全域	724,148	500,778	69.15
リベレツ	198,784	131,520	66.16
ヤブロネツ	133,458	82,144	61.55
トゥルトノフ	165,083	127,666	77.33
北モラヴィア全域	958,851	701,720	73.18
オパヴァ	163,993	132,880	81.03
シュンペルク	205,569	137,343	66.81
ブルンタール	155,460	89,899	57.83
南ボヘミア全域	300,019	186,609	62.20
インドジフ・フラデツ	119,739	91,994	76.83
チェスキー・クルムロフ	93,979	46,830	49.83
南モラヴィア全域	146,037	108,678	74.42
国境地帯全域	3,834,563	2,517,798	65.66
国境地帯以外	6,838,928	6,378,335	93.26

出典）Vladimír Srb, *Populační, ekonomický a národnostní vývoj pohraničních okresů ČSR od roku 1930 do roku 2010*, Praha, 1989より作成。

ず、ドイツ系住民からの住宅接収によっても、住宅問題は解決されなかったのである。

工業地帯である北ボヘミア地区では、状況はさらに逼迫していた。同地では、空襲によって街の大部分が破壊された都市が多かった。このため、戦後復興を支える労働者住宅の不足は深刻であり、ドイツ系住民から接収した住宅の中で、入植者に提供されたのは六〇%にとどまっていた。窓や扉、屋根の修理が必要なことに加えて、木造家屋では腐敗も進んでいた。[28] 一九四七年に入っても、北ボヘミアの工業都市ウースチー・ナド・ラベム(アウジヒ)では住宅分配に一五〇〇以上の応募が殺到していた。台所付き四部屋住宅のような好条件の物件は早くに押さえられて

表7-2　1946年における国境地帯の主要郡の住宅数

郡	家屋数	戸数	住民数	世帯数
カルロヴィ・ヴァリ	13,349	38,040	62,096	19,936
ヘプ	8,794	23,741	34,643	10,280
ウースチー・ナド・ラベム	14,005	38,540	87,712	27,770
ジェチーン	14,313	30,009	66,996	20,714
テプリツェ	12,245	36,855	78,337	25,911
リトムニェジツェ	10,828	16,919	43,900	11,814
モスト	5,943	16,998	49,436	14,969
リベレツ	20,433	47,555	100,014	31,885
ヤブロネツ	15,246	35,347	64,484	23,490
イフラヴァ	8,376	15,313	48,531	13,903
オストラヴァ	21,606	73,777	234,259	74,492
オパヴァ	12,770	24,073	67,262	19,439

出典）*Soupisy obyvatelstva v československu v letech 1946 a 1947,* Praha, 1951より作成。

おり、入居者が家賃も支払わずに住みついているような状態が続いていたという。[29] これらの地域でも、チェコ系入植者とドイツ系住民の同居が見られたが、チェコ人入植者はドイツ系住民の早期退去を要求するなど、軋轢が絶えなかった。[30] 入居者の殺到という混乱を回避しなければならない一方で、ドイツ人追放後の速やかな労働力の回復が求められていた。このため、入植局は国境地帯への入居に様々な便宜を図った。家賃は家庭の収入の一五%以内、子どもが多い家族では一〇%以内に抑えることが定められた。[31] さらに、国境地帯の住宅の家賃を、内陸地域の家賃よりも四分の一程度安価に設定したことによって、好条件の住環境を求めた入植者の流入は続いた。[32]

前述の問題を抱えつつも、戦後チェコスロヴァキアの住宅供給政策に関しては、地区国民委員会と入植局を押さえた共産党が大きな影響力を行使した。共産党は、ドイツ人追放及びチェコ人入植政策を通して、住宅政策の重要な担い手として立ち現れた。

第三節　戦後政府の住宅政策における構想と現実

(一)　戦後政府の住宅政策過程

これまで見てきたような戦前の社会政策を踏まえて、チェコスロヴァキアにおける住宅・社会政策の再編は、戦中に様々な立場から構想された。ロンドン亡命政府の中でも、戦前に社会政策を担当していた社会福祉省は、戦中からベヴァリッジ報告や計画経済の漸進的導入といった西欧の社会政策の影響を強く受けていた。戦前の社会福祉省は、主に社会民主党系が大臣を務めており、戦前の住宅・社会政策の担い手であった。他方、モスクワで活動していた共産党は、西欧型の社会政策には関心を示さなかったため、戦後の社会政策をめぐって、両者の間には見解の相違が表れた。

しかし両勢力とも、戦前の社会政策の不備が経済恐慌と後の大戦を引き起こしたという見解は共通しており、統制経済の導入を掲げた点では一致していた。政府内では、「リベラルなエゴイズムを放逐し、民間所有に社会的機能を付与し、国民全体の利益のもとに(民間所有を)制限する法律が、社会調和と共和国の建設にとって重要なものである」という見解が表れていた(33)。このような観点から、大規模な住宅供給は戦後復興という喫緊の課題であり、その実現のためには、計画経済の漸進的な導入が必要であるという方針が示された(34)。地区国民委員会においても、資本主義体制では住居を必要としている非所有者層に住宅が供給されないことが批判されていた。住宅供給は労働力確保のための最重要の課題であり、需要と供給の関係のみから計算するのではなく、労働の社会的意義に応じて実施されるものであるという見解が示された。戦前の資本主義体制よりも多くの住宅供給を実現するためには、衛生的かつ合理的な住宅の設計が必要であるという主張が、地区国民委員会の間でも見られた[35]。こうした見解を受けて、政府は一九四五年末に、「人民民主主義国家の最大多数の層が住める近代的な居住を探ることが必要であり、すべての市民は、根拠ない立ち退きや家賃値上げから守られなければならない。住宅不足の解決のためには、自由放任の住宅市場ではなく、地区国民委員会が住宅過密や住宅利用を調査することによって、住宅市場を統制すべきである」という方針を示した[36]。

政府は一九四六年四月一二日に、「建設復興法[37]」にあわせて、「戦災復興の家屋に対する税免除法[38]」を公布し、復興に対する政府支援を定めた。さらに、同年七月一八日に「特別住宅供給法[39]」を公布し、借家人に対する家主の義務や過密住宅の禁止、住宅建設のための住宅基金や、自治体が地域の住宅供給を行うことを定めた。国境地帯などでドイツ人やハンガリー人から収用された住宅は、屋根、台所、中庭、暖房、トイレ、窓、電気、ガスなど二五の設備について、AからFまで詳細に等級分けされた。一九四七年には、収用された家族住宅の分配を定めた法令が公布された。一九四七年九月に公布された「家族住宅接収法」第二条において対象となった住宅は、一戸あたり六千コルナ、二戸八千コルナの年額家賃を超えない住宅と定められた[40]。

これらの住宅建設を実施するための具体的な計画は、二カ年経済計画法[41]、通称「二カ年計画」において示された。二カ年計画は、ドイツ系住民の追放が終わり、建国記念日を間近に控えた一九四六年一〇月二五日に公布された。この計画は、共産党を中心とする国民戦線政府が初めて着手した計画経済であり、一九四八年末までに一九三七年の工業生産を一〇分の一上回る水準にまで引き上げ、農業生産と交通を一九三七年のレベルに戻すことなどを掲げていた。同法第九条では、工業に二七万人、建設に九万人、農業に二三万人の雇用創出が計画された。共産党は、「同計画は戦争被害を回復し、経済を戦前の水準に戻す手段ではまったくない。古い資本主義秩序では不可能なことである」と、二カ年計画を中央による計画経済の一歩と位置づけていた。既に一九四五年秋には工業の六〇％以上が国有化されており、二カ年計画が始まった一九四七年初頭には、鉄鋼・エネルギー企業の九九％が国有化された[42]。

この二カ年計画の中でも、住宅建設は急務の課題として位置づけられていた。同法第四条において、政府は一二万五千戸の住宅を一四〇億コルナで建設することを決定した[43]。一二万五千戸のうち、七万戸は戦争被害の修復にあてられ、三万戸が新築によって被害家屋を建て替えるものであり、完全な新築は二万五千戸であった。この計画では、戦前比三割増しの戸数を確保することが目指された。

新築住宅では、家内設備の不備を克服すべく、電気、ガス、水道及び洗濯場や台所、暖房が完備され、家事の効率化が図られた。こうした住宅を実現するためには、土地の公有化と住宅建設に対する公的支援によって家賃を抑えることが必要とされた[44]。住宅建設の費用として、政府は一九四七年三月七日に「住宅建設に対する国家支援法[45]」を制定し、連合国救済復興機関(ＵＮＲＲＡ)から二〇億コルナの借り入れを決定した[46]。住宅政策を含めた戦後の社会政策は、戦前の社会福祉省から改編された労働保護・社会福祉省(以下、社会福祉省)が管轄した[47]。次に、このような戦後住宅政策の担い手となった建築家の側の構想を見ていくことにする。

(二)　担い手としての建築家集団

戦後の住宅改革を具体的に構想し、政策に関与したのが、前衛的建築家のグループであった。彼らの多くは、一九三〇年代のアヴァンギャルド芸術の影響を受けて育った三〇―四〇代の世代であり、戦前から共産党にも共感を抱いていた(第五章参照)。彼ら前衛的建築家たちは、一九三五年に建築進歩協会ブロック(Blok architektonických pokrokových spolků＝BAPS）という協会を組織し、建築理論の精緻化に努めた。しかし当時は、一部を除いて戦前には自らの住宅改革案を実現するには至らず、その後ナチの弾圧を受けた。(48)

しかし、戦後復興という課題を前に、政治・行政と建築家の関係が一体化するような、建築家の組織化の必要性が認識されるようになった。戦後再結集したBAPSは、住宅のみならず学校、都市計画、衛生政策、農業政策、文化的建造物や記念碑の建立など多くの建設活動を行う部局を統括し、復興に際しての建築案を政府に提出する役割を担った。(49) BAPSは、戦前の建築雑誌を統合した公式機関誌『チェコスロヴァキア建築（Architektura ČSR）』を刊行し、戦後の建築構想を発信した。これによって、政府及び共産党と技術官僚、建築家の協同体制が極めて短期間のうちに構築され、都市と農村を含めた全体的な国土開発計画が作成されるようになった。(50) プラハ市庁舎の再建や、ナチによる虐殺事件があったリジツェ（Lidice）村の復興記念碑など、歴史的記念碑の建設などもこうした組織によって立案された。(51)

BAPSに集った前衛的建築家は、戦前の住宅政策の不備を繰り返し指摘した。戦前のチェコスロヴァキアでは、一九二一年に制定された建設支援法によって、最小八〇㎡の家族住宅に対して公的な建設費援助が認められていた。経済恐慌が深刻化した一九三〇年には、住宅供給促進のために、同法の援助対象が最小四〇㎡（一九三七年の住宅法改正によって三四㎡）の小住宅へと変更された（第二・四章参照）。しかし、法改正は住宅供給の増加には一定の役割を果たしたものの、住環境の悪化を招くことになった。戦争直後には、住宅の四分の一が、一空間に三人以上が居住する過密住宅であり、一万人以上の都市では三人に一人が過密住宅に居住していた。また、住宅設備に関しても、水洗トイレが備えられていない住居は、チェコ側では七〇％以上、スロヴァキア側では八〇％に及んでおり、浴室を備えた住宅も二〇％以下の普及率であった。電気の普及も、チェコ側では七五％に達していたが、スロヴァキアでは五〇％台にとどまっていた。(52) こうした設備面での不備に加え、問題視されたのが居住空間の狭さだった。一九四〇年には、プラハにおける台所なし一部屋住宅の比率は三二%、一部屋住宅は四二%にも及ぶ一方で、台所付き二部屋住宅は一五・五%、三部屋住宅は七%、四部屋以上は三・五%にとどまっていた。(53)一九四六年の住宅事情を見ると、全国五千人以上の自治体における住宅の半分以上が四〇㎡以下の小住宅であった。(54)

こうしたことから、前衛的建築家は戦前の住宅政策を、経済性のみを追求した政策であると批判し、新しい住宅改革を提唱するまたとない機会と捉えた。社会福祉省に登用された前衛的建築家シュトゥルサ(Jiří Štursa)が示した見解は、戦前の住宅政策に批判的な立場を示し、公共の利益への志向を明確に示している。

「これまで、住宅問題は個人的な問題だった。リベラリズムは都市の住宅を需要と供給の問題で決定してきた。住宅の質を決定していたのは、建設者の競争だった。彼らは技術の進歩を活用したが、それは家賃の高さに跳ね返った。建設用地の分割権、地価の上昇は住宅需要の増加を引き起こした。これらは自由主義経済の構成要素だった。その結果、住宅が小さくなり家賃は上昇した。倉庫住宅やバラックコロニーが周縁部に形成された。住宅問題の解決は広範に行われなければならない。住宅問題は公共の利益にかかわる事項(věc veřejného zájmu)であり、公共福祉(veřejné péče)が必要だ。両大戦間期の経験から、需要と供給の法則に頼ることはできない。住宅水準を引き上げるためには、自由主義的な住宅建設に戻ってはならない。公共の利益を考慮した全体的な計画が財政援助には必要だ。広範な公共の課題、すなわち住宅空間を計画的に設計し建設すること、そのための財政を考慮することが我々には求められている。(55)」

こうした住宅改革構想は、国境地帯における入植局の政策にも反映されていた。前衛的建築家ジャーク

(Ladislav Žák)は、ドイツ人追放に伴う人口減少によって、国境地帯が近代産業社会と自然とが融合し、近代文明の引き起こした問題が解決される場所になるという見解を示していた。[56] こうした構想は、前衛的建築家ヤヌー(Karel Janů)が、入植局で具体的に示した。彼は、建築のみならず都市計画など広範な事業に携わることで、クレイサとともに入植局の中心的指導者の一人であった。ヤヌーは戦後の入植政策を、社会主義理論に基づく共和国全体の改造と都市計画実現の契機と捉えており、共産化以降も同国の建築政策に強い影響力を持ち続けた。[57]

(三) 住宅改革構想の理念と現実

前衛的建築家たちの住宅構想は、共産党や社会民主党員などをはじめ、政府内でも一定の支持を得ていた。しかし政府内では、住宅市場の統制ではなく、あくまでも戦前と同様に自治体、住宅組合、民間による所有を認めるべきであり、家主の所有権が制限されるべきではないという見解も根強かった。[58]

実際に、ドイツ人から収用した土地及び家屋財産は地区国民委員会の管轄下にあり、入居者は住宅を分配されたうえで家賃を払う借家人であった。借家人の住宅を接収することが認められたのは、借家人が自治体の役人ではない場合、借家人が「国家の信頼に足る者」とみなされない場合、住居が不適切なまでに大きい場合などに限定されており、地区国民委員会といえども、無制限の住宅接収は認められていなかった。[59] 家屋を接収されたドイツ人などの事例を除いて、個人住宅の所有権そのものには手はつけられず、家主は依然として借家人への賃貸経営を認められていた。農場の集団化も、人民民主主義期には実施されず、収用された土地も農場主に分配されていた。入植者への家屋分配を通して、共産党などは支持基盤の拡大が期待できた。

こうした状況を背景に、政府は一九四六年七月に、二カ年計画における住宅建設の要として、モデル団地(Vzorné sídliště)の建設を発表した。この住宅は、中央ボヘミアのクラドノ、東モラヴィアのズリーン、北モラヴィアのオストラヴァなどの工業都市で建設された。モデル団地の一つであった北モラヴィアのオストラヴァでは、共産党政権成立後の五カ年計画で建設された住宅は三四〇〇戸に及び、共産化以前の二カ年計画での建設数一四八家屋七〇〇戸[60]に比して、建設規模は倍増した。これらは、前衛的建築家の設計に基づき、四―五階建ての中層の住宅団地から構成された[61]。これらの住宅は、居間、寝室、台所、玄関、クローゼットなどからなる、三部屋に四―六人が居住できる六五―八〇㎡の家族用の小住宅として建設された[62]。

この背景には、国境地帯では家族のための小住宅が必要とされていたという事情が指摘できる。国境地帯では入植者の多くが若い世代で占められ、高い出生率を示していたのである。学齢期以前の子どもの比率は、チェコ側全体では一〇・七%であったが、国境地帯では一二―一四%に達していた。さらに、国境地帯での出生率は、その他の地域の倍の数値を示していた。追放と入植が集中的に行われた北ボヘミアの都市ジェチーンでは、三四歳以下の若年層比率は六六・五%に達していた[63]。このような状況で建設された住宅は、経済恐慌以前、一九二〇年代の建設支援法で定められた家族住宅の基準を踏襲したものであった。

しかし、このような住宅設計は、前衛的建築家が戦前に掲げたような住の社会化を骨抜きにするものであった。戦後チェコにおいては、前衛的建築家たちは、男女平等社会の実現のためには女性の家内労働を軽減するような住宅設計を構想していた。戦後政府の基本方針であるコシツェ綱領においても、女性は「自立した、生産的な労働者」として位置づけられていた[64]。国境地帯での再開発において、託児所、農業訓練所、体育のための場、プール、文化会館(kulturní dům)、女性や子どものための保健施設、社会福祉所、カウンセラー、病院、保険局、施療院、救急病院、薬局などの社会施設の設置が、各自治体に対して求められた[65]。共同キッチンや共同の洗濯場を備えることによって住機能を社会化し、男女同権の社会を実現することが期待されたのである。[66] しかし実際には、戦後政府の住宅案は、戦前に前衛的建築家が構想したような、家族の社会化を見据えたジェンダーフリーの設計ではなく、家庭内の主婦を前提とした「家族のための住宅」であった。プライヴェートを享受することができるのは、あくまでも男性の側にあり、家事の責任は依然として女性にあった。戦後政府の住宅政策は、一九二〇年代の家族住宅への回帰という側面を有していた。

そうした状況下で、前衛的建築家の中には、住の社会化という自らの理想の実現を試みる事例も見られた。その例が、北ボヘミアの鉱山都市リトヴィーノフ(Litvínov)において、前衛的建築家ヒルスキー(Václav Hilský)とリンハルト(Evžen Linhart)が設計した大規模アパートである。ザルツァの研究によれば、彼らの計画は、アヴァンギャルド理論家タイゲ(Karel Teige)が一九三〇年代に提唱した「最小住宅」や、戦前ソ連の前衛的な住宅建築の影響を強く受けていた。この最小住宅は、居住空間は可能な限り小さく設計され、育児や家事は共同施設で行うという住宅構想であった[67](第六章参照)。こうした構想を土台に、彼らは四〇〇戸が入居する三五のアパート群を建設して、一八万人の入居者をあてがう設計を打ち出した。このアパートは、単身者用のドミトリーを併設していたほか、台所を共有化することによって一世帯あたり二部屋を確保するという設計であり、病院や学校、商店、緑地、交通機関などを含めた総合的な団地が構想されていた。彼らの構想は、六五㎡以上の家族住宅という政府方針を受け入れつつも、一三階建てという巨大な建築によって、住の社会化を目指すものであった。リトヴィーノフの住宅は、社会主義建築において理論化された家事や育児の社会化を取り入れながら、戦前以来の「家族住宅」の形式を踏襲した、いわば折衷的な住宅の試みであった。[68]

しかし政府の二カ年計画では、一二万五千戸の建設計画のうち、初年度に六万一千戸の建設が計画されていたが、初年度に達成できたのは約二万九千戸と半分にすぎなかった。[69] 一九四七年の着工時には、資金と労働力不足によって工事が停滞し、計画の変更がなされた結果、本格的に工事が進められたのは、一九四八年の共産政権の成立以降であった。リトヴィーノフの集合住宅の建設費用は、二カ年計画の予算を大幅に上回るものであったため、着工されたのは住宅団地ではなく、単体の集合住宅にとどまった。[70]

(四)　国境地帯の社会変容

最後に、本書で論証した戦後の住宅政策の帰結を、住民構成の観点から改めて見ておきたい。ドイツ人が追放された国境地帯には、一九四〇年代末までに一七〇万人が入植したことで、同地の住民の三分の二は入植者によって占められた。大戦直後の極めて短期間のうちに、当時のチェコ側の人口のおよそ三人に一人が移動を経験することになったのである。[71] 第二次世界大戦以前に人口の二〇％以上を占めたドイツ人マイノリティが、暴力的にチェコスロヴァキア国内から排除されたことで、戦後のチェコ側は民族統計的には極めて均質的な社会となった。

しかし実際には、国境地帯に入植した住民の社会的背景は多種多様であった。入植者の多くは、ナチによって故郷を追われた者や、国境地帯以外のチェコ国内部から経済的動機に基づいて移住したチェコ系住民であった。しかし、二〇〇万人以上に及んだドイツ系住民追放に伴って生じた経済力低下を抑えるために、チェコ内のみならず、スロヴァキアや国外からの移住が必要とされた。

国内チェコ人以外での最大の入植者集団は、スロヴァキア出身者であった。彼らの中には、スロヴァキア人だけではなく、南部に居住していたハンガリー人やロマなども含まれた。四七年五月の統計によると、チェコ国境地帯に移住したスロヴァキア出身者は一一万五七八三人、全住民の五・五％を数えた。移住者は、全体的には特定の地域に集中せず、国境地帯の各地域に拡散する傾向を示していた。スロヴァキア出身者が平均五・五％を占める郡は二六に及んでおり、一〇％を超える郡も八つを数えた[72]。中でも、スロヴァキア入植者の入植先は、国境地帯の中でも工業地域に集中する傾向を見せており、西ボヘミアのスロヴァキア入植者が二万七四六〇人、北・東ボヘミアが二万二九七八人、東ボヘミア・シレジアが二万一九五〇人を占めていたのに対して、農業地帯である南ボヘミアに定住したのは三九〇七人、南モラヴィアは三七〇七人にとどまっていた[73]。国外からの再入植者は、ハンガリーやルーマニア、現ウクライナ西北部のヴォルィーニ(Volyň)(Волинь)(Wołyń)地域にかつて移住したチェコ系・スロヴァキア系住民など合計二〇万人を数えていた[74]。こうして、スラヴ系ではあるが言語も社会的背景も異なる住民が、国境地帯へと移住させられた。一九五〇年の全国統計によれば、チェコ側人口の九三・九％がチェコ人で占められたにもかかわらず、国境地帯ではスロヴァキア人や残留ドイツ人など、チェコ人以外の住民が一二・五％を占めていた[75]。

他方で、同時期の国内外における大量の入植移動は、住宅市場の地域間のアンバランスを引き起こしていた。モラヴィアの都市イフラヴァでは、ドイツ人追放によって住宅の半分以上が空き家となり、戦時中に比べて住民が三分の一以上も減ったにもかかわらず、住民の入居は進行しなかった[76]。モストやウースチー・ナド・ラベムなど北ボヘミアの工業・鉱山都市では人口回復が比較的早期に実現したが、ヘプなどの西ボヘミア地方や、チェスキー・クルムロフを中心とする南ボヘミアでは、人口減少は地域社会に大きく響いていた。工業地帯であり、労働力補充が喫緊の課題であった北ボヘミア地域と、農村の南ボヘミアなどでは、住宅状況は大きく異なっていた。

さらに、大量の入植者の流入は、国境地帯の社会に新たな亀裂を引き起こした。一九五〇年には、国境地帯に戦前から居住していたチェコ系「旧住民(starousedlíci)」の比率は三〇％にとどまったのに対して、「新住民(novousedlíci)」と呼ばれた入植者の比率は四七％に達していた[77]。チェコ人入植者が多く流入した地域では、共産党は高い支持率を得ていた。共産党は一九四六年五月に実施された総選挙において三八%の得票率を確保していたが、国境地域での得票率は選挙区によっては六五%に及んでいた。国境地帯とりわけ北ボヘミアにおける共産党の支持率の高さは、入植政策によって財産を獲得した層に支えられていた。他方で、東部のシレジア地方では、共産党の得票率が三〇%を割る自治体も少なくなかった。同地域では、戦中からチェコ系旧住民の比率が高く、カトリック系政党の力が強かったために、共産党の伸長は北ボヘミア程の勢いを見せなかった。(78)

共産化後の国境地帯では、多数派となった新住民及び共産党がチェコ系旧住民をドイツ人の対敵協力者とみなし、迫害する事例も見られたという。チェコ系旧住民は、戦前にはドイツ系住民やユダヤ人と同じ共同体で生活しており、ナチ占領期にはドイツの国家市民権を取得したことが、共産党から嫌疑の目を向けられる一因となった。その一方で、シレジア地方では戦中にドイツ民族として登録されながら、戦後に労働力確保などの政治的な理由でチェコ人として登録される住民層も見られた。チェコ系旧住民は、共産党の政策にも翻弄されることになった。

小括

一九四五年から一九四八年にかけての人民民主主義期に、共産党を中心とする戦後チェコスロヴァキア政府は、戦前とは大きく異なる住宅市場の統制に着手した。特に、共産党が主導する地区国民委員会は、国境地帯における大規模な入植政策を通して住宅市場を掌握し、大規模な住宅供給政策の推進主体として立ち現れた。地区国民委員会は、一九四八年の共産党の独裁体制成立後も、自治体における住宅供給政策の担い手として、大きな権限を行使し続けた。ドイツ系住民の追放と国境地帯への入植政策は、戦後チェコスロヴァキアにおける社会政策の変革の基盤となった。

国境地帯における住宅供給政策は、当該期チェコスロヴァキアの住宅政策全体にも影響を及ぼした。元来、チェコスロヴァキアの人民民主主義体制は、共産党の一党独裁体制ではなく、共産党内部においても、ソ連型の社会化を全面的に採用することに対するコンセンサスはまだ存在しなかった。このため、入植政策で住宅を分配された入居者は、地区国民委員会に家賃を支払う借家人であったが、土地は個人に分配され、先住者が残した家具財産の所有も認められた。国境地帯における住宅供給政策は、住宅市場統制の促進と私的所有権の容認を併存した政策であった。このように、戦後政府が着手した住宅政策は、戦前の資本主義体制とも冷戦期の共産主義とも異なる「チェコスロヴァキアの道」を、社会政策の面においても体現していたのである。

さらに、戦後の住宅改革において特徴的であったのは、戦前から共産党の影響を受けて活動していた前衛的建築家を抜擢し、二カ年計画などにおいて戦後復興に登用したことであった。これによって、建築家たちは戦前から抱いていた住宅改革構想を政府に提唱する機会を与えられた。彼らは、戦前の住宅政策が中間層のための家族住宅に限定されていたことを批判し、一九三〇年代にソ連などで構想された大規模集合住宅をモデルとした、住宅の社会化を踏まえた住宅案を提唱した。入植局の幹部に共産党員の若手建築家ヤヌーが抜擢されたことからもうかがえるように、前衛的建築家たちの住宅改革構想は、政府からも一定の支持を得ており、住宅建設政策においてかなりの程度実現されるかに見えた。しかし、戦後政府の政策は、住宅市場統制を促進しつつ、私的所有権を認めていたので、建築家たちは、社会化を前提とした極端な住宅改革を緩和する必要に迫られた。このため、戦後の住宅団地構想は社会化への方向性を示しつつも、戦前の家族住宅のコンセプトを一定程度残す、折衷的なプロジェクトとなった。こうした点にも、戦後の社会政策の中に、戦前の政策からの決別を目指しつつ、戦前の政策方針が引き継がれていたことが浮かび上がってくる。共産党を中心とする国民戦線政府が目指した新しい社会体制には、戦前からの断絶面とともに連続面も現れていたといえよう。

（1）日本における東欧の「人民民主主義」研究史については、「小特集：東欧人民民主主義革命の史的再検討」『歴史学研究』四六五号、一九七九年二月、一―五三頁、百瀬宏「東欧の人民民主主義再々訪―吉岡論文に寄せて―」『スラヴ研究』五三号、二〇〇六年、二九九―三一二頁等を参照。

（2）ドイツ人追放と歴史認識の問題については、Tomáš Staněk, *Odsun Němců z Československa 1945-1947*, Praha, 1991、矢田部順二「『追放』ズデーテン・ドイツ人補償問題をめぐるチェコ―ドイツ関係の現状―」斉藤孝編『二〇世紀政治史の諸問題』彩流社、一九九七年、二六三―三〇〇頁、篠原琢「中央ヨーロッパの歴史とは何か―異端派サークルにおける現代史論争―」高橋秀寿、西成彦編『東欧の二〇世紀』人文書院、二〇〇六年、二九五―三二四頁などを参照。

（3）林忠行「チェコスロヴァキアの戦後改革」油井大三郎、中村政則、豊下楢彦編『占領改革の国際比較―日本・アジア・ヨーロッパ―』三省堂、一九九四年、三七〇―四〇〇頁、Karel Kaplan, *The Short March: The Communist Takeover in Czechoslovakia, 1945-1948*, C. Hurst, 1987; *Pravda o Československu 1945-1948*, Praha, 1990; Martin R. Myant, *Socialism and Democracy in Czechoslovakia, 1945-1948*, Cambridge University Press, 1981.

（4）Bradley F. Abrams, *The Struggle for the Soul of the Nation: Czech Culture and the Rise of Communism*, Rowman & Littlefield, 2004, pp. 118-138; Christiane Brenner, *"Zwischen Ost und West": tschechische politische Diskurse 1945-1948*, München, 2009, pp. 72-84.

（5）Adrian von Arburg, "Tak či onak. Nucené přesídlení v komplexním pojetí poválečné sídlení politiky v českých zemí," *Soudobé dějiny* 10, no. 3 (2003), pp. 253-292; Adrian von Arburg, "Peripherie oder Pionierland? Konzeptionen zur neuen Funktion des tschechischen Grenzgebiets 1945-1951," in Peter Lozoviuk (Hg.), *Grenzgebiet als Forschungsfeld: Aspekte der ethnografischen und kulturhistorischen Erforschung des Grenzlandes*, Leipzig, 2009, pp. 85-112; František Čapka, Lubomír Slezák, Jaroslav Vaculík, *Nové osídlení pohraničí českých zemí po druhé světové válce*, Brno, 2005; Andreas Wiedemann, *"Komm mit uns das Grenzland aufbauen!" Ansiedlung und neue Strukturen in den ehemaligen*

Sudetengebieten 1945–1952, Essen, 2007.

（6）Jakub Rákosník, *Sovětizace sociálního státu, lidově demokratický režim a sociální práva občanů v Československu 1945–1960,* Praha, 2010, p. 74. プロレタリアート独裁の一形態としての人民民主主義体制そのものは、共産党独裁政権が成立した一九四八年以降も、一九六〇年に憲法が改正されるまで存続した。本書では、複数政党制・多元性が維持されていた一九四八年までの第三共和国期に限定する。

（7）Kimberlay Elman Zarecor, "Designing for the Socialist Family: The Evolution of Housing Types in Early Postwar Czechoslovakia," in Jill Massino, Shana Penn (ed.), *Gender Politics and Everyday Life in State Socialist Eastern and Central Europe,* Palgrave Macmillan, 2009, pp. 151–168; Kimberlay Elman Zarecor, *Manufacturing a Socialist Modernity: Housing in Czechoslovakia, 1945–1960*, University of Pittsburgh Press, 2011.

（8）国民民主党や農業党、スロヴァキア人民党など、資本家層や権威主義体制と関係のあった政党は再結成を認められなかった。

（9）国民委員会は、かつての州代表部、州当局、州長官の権限を執行する機関として、一九四五年五月五日の政府指令第四号法によって定められた。地区国民委員会の上位機関として、郡国民委員会(okresní národní výbor)プラハ、ブルノ、ブラチスラヴァの州国民委員会(Zemský národní výbor=ZNV)が設置された。Čapka, *Nové osídlení pohraničí českých zemí,* p. 93.

（10）Myant, *Socialism and democracy in Czechoslovakia,* p. 106.

（11）Myant, *Socialism and democracy in Czechoslovakia,* pp. 137–138; Rákosník, *Sovětizace sociálního státu,* p. 88.

（12）Rákosník, *Sovětizace sociálního státu,* p. 81.

（13）"Košický vládní program," in *Dokumenty moderní doby*, Praha, 1978, pp. 486–487.

（14）Václav Průcha (ed.), *Hospodářské a sociální dějiny Československa 1918–1992. 2. díl. 1945–1992,* Brno, 2009, pp. 73, 77.

（15）"108. Dekret presidenta republiky ze dne 25. 10. 1945 o konfiskaci nepřátelského majetku a Fondech národní obnovy," in Karel Jech, Karel Kaplan, *Dekrety prezidenta republiky 1940–1945* (Brno, 2002), pp. 843–855. この年に公布された大統領布告は通常「ベネシュ大統領令」と呼ばれ、特に同一〇八号法は、被追放民による財産返還要求などの禍根を残すことになった。

(16) Čapka et al., *Nové osídlení pohraničí českých zemí*, p. 188.

(17) Staněk, *Odsun Němců z Československa*, p. 242.

(18) Čapka, *Nové osídlení pohraničí českých zemí*, pp. 9-23.

(19) Arburg, "Peripherie oder Pionierland?" pp. 91, 95.

(20) "27. Dekret presidenta republiky ze dne 17. 7. 1945 o jednotném řízení vnitřního osídlení," in Jech, Kaplan, *Dekrety prezidenta republiky*, pp. 318-319.　入植局によるドイツ人追放とチェコ人入植活動については，David Gerlach, "Beyond Expulsion: The Emergence of "Unwanted Elements" in the Postwar Czech Borderlands, 1945-1950," *East European Politics and Societies* 24, no. 2 (2010), pp. 269-293を参照。

(21) Miroslav Kreysa, "Naše problémy v pohraničí a vaše iniciativa," *Stavebnictví* 1, no. 1 (1945), pp. 5-6.

(22) Josef Rubína, "Příděl rodinných domků zahájen," *Osidlování* 2, no. 19 (1947), pp. 837-838.

(23) Rákosník, *Sovětizace sociálního státu*, pp. 438-441.

(24) "108. Dekret presidenta republiky ze dne 25. 10. 1945 o konfiskaci nepřátelského majetku a Fondech národní obnovy," in Jech, Kaplan, *Dekrety prezidenta republiky*, pp. 845-846.

(25) SOkA Opava ÚNV karton. 336.

(26) Victor S. Mamatey, Radomír Luža (ed), *A history of the Czechoslovak Republic, 1918-1948*, Princeton University Press, 1973, p. 397.

(27) NA, Fond KSČ ÚV. 23, arch.jednotka. 345.

(28) Wiedemann, *Komm mit uns das Grenzland aufbauen!*, p. 179.

(29) *Zpravodaj z pohraničí*, no. 5 (1947), p. 9.

(30) Wiedemann, *Komm mit uns das Grenzland aufbauen!*, p. 175.

(31) NA, Ministerstvo práce a sociální péče, karton. 47; Čapka, *Nové osídlení pohraničí českých zemí*, pp. 121, 151.

(32) Josef Rubína, "Bytové problémy našeho pohraničí," *Osidlování* 2, no. 15 (1947), pp. 518-520.

(33) Jindřich Smidák, "Naše nové bydlení," *Sociální revue* 22, no. 7 (1947), pp. 157-164.; Josef Štais, "K působnosti ministerstva sociální péče ve věcech bytových," *Sociální revue* 21, no. 8 (1946), pp. 192-194.

(34) František Kraus, “Působnost ministerstva ochrany práce a sociální péče ve věcech bytových,” *Sociální revue* 21, no. 7 (1946), pp. 151-153.
(35) オパヴァでの報告を参照。SOkA Opava ÚNV karton. 334.
(36) Josef Štis, “Přípravy nové bytové výstavby,” *Sociální revue*, 21, no. 4 (1946), pp. 85-86.
(37) チェコスロヴァキア法令集を参照。http://aplikace.mvcr.cz/archiv2008/sbirka(二〇一一年一一月一〇日閲覧)
(38) 86. Zákon ze dne 12. 4. 1946 o stavební obnově; 99. Zákon ze dne 12. 4. 1946 o daňových úlevách na opravy domů z důvodu poškození válečnými událostmi.
(39) 163. Zákon ze dne 18. 7. 1946 o mimořádných opatřeních bytové péče.
(40) 163. Vládní nařízení ze dne 2. 9. 1947 o přídělu konfiskovaných rodinných domků.
(41) 192. Zákon ze dne 25. 10. 1946 o dvouletém hospodářském plánu.
(42) Brenner, ”*Zwischen Ost und West,*” pp. 39-40, 136-137.
(43) Stibor, “Plánování a jeho organisace jako předpoklad bytové výstavby,” p. 302.
(44) Oldřich Stibor, “Plánování a jeho organisace jako předpoklad bytové výstavby,” *Sociální revue* 21, no. 11 (1946), pp. 302-304.
(45) 41. Zákon ze dne 7. 3. 1947 o státní podpoře na obytné stavby.
(46) NA, Úřad předsednictva vlády (ÚPV) karton. 932.
(47) 第三共和国期の労働保護・社会福祉省(Ministerstvo ochrany práce a sociální péče)大臣は、スロヴァキア共産党のショルテーシュ(Jozef Šoltész)、チェコ共産党のネイェドリー(Zdeněk Nejedlý)と、共産党系の人物が務めていた(チェコ政府公式サイトより http://www.vlada.cz/scripts/detail.php?id=45533)。(二〇一一年一一月二六日閲覧)
(48) Švácha, *Od moderny k funkcionalismu*, p. 367.; Zarecor, *Manufacturing a Socialist Modernity*, pp. 13-14. 17-24.
(49) 戦後のBAPSの活動については、Zarecor, *Manufacturing a Socialist Modernity*, pp. 25-29 参照。
(50) Ladislav Machoň, “Zapojení architekta do plánování země české,” *Architektura ČSR* 1 (1946), pp. 14-16.
(51) Oldřich Starý, “Spolupráce architektů na výstavbě státu,” *Architektura ČSR* 1 (1946), pp. 6-7.
(52) Jiří Štursa, “Bytová výstavba Československa a zkušenosti z ciziny,” *Stavebnictví* 2, no. 3-4 (1947), p. 47.

(53) *Národní politika*, 20. 12. 1940.

(54) NA, FondKSČ ÚV. 23, arch.jednotka. 340.

(55) Jiří Štursa, "Bydlení, věc veřejné péče," *Sociální revue* 21, no. 11 (1946), pp. 296-299.

(56) Brenner, *"Zwischen Ost und West,"* pp. 268-269.

(57) Karel Janů, "Bytová nouze?," *Architektura ČSR* 1 (1946), p. 26.

(58) 一九四六年七月一八日のチェコ国民議会議事録を参照。 http://www.psp.cz/eknih/1946uns/stenprot/008schuz/s008001.htm(二〇一一年八月一日閲覧)

(59) SOkA Opava ÚNV karton. 334.

(60) Karel Kuča, *Města a městečka v Čechách, na Moravě a ve Slezsku, díl 4. Ml-Pan*, Praha, 2000.

(61) モデル団地については、Zarecor, *Manufacturing a Socialist Modernity*, pp. 54-67を参照。

(62) Jiří Štursa, "Bytová výstavba Československa a zkušenosti z ciziny," *Stavebnictví* 3, no. 3-4 (1947), pp. 42-49.

(63) *Soupisy obyvatelstva v československu v letech 1946 a 1947,* Praha, 1951, p. 528.

(64) Melissa Feinberg, *Elusive Equality: Gender, Citizenship, and the Limits of Democracy in Czechoslovakia, 1918-1950,* University of Pittsburgh Press, 2006, pp. 196-197.

(65) Eduard Tomáš, "Konfiskovaný majetek pro zdraví lidu, kulturu a účely sociální," *Osidlování* 1, no. 10 (1946), pp. 201-203.

(66) Martin Rais, "Naše osidlovací politika," *Osidlování*, 1, no. 3 (1946), pp. 49-51.

(67) Švácha, *Od moderny k funkcionalismu*, p. 341.; Zarecor, *Manufacturing a Socialist Modernity*, p. 35.; Janatková, *Modernisierung und Metropole,* pp. 62-66.

(68) リトヴィーノフの団地計画については、Zarecor, *Manufacturing a Socialist Modernity*, pp. 38-53, 56-60. を参照。

(69) Rákosník, *Sovětizace sociálního státu,* p. 454.

(70) 集合住宅が完成したのは一九五八年であった。現在は団地としてではなく、ホテルとして用いられている。

(71) Arburg, "Tak či onak," p. 253.

(72) Ol'ga Šrajerová, Karel Sommer, "Migrace slováků do českých zemí v letech 1945-1948," *Slezský sborník* 96, no. 1

(1998), p. 29.

(73) Wiedemann, *Komm mit uns das Grenzland aufbauen!*, p. 254.

(74) Čapka, *Nové osídlení pohraničí českých zemí*, p. 166.

(75) Arburg, “Tak či onak,” p. 281. 一九五〇年の民族比率に関しては、チェコ統計局ＨＰも参照。http://notes2.czso.cz/csu/2008edicniplan.nsf/t/24003E05E7/$File/4032080117.pdf（二〇一一年一二月一〇日閲覧）

(76) 一九四六年七月一八日のチェコ国民議会議事録。http://www.psp.cz/eknih/1946uns/stenprot/008schuz/s008001.htm（二〇一一年八月一日閲覧）

(77) Arburg, “Tak či onak,” p. 282.

(78) Wiedemann, *Komm mit uns das Grenzland aufbauen!*, pp. 395–396.

終章

(一) エピローグ――共産党政権を経て――

一九四八年に権力を掌握した共産党政権は、大規模な集団化政策に着手し、第三共和国期に認められていた個人の住宅・土地所有は大きく制限されることになった。

共産党政府は、一九四九年から始まる第一次五カ年計画において、大規模な住宅建設に着手した。独裁前の二カ年計画において建設された住宅は、計画の半数、六万戸ほどにとどまったが、五カ年計画で建設された建造物は一五万家屋に達した。(1) 住宅建設は工場建設と連動して進められ、五〇年代後半には北ボヘミアのモスト、シレジアのカルヴィナー(Karviná)、北スロヴァキアのジリナ(Žilina)で、年間七千以上のアパートメントが建設された。(2)

首都プラハにおける住宅建設も、共産政権期に加速した。党の中央国民委員会はプラハの住宅組合・建設業者を管轄下に置き、一九五七年以降に集合住宅団地の建設を開始した。これによってプラハ市内では、一九六五年までに四万七千戸が建設されたのを皮切りに、一九六四―一九八六年にはプラハ北部に一〇万五千人、一九七二―一九八五年には南部に一〇万人、一九八〇―一九八六年には南西部に八万人分の住宅が建設された[(3)]。これらの集合住宅は、資材の徹底した規格化によって、当初は四―六階建て、最終的には九―一一階建ての高層住宅として建設された。入居住民は、平均一五―二〇年の居住を前提とした「候補者リスト」に基づいて選別された[(4)]。このような大規模な住宅建設によって、戦間期には著しかった市域内の階層分化・社会格差は大きく縮小した。

こうした共産主義期チェコスロヴァキアの住宅建設において象徴的な「成果」は、スロヴァキアのブラチスラヴァ市南部に建設されたペトルジャルカ(Petržarka)団地であった。一九七四年に建設が開始された同団地は、平均四五㎡、平均部屋数三・一二部屋の住居が八―一〇階建ての高層建築に納められた巨大な住宅団地であった。同団地はドナウ川を挟んでブラチスラヴァ中心部から隔てられ、現在でもブラチスラヴァ人口の四分の一以上を抱えた、全く別個の都市の様相を呈している。こうした大量の団地建設は、一九六八年の「プラハの春(チェコ事件)」以降に開始された「正常化体制」と連動していた。六〇年代の「行き過ぎた」改革の揺り戻しとして、一九七〇年代以降、チェコの共産主義体制では言論・政治的自由が大きく制限された。その一方で、国内の各都市において、大量の住宅を提供することが、国民の経済的要求を満足させるために必要とされた。こうした大量建設によって、前世期以来の住宅問題が劇的に克服されたことが、共産党政権の「成果」として宣伝された[(5)](図終-1)。

しかし、こうして建設された団地は、商店、学校、文化施設、緑地といった、二〇世紀前半の住宅改革運動においては不可欠とされてきた諸施設が除外された生活空間であった。六〇年代半ば以降の住宅建設においては、住インフラや社会的基盤を重視した計画がなされたが、「正常化体制」以後に建設された住宅団地においては、住宅建設は大量生産方式で可能な限り早期の建設が求められた。このため、住宅団地には、緑地や歩行者のための

図終-1　社会主義期に建設された集合住宅団地(プラハ市北部・プロセク(Prosek)地区)

出典）筆者撮影。

空間が設けられておらず、街の中心部とも切り離されるなど、住民の社会生活への配慮が欠落することになった[6]。一九三〇年代にタイゲらアヴァンギャルド知識人たちが構想した住宅、第三共和国期に建築家たちが構想した社会的な居住空間は、共産主義体制という現実の中で、大きな変容を余儀なくされた。社会主義期に登場した「団地・高層アパート(sídliště/panelák)」という語は、「コンクリートのロビー」という意味を含みながら、体制転換後には社会主義期の「負の遺産」として位置づけられることになった。二一世紀の今日でも、チェコ共和国全住民の三分の一以上、およそ三〇〇万人が、社会主義期に建設された八万家屋一一〇万戸の「団地・高層アパート」に居住している[7]。社会主義期の住宅団地は、戦間期や戦後直後の社会改革の痕跡を残しながらも、社会主義期の最も目に見える象徴として、人々の生活を支え続けている。

（二）　本書のまとめ

本書はこれまでの考察を通して、住宅問題という視点から、二〇世紀前半のチェコで展開された社会改革とそこで示された社会構想の在り方を明らかにした。当該期のチェコの住宅改革に携わった者たちは、どのような社会を目指したのか、そこで何が実現し、何が実現されなかったのだろうか。

第一部では、ハプスブルク帝国末期からチェコスロヴァキア建国時、とりわけ一九二〇年代における社会改革の在り方を、国政、プラハ市政及び郊外住宅団地の建設を例に考察した。

一九世紀後半から二〇世紀初頭にかけての時期は、チェコにおいて都市化が進行し、住宅問題が深刻化した時代であった。そのような社会経済的変動、さらにはハプスブルク帝国での社会再編に伴い、チェコにおいて数多くの政党・結社がネイション別に設立された。住宅・社会問題に関しては、帝政末期に数多くの住宅組合が設立され、深刻化する労働者住宅の質的悪化への対処が試みられた。また、住宅改革協会などの活動によって、住宅問題に対処するための理論的方策が精緻化され、建築家も改革の主体として積極的にかかわるようになった。住宅組合が住宅供給の担い手となったことは、家族のための住宅を、富裕な市民層だけでなく、より広範な社会層に提供するという社会改革が現れていたことを示していた。

こうした住宅改革の動きは、新国家設立に伴ってさらに加速した。社会主義政党の一翼であった国民社会党は、組合員の自助を重視した組合社会主義を掲げ、住宅組合への援助と資本主義の維持を両立させようとしていた。その背景には、新国家チェコスロヴァキアの住宅立法が、自立した個人による持ち家所有を基盤とした、一九世紀以来の市民規範を内在するものであったこと、個人の財産所有に対して国家の介入を控えようとした、自由主義的な性格を内包する政策であったことが関係していた。プラハ郊外に建設されたスポジロフ住宅団地は、「貯蓄によって財産を形成する市民層」を対象としていた点で、政府の理念を体現するモデルとしての側面を有していた。このように、新国家チェコスロヴァキアの住宅政策・改革理念は、帝政期以来の連続性を示すものであった。さらに、一九二〇年代に西欧諸国で現れていた郊外田園都市の思想が、チェコにおいてもただちに導入されていたことから、チェコの改革家たちが、同時代のヨーロッパ市民層と共通の社会問題への認識を有していたといえよう。

第二部では、戦間期から第二次世界大戦後のチェコにおいて前衛的建築家たちが、市民的な住宅改革とは異なる、新しい社会構想を提示する過程を考察した。

帝政期から一九二〇年代にかけて推進された、家族住宅の供給によって市民的規範を訓育するための建設支援政策は、労働者らが現実に直面する住宅問題を覆い隠すものでもあった。大多数を占める都市部の労働者層や仮設住宅の住民、農村住民、さらには国内のマイノリティは、政府の建設支援政策や組合運動から排除されたままであった。住宅組合の活動は、工業化の進展していたボヘミアのチェコ系とドイツ系の都市部に限定されていたため、住宅政策の受益者は、都市(特にチェコ側)の中間層以上にとどまり、農村部や地方都市への波及は限定的であった。さらに、ドイツとの国境地帯に活動拠点を持つドイツ系政党やドイツ系住宅組合が目指したのは、あくまでも国内のドイツ系住民内での住宅改革であった。一九三〇年代に入って経済恐慌が深刻化したことで、郊外住宅団地の隣には「失業者たちの田園都市」が広がっていた。

こうした中で、チェコ政府が推進する住宅政策とは異なる場所から、新しい住宅改革構想が現れ始めた。その担い手となったのが、一九二〇年代から顕著な活動を見せ始めた、タイゲらを中心とする前衛的建築家・知識人たちであった。彼らは、郊外都市空間で建設された家族住宅が、女性を家庭という私的空間にとどめるブルジョワ的規範を前提とした設計でもあったこと、家族住宅とは、民族や階級、ジェンダーといった要素を通して入居者を差別化することで、様々な包摂と排除の論理を内包していたことを指摘した。郊外住宅団地において見たように、ジェンダー分業を前提にした市民層のための家族住宅が維持されていたことからも、当時の住宅設計思想には帝政期以来の家父長的な規範が色濃く残存していた[8]。

チェコスロヴァキア第一共和国は、帝政期の流れを引き継ぐブルジョワ政党と社会主義政党を中心とする連立政権によって、議会制民主主義を維持していた。政権内で社会問題を担当する立場であった社会民主党は、農業党などを中心とするブルジョワ政党との連立体制を維持するため、土地改革に代表されるように私有財産の維持を堅持した。そのため、帝政期より社会民主党が率先してきた社会改革の大部分を引き継いだのは、社会民主党から分離する形で成立した共産党であった。しかし、共産党はのちにボルシェヴィキ化によって政府との対決姿勢を強めたことで、一時は第二党としての勢力を保持しながら、野党として政府の住宅政策批判を展開することにとどまっていた。

このように、ブルジョワ政党と社会主義政党による連立政府が効果的な住宅政策を打ち出せない状況下で、彼ら前衛的建築家は、大規模な集合住宅の建設というオルタナティヴを提示した。一九三〇年代チェコの前衛的建築家たちは、住宅設計を合理化し、さらには「家族の廃止」までも構想した「最小住宅」によって、従来の市民的規範に基づく家族住宅を乗り越えることを試みた。一九三〇年代チェコにおける住宅改革運動の背景には、ヨーロッパの建築家たちの新しいネットワーク、ソ連でのアヴァンギャルド建築の発展、さらにはチェコ共産党の存在があった。チェコの前衛的建築家・知識人たちの活動は、共産党の文化活動と結びつき、一九三〇年代に入ると新たな社会改革の潮流を生み出した。しかし、共産党と前衛的建築家は、決して一枚岩ではなかった。共産党の活動に積極的にかかわった建築家が勢力を増す中で、「最小住宅」の主唱者であったタイゲは、共産主義へのシンパシーを示しつつも、共産党の政治闘争からは距離をとるようになった。

住宅建設に国家が大規模に関与したのは、ナチ占領期を経て共産主義政権が成立するまでの時期が初めてのことであった。ナチ占領期に国家の統制が住民の社会生活に及び、人種理論に基づく入植政策が構想されたことで、入植者に対する住宅供給は占領当局、さらには戦後チェコ政府の直接的な課題として立ち現れた。戦後の二〇〇万人以上に及ぶドイツ系住民の追放とチェコ系住民の入植は、共産党を中心とする戦後政府に大規模な住宅政策を実施する場を与えることになった。戦後チェコの国民戦線政府は、一九三〇年代に台頭した前衛的建築家を登用し、彼らは戦前には実現できなかった大規模な住宅建設を提唱した。そこで目指されたのは、財産を所有する建設主にゆだねられたままであった戦前の自由主義的な住宅市場を、政府の介入による大規模な住宅建設計画によって置き換えるものであった。

戦争直後の国民戦線政府で目指されたのは、戦前の自由主義でもソ連型の社会主義でもない「チェコスロヴァキアの道」であった。台所や育児など、家族生活を「社会化」するのではなく、戦前の家族住宅の設計思想を踏襲した住宅が、集合住宅建設と計画経済の中で目指されることになった。戦後政府の住宅政策には、戦前の政策からの決別を目指しつつ、戦前の政策方針もまた引き継がれていた。共産党を中心とする国民戦線政府が目指した新しい社会体制には、戦前からの断絶面とともに連続面も現れていた。

(三) チェコという場を通して

最後に、序章で述べた「国民化」の問題にも触れておきたい。確かに、住宅に代表されるような社会政策は、帝政末期から独立以降にかけて、国民を把握する重要な装置となった。さらに、ナチ占領期から戦争直後の住宅・社会政策において、ネイションの帰属は重要な要素を占めるに至った。しかし、本書で検討したように、当時の住宅政策、及び住宅改革運動が目指したものは、決して上からの一律的な「国民化」だけではなかった。住宅改革運動は、都市問題、さらには近代が引き起こした問題そのものに対処する試みであった。

具体的に本書で試みたことは、帝政崩壊から新国家独立、二度の世界大戦を経て共産主義体制へと向かうチェコ社会の変容を、都市官僚や建築家、共産党員らが構想した住宅改革を通して映し出すことであった。

そこで明らかになったことは、帝政末期以降のチェコ社会では、結社や住宅組合などを通して、当時のヨーロッパ社会で展開された市民的な規範に基づく改革が試みられていたということであった。その中で目指された、住宅組合を通した持家・家族住宅の供給という試みは、スポジロフ田園都市などに見られるように、目に見える成果をも残しつつあった。

さらに、建築家たちのネットワークに代表されるように、一九二〇年代のチェコの建築家たちは国際的なモダニズム建築の潮流に主体的に参加していた。戦間期のチェコ社会には、住宅を通した社会改革の議論が、政府のみならず様々な方面から育まれる豊かな土壌が形成されていた。これまでしばしば暗黙の前提とされてきた、「遅れた東側」「西側に比して特殊な東欧社会」という固定概念も、本書の事例から相対化しうる。

その一方で、西側を模範とした市民的な規範に基づく住宅改革そのものに問題がなかったわけではなかった。一九二〇年代後半から三〇年代にかけて台頭したチェコのアヴァンギャルド知識人・前衛的建築家たちは、西側の家族住宅やチェコの政治体制そのものに異議申し立てを行い、「最小住宅」の思想を対置した。当時ソ連で展開されつつあった社会主義の集合住宅思想は、チェコの共産党が非合法化されずに活動したことも相まって、チェコの知識人たちの間で広く共有された。

さらに彼らは、西欧とソ連の住宅構想をただ導入するだけでなく、戦間期チェコの政治・社会状況を踏まえた、独自の改革構想を打ち出した。社会主義の影響を色濃く受けた改革構想は、スターリン期ソ連やナチス・ドイツ、ほかの継承諸国のような独裁体制に至らなかったチェコスロヴァキアの政治体制によって、議論の積み重ねが可能となった。

戦後の「第三共和国期」には、戦前の自由主義的な住宅市場を、三〇年代に積み重ねられた建築理論によって乗り越えようとする試みが実際に着手された。結局は、ソ連型の財産公有化は見送られ、戦前の家族住宅のコンセプトを残す折衷的な案によって、住宅供給政策は実施されることになった。その後、社会主義体制によって引き継がれた団地建設は、戦前の改革構想を骨抜きにした形で実施され、時代が進むごとに、東欧社会主義体制の「遅れ」を象徴するものとなった。

しかし、終戦直後のチェコスロヴァキア第三共和国期に現れた様々な住宅改革構想と、その背景にあった戦間期からの改革議論には、自由主義でもなくソ連型社会主義でもない、新しい社会構想が現れ出ていた。ここに、チェコ、さらには東欧として表象された地域の「特殊性」を、相対化しつつも積極的な意義を見出すことができるだろう。住宅という場から見ることで、ネイションという枠のみでは説明しきれない、近代への対処の在り方、その一端が提示できるのではないだろうか。

(四) 今後の課題

その一方で本書には、残された課題も少なくない。本書は、「新国家チェコスロヴァキア」を対象としていたにもかかわらず、スロヴァキア側についてはほとんど述べることができなかった。また、本書で取り上げた住宅問題は、チェコ政府の住宅政策や住宅改革家・知識人たちの改革構想という「上から」の視点にとどまっていた。

本書で扱った時代の都市住民の世界において、建築家らの住宅改革はどのように受容され、彼らにとってどのような意味を有していたのかという問題が残っている。すなわち、近現代チェコの住民世界そのものを、住民側の視点から問い直す作業である。

その手掛かりとなるのが、一九世紀以来の都市化の過程で生じた社会コミュニティの変動である。当時の都市は流動性の高い社会であり、団地住民の中には地方出身者も少なくなかった。その中でプラハ郊外に定着した住民たちは、政府や建築家による「上からの改革」を受容するだけではなく、様々な結社活動を通して地域社会を構築していた。新国家の住民たちは、帝政期以来の労働者の街区、二〇世紀に誕生した郊外住宅団地の中で、多様な中間団体を通して主体的に住民世界の共同体を形成していたのである。多様な社会集団を抱えた新国家チェコスロヴァキアでは、その表れ方もまた一様ではなかった。チェコ独立後も、チェコ系住民の社会、ドイツ系住民の社会は、完全に切り離された世界ではなく、敵対関係のみが支配していたわけでもなかった。(9)

しかし、第二次世界大戦によるナチ占領とユダヤ人らの抹殺、さらには戦後のドイツ系住民追放とチェコ系住民の入植によって、住民コミュニティそのものは大きく変容してしまった。こうした住民構成の激変の中で、新しく入植してきた人々がどのように主体的に社会を構築しようとしたのか、建築家たちが目指した住宅改革と現地住民の社会習慣に齟齬は生じなかったのか、このような住民社会そのものに視座を置くことが求められている。本書でもふれた、第二次世界大戦期及びその直後の時期の、チェコ国境地帯における住民社会の民族間関係は、その手掛かりとなりうる。

(1) Jakub Rákosník, *Sovětizace sociálního státu, lidově demokratický režim a sociální práva občanů v Československu 1945-1960*, Praha, 2010, p. 456.

（2） Zarecor, Kimberlay Elman, *Manufacturing a Socialist Modernity: Housing in Czechoslovakia, 1945–1960*, University of Pittsburgh Press, 2011, p. 292.

（3） Jiří Pešek, "Die Regulierung des Prager Stadtwachstums", in: Thomas M. Bohn (Hg.), *Von der "europäischen Stadt" zur "sozialistischen Stadt"*, München, 2009, pp. 87–97.

（4） Jiří Pešek, *Prag*, Praha, 2002.

（5） Zarecor, Manufacturing a Socialist Modernity, p. 292.

（6） 社会主義期のプラハの都市政策を扱った研究として，Jiří Musil, *Lidé a sídliště*（『人民と団地』), Praha, 1985.

（7） 当時の大統領ハヴェル(Václav Havel)は，社会主義期の住宅団地を「威厳のないウサギ小屋」と形容した。Zarecor, *Manufacturing a Socialist Modernity*, p. 294.

（8） デンマークのチェコ史研究者ブッゲは，大統領を中心とするエリート主義と脆弱な議会に示されるように，ハプスブルク帝国の封建的・王朝的規範は新国家チェコスロヴァキアの政治文化にも引き継がれていたと指摘した。Peter Bugge, "Czech democracy 1918–1938. Paragon or Parody?", in: *Bohemia* 47 (2006/07), pp. 3–29.

（9） Zahra, Tara, *Kidnapped Souls. National Indifference and the Battle for Children in the Bohemian Lands, 1900–1948*, Cornell University Press, 2008.; Caitlin E. Murdock, *Changing places: society, culture, and territory in the Saxon-Bohemian borderlands, 1870–1946*, University of Michigan Press, 2010.

参考文献

文書館史料

Národní archiv v Praze（チェコ国立文書館）

- Ministerstvo veřejných prací.（『チェコスロヴァキア公共事業省文書』）
- Ministerstvo sociální péče.（『チェコスロヴァキア社会福祉省文書』）

Archiv hlavního města Prahy.（プラハ市文書館）

- Protokoly sboru městské správy 1918-1938.（『プラハ市代表議事録』）
- Presidium rady a magistrátu. Bytová otázka.（『プラハ市議会・市役所―住宅問題―』）
- Ústřední sociální úřad. Praha. Kolonie nouzové byty 1924-1933.（『プラハ市社会政策局』）
- Český zemský spolek pro reformu bytovou v království Českém 1917-1950.（『チェコ住宅改革協会一九一七―一九五〇年』）
- Stavební družstvo Spořilov 1925-1936.（『住宅建設組合スポジロフ』）
- Sbírka rukopisů. Eustach Mölzer. Budování Prahy.（『E・メルツェル―都市建設―』）

Archiv Útvaru hlavního architekta Prahy（プラハ建築文書館）

- Dějiny plánování a výstavby hlavního města Prahy Max Urban, Díl. III.（『プラハ都市計画・都市建設史―マックス・ウルバン―』）

法　令

- *Reichsgesetzblatt für die im Reichsrate vertreten Königreiche und Länder 1892-1917*.
- *Sbírka zákonů a nařízení státu československého 1918-1948*.（『チェコスロヴァキア法令集』）
- “108. Dekret presidenta republiky ze dne 25. 10. 1945 o konfiskaci nepřátelského majetku a Fondech národní obnovy,”

in Karel Jech, Karel Kaplan, *Dekrety prezidenta republiky 1940–1945* (Brno, 2002), pp. 843–855.

政府刊行物・定期刊行物

- http://www.psp.cz（『チェコスロヴァキア国民議会下院議事録』）
- *Sociální revue. Věstník ministerstva sociální péče*, Ministerstvo sociální péče, 1919–1938, 1946–1948（『社会レヴュー：社会福祉省年報』）
- *Věstník obecní královského hlavního města Prahy 1900–1914*.（『王国都市プラハ市年鑑』）
- *Věstník hlavního města Prahy 1918–1938*.（『首都プラハ年鑑』）
- *Věstník svazu českých měst v království českému*（『ボヘミア領邦チェコ都市連盟年度報告』），1911–1914.
- *Věstník svazu československých měst*（『チェコスロヴァキア都市連盟年度報告』），1924–1930.
- *Osidlování věstník Osidlovacího úřadu a Fondu národní obnovy* 1946–1949.（『入植』）

統　計

- *Statistická zpráva hlavního města Prahy, spojených obcí Karlína, Smíchova, Vinohrad, Vršovic a Žižkova a 16 sousedních obcí velké Prahy za léta 1919 a 1920*, Praha, 1924.（『プラハ市（と周辺自治体の）統計報告一九一九、一九二〇年』）
- *Statistická zpráva hlavního města Prahy za léta 1926–1929*, Praha, 1933.（『プラハ市統計報告一九二六—一九二九年』）
- *Sčítání bytů ve větších městech republiky československé ze dne 1. 12. 1930*, 1935.（『チェコスロヴァキア大都市における住宅統計（一九三〇年一二月一日）』）
- *Statistisches Handbuch der Čechoslovakischen Republik IV*, Prag, 1932.
- *Statistisches Jahrbuch der Čechoslovakischen Republik*, Prag, 1937.
- Státní úřad statistický, *Hospodářský a společenský vývoj československa*（『チェコスロヴァキアの経済社会発展』），Praha, 1968.

新聞・雑誌・協会刊行物

- *Mitteilungen der Zentralstelle für Wohungsreform in Österreich*, Wien, 1907-1914.
- *Schriften der Zentralstelle für Wohnungsreform in Oesterreich*, Wien, 1907-1913.
- *Sociální pracovnice*(ソーシャルワーカー), 1935.
- *Národní listy*(国民新聞), 1908, 1931.
- *Bericht über den IX. internationalen Wohnungskongress Wien, 30. Mai bis 3. Juni 1910*, II. Teil, Wien, 1911.
- *Bericht über den dritten deutschen Wohnungsfürsorgetag in Tetschen*, Prag, 1926.
- *Rudé právo*(『赤い権利(チェコ共産党機関紙)』), 1931.
- *České slovo*(『チェコの言葉(チェコ国民社会党機関紙)』), 1943.
- *Naše doba. Revue pro vědu, umění a život sociální.*(『我々の時代―学問、文化、社会生活―』), 1923-1931.
- *Přítomnost. nezávislý týdeník*(『現在―独立週刊誌―』), 1927, 1931.
- *Spořilovské noviny.*(『スポジロフ新聞』), 1930-1934.
- *Tvorba. týdeník pro politiku, vědu a kulturu*(『創造―政治・学問・文化―』), 1926-1938.
- *Dělnická osvěta*(労働者の啓蒙), 1925.

建築雑誌

- *Stavba. Měsíčník pro stavební umění* , 1922-1934(『建築―建築芸術の月刊誌―』)
- *Stavitel. odborný umělecko-technický měsíčník*, 1926-1931(『建築家―専門工芸月刊誌―』)
- *Styl. Měsíčník pro architekturu, umělecké řemeslo a úpravu měst,* 1911-1938(『スタイル―都市改造及び建築の月刊誌―』)
- *Časopis československých architektů*, 1922-1926(『チェコスロヴァキア建築雑誌』)
- *Architekt SIA. časopis československých architektů SIA*, 1927-1935(『チェコスロヴァキア建築雑誌 SIA』)
- *Architektura ČSR*, 1940-1948.
- *Levá fronta*, 1930-1933.(『左翼戦線』)
- *Žijeme. obrázkový magazín dnešní doby*, 1931-1933.(『生き方―現代挿絵入り雑誌―』)

- *Stavebnictví. odborný časopis pro architekturu a stavitelství*, 1945-1948(『建築』)

同時代文献・回想

- *Deset let Československé Republiky*(『チェコスロヴァキア十年史』), III, Vláda republiky Československé, Praha, 1928.
- *Die sozialpolitische Bedeutung der Wohnungswirtschaft in Gegenwart und Zukunft*, Frankfurt, 1931.
- *Die Stadt Praha (Prag) und die Wohnungsfürsorge*, Prag, 1928.
- *Die Wohnungspolitik in Europa der Kleinwohnungsbau, Internationales Arbeits-amt Studien und Berichte Reihe G*, Nr. 3, Genf, 1931.
- Ministerstvo sociální péče, *O pozemkové, stavební a bytové politice v českoslov.republice*(『チェコスロヴァキアの土地・建設・住宅政策』), Praha, 1928.
- *Praha v obnoveném státě československém* (『再興国家チェコスロヴァキアのプラハ』), Praha, 1936, p. 73.
- *Regulační plán Velké Prahy s okolím*(『大プラハと周辺部の再開発計画』), Praha: Státní regulační komise pro hlavní město Prahu s okolím, 1931.
- Bráf, Albín, *Život a dílo díl čtvrtý*(『人生と成果―第四巻―』), Praha, 1923.
- Branald, Adolf, *Převleky mého města*(『わが街の移り変わり』), Praha, 2002.
- Čapek, Karel, *Obrázky z domova*, Praha, 1953, pp. 70-77.(邦訳カレル・チャペック(飯島周編訳)『チェコスロヴァキアめぐり』ちくま文庫, 二〇〇七年)
- František Fabinger, *Bytová otázka. Zahradní město dle E. Howarda* (『住宅問題―ハワードの田園都市―』), Hradec Králové, 1920, p. 70.
- Honzík, Karel, *Ze života avangardy*(『アヴァンギャルド活動から』), Praha, 1963.
- Horáček Cyrill, *Bytová otázka a městská renta pozemková*(『住宅問題と市の地価』), Praha, 1905.
- Kratochvíl, Miloš, *O vývoji městské samosprávy pražské od roku 1848*(『一八四八年以降のプラハ市の自治』), Praha, 1936.
- Krosnář, Josef, *Zlaté pražské časy*(『プラハの黄金期』), Praha, 1966.
- Langer, Leopold, *Bytová otázka a dělnictvo*(『住宅問題と労働者』), Praha, 1912.

・Macek, Josef, *Základy sociální politiky*(『社会政策の基盤』), Praha, 1925.
・Peroutka, Ferdinand, *Budování státu*(『国家建設』), Praha, 1936/1991.
・Rašín, Alois, *Die Finanz- und Wirtschaftspolitik der Tschechoslowakei*, Leipzig, 1923.
・Rauchberg, Heinrich, *Der nationale Besitzstand in Böhmen*, Leipzig, 1905.
・Rauchberg, Heinrich, *Die Wohnungsvorlage*, Prag, 1926.
・Teige, Karel, *Nejmenší byt*(『最小住宅』), Praha, 1932.
・Teige, Karel, *Zahradní města nezaměstnaných*(『失業者の田園都市』), Praha, 1933.

二次文献

・Adrian von Arburg, "Tak či onak. Nucené přesídlení v komplexním pojetí poválečné sídlení politiky v českých zemí," *Soudobé dějiny* 10, no. 3 (2003), pp. 253-292.
・Adrian von Arburg, "Peripherie oder Pionierland? Konzeptionen zur neuen Funktion des tschechischen Grenzgebiets 1945-1951," in Peter Lozoviuk (Hg.), *Grenzgebiet als Forschungsfeld: Aspekte der ethnografischen und kulturhistorischen Erforschung des Grenzlandes,* Leipzig, 2009, pp. 85-112.
・Blau, Eve and Platzer, Monika (ed.), *Shaping the great city: modern architecture in Central Europe, 1890-1937*, Munich/London/Prestel, 1999.
・Bosl, Karl (Hg.), *Die Erste Tschechoslowakische Republik als multinationaler Parteienstaat. Vorträge der Tagungen des Collegium Carolinum in Bad Wiessee vom 24.-27. November 1977 und vom 20.-23. April 1978*, München, 1979.
・Brenner, Christiane, "Zwischen Staat, Nation und Komintern. Loyalitätsbezüge der KPTsch 1921-1938", in: Martin Schulze Wessel (Hg.), *Loyalitäten in der Tschechoslowakischen Republik 1918-1938. Politische, nationale und kulturelle Zugehörigkeiten*, München, 2004. p. 98.
・Brenner, Christiane, *"Zwischen Ost und West": tschechische politische Diskurse 1945-1948,* München, 2009, pp. 72-84.
・Chyba, Antonín, *Postavení dělnické třídy v kapitalistickém československu*(『資本主義チェコスロヴァキアにおける労働者階級』), Praha, 1972.

- Broklová, Eva, *Politická kultura německých aktivistických stran v Českolsovensku 1918-1938*(『チェコスロヴァキアにおけるドイツ人積極派政党の政治文化』), Praha, 1999.
- Cabada, Ladislav, *Komunismus, levicová kultura a česká politika 1890-1938*(『共産主義、左翼文化、チェコ政治一八九〇―一九三八年』), Plzeň, 2005.
- Chad Bryant, *Prague in Black: Nazi Rule and Czech Nationalism*, Harvard University Press, 2007, pp. 114-128.
- Čapka, František and Slezák, Lubomír and Vaculík, Jaroslav, *Nové osídlení pohraničí českých zemí po druhé světové válkce*(『第二次大戦後のチェコ国境地帯への新たな移住』), Brno, 2005.
- Cohen, Gary. B, *The politics of ethnic survival. Germans in Prague, 1861-1914,* Princeton University Press, 1981/2006.
- Cornwall, Mark and Evans, Robert. J. W. (ed.), *Czechoslovakia in a nationalist and fascist Europe 1918-1948*, Oxford University Press, 2007.
- Deyl, Zdeněk, *Sociální vývoj Československa 1918-1938*(『チェコスロヴァキアの社会発展一九一八―一九三八年』), Praha, 1985.
- Dvořáková, Dita, Macharáčková, Marcela (ed.), *Jiří Kroha (1893-1974): architekt, malíř, designér, teoretik v proměnách umění 20. Století*, Brno, 2007.
- Fasora, Lukáš, *Svobodný občan ve svobodné obci?*(『自由な自治体の自由な市民?』), Brno, 2007.
- Feinberg, Melissa, *Elusive Equality. Gender, Citizenship, and the Limits of Democracy in Czechoslovakia, 1918-1950*, University of Pittsburgh Press, 2006.
- Fialová, Ludmila and Kučera, Milan and Maur, Eduard, *Dějiny obyvatelstva českých zemí*(『チェコ人口史』), Praha, 1996.
- Galandauer, Jan, *Vznik československé republiky 1918*(『一九一八年のチェコスロヴァキア共和国の形成』), Praha, 1988
- Gebhart, Jan, Kuklik Jan, *Druhá republika 1938-1939, Svár demokracie a totality v politickém, společenském a kulturním-životě*(『第二共和国―政治・社会・文化における民主主義と全体主義の対立―』), Praha, 2004, p. 178.
- Giustino, Cathleen M., *Tearing down Prague's Jewish town. Ghetto clearance and the legacy of middle-class ethnic politics around 1900*, Columbia University Press, 2003.
- Harna, Josef, *Kritika ideologie a programu českého národního socialismu*(『チェコ国民社会主義の思想と綱領の批評』),

Praha, 1978.

- Harna, Josef (ed.), *Politické programy českého národního socialismu 1897-1948*(『チェコ国民社会党政治綱領』), Praha, 1998.
- Havránek, Jan and Sekara, Martin (ed.), *Český liberalismus*(『チェコのリベラリズム』), Praha, 1995.
- Hlavačka, Milan, *Zlatý věk české samosprávy. Samospráva a její vliv na hospodářský, sociální a intelektuální rozvoj Čech 1862-1913*(『チェコ自治の黄金期―ボヘミア経済・社会・知的発展への自治とその影響―』), Praha, 2006.
- Hlavsa, Václav, *Za novou a lepší Prahu. Dokumenty o činnosti komunistického klubu na pražské radnici 1923-1938*(『よりよいプラハのために―プラハ市議会における共産党クラブの活動報告―』), Archivní správa ministerstva vnitra ČSR, 1957.
- Hledíková, Zdeňka and Janák, Jan and Dobeš, Jan, *Dějiny správy v českých zemích. od počátků státu po současnost*(『チェコ行政史―国家の始まりから現在まで―』), Praha, 2005.
- Hlušičková, Růžena, *Pražská stranická organizace v letech 1929-1939* (『プラハの共産党組織一九二九―一九三九年』), Praha, 1981, p. 22.
- Hofmann, Andreas R. and Wendland, Anna Veronika (Hg.), *Stadt und Öffentlichkeit in Ostmitteleuropa 1900-1939. Beiträge zur Entstehung moderner Urbanität zwischen Berlin, Charkiv, Tallinn und Triest*, Leipzig, 2002.
- Holubec, Stanislav, *Sociální postavení a každodennost pražského dělnictva v meziválečné době*(『戦間期プラハ労働者の社会的地位と日常生活』), Plzeň, 2010.
- Horská, Pavla and Maur, Eduard and Musil, Jiří, *Zrod velkoměsta. Urbanizace českých zemí a Evropa*(『大都市の誕生―チェコと欧州の都市化―』), Praha, 2002.
- Hrůza, Jiří, *Město Praha*(『都市プラハ』), Praha, 1989.
- Jakubec, Ivan, Jindra, Zdeněk (ed.), *Dějiny hospodářství českých zemí* (『チェコ経済史―工業化初期からハプスブルク帝国末期まで―』), Praha, 2007, pp. 81-85.
- Janatková, Alena and Kozińska-Witt, Hanna (Hg.), *Wohnen in der Großstadt 1900-1939. Wohnsituation und Modernisierung im europäischen Vergleich*, Stuttgart, 2006.

- Janatková, Alena, *Modernisierung und Metropole. Architektur und Repräsentationauf den Landesausstellungen in Prag 1891 und Brünn 1928*, Stuttgart, 2008.
- Jelínek, Tomáš, "Zástupci německých politických stran v orgánech pražské samosprávy v období mezi dvěma světovými válkami"(「戦間期プラハのドイツ人政党の代表者」), in: *Pražský sborník historický*, 35, 2007, pp. 115-153.
- Judson, Pieter M., *Exclusive revolutionaries. Liberal politics, social experience, and national identity in the Austrian Empire, 1848-1914*, University of Michigan Press, 1996.
- Kähler, Gert (Hg.), *Geschichte des Wohnens, 1918-1945, Reform, Reaktion, Zerstörung*, Stuttgart, 1996.
- Karel Kuča, *Brno - vývoj města, předměstí a připojených vesnic*, Brno, 2000.
- Kárník, Zdeněk, *České země v období 1. republiky díl. I-III*(『戦間期チェコ史一―三巻』), Praha, 2002-2003.
- Kárníková, Ludmila, *Vývoj obyvatelstva v českých zemích 1754-1914*(『チェコ人口史一七五四―一九一四年』), Praha, 1965.
- Kelly, T. Mills, *Without remorse. Czech national socialism in late-Habsburg Austria*, Columbia University Press, 2006.
- Klimek, Antonín, *Boj o hrad*(『城をめぐる闘い』), Praha, 1996.
- Kořálková, Květa, *Hnutí nezaměstnaných v Československu v letech 1929-1933*(『チェコスロヴァキアにおける失業者運動一九二九―一九三三年』), Praha, 1962.
- Kruppa, Erika, *Das Vereinswesen der Prager Vorstadt Smichow 1850-1875*, München, 1992.
- Křen,Jan, *Konfliktní společenství. Češi a Němci 1780-1918*(『チェコ人とドイツ人の対立社会』), Praha, 1990.
- Kuča, Karel, *Brno. vývoj města, předměstí a připojených vesnic*(『ブルノの都市発展・郊外・合併村落』), Brno, 2000.
- Kudělka, Zdeněk, Chatrný, Jindřich, Šabata, Karel (ed.), *O nové Brno, brněnská architektura 1919-1939: catalog*, Muzeum města Brna, 2000; Petr Pelčák, Ivan Wahla (ed.), *Generace 1901-1910: první absolventi české školy architektury v Brně 1925-1940=first graduates from the Czech school of architecture Brno 1925-1940*, Spolek obecní dům Brno, 2001.; Petr Pelčák, Ivan Wahla (ed.), *Josef Polášek 1899-1946*, Spolek Obecní dům Brno, 2004; Petr Pelčák, Ivan Wahla (ed.), *Jind řich Kumpošt 1891-1968*, Spolek obecní dům Brno, 2006.
- Kuhn, Heinrich, "Zur Sozialkultur der kommunistischen Partei der Tschechoslowakei", in: *Bohemia*, no. 3, 1962, pp. 426-467.

- Lacina, Vlastislav, *Formování československé ekonomiky 1918-1923*（『チェコスロヴァキア経済の形成一九一八―一九二三年』）, Praha, 1990.
- Ladd, Brian, *Urban planning and civic order in Germany, 1860-1914*, Harvard University Press, 1990.
- Láník, Jaroslav and Vlk, Jan (ed.), *Dějiny Prahy II. Od sloučení pražských měst v roce 1784 do současnosti*（『プラハ史二―一七八四年市統合から現在まで―』）, Praha/Litomyšl, 1998.
- Laštovka, Marek (ed.), *Pražské spolky*（『プラハの結社』）, Praha, 1998.
- Ledvinka, Václav (ed.), *Osm století pražské samosprávy*（『プラハ自治の八〇〇年』）, Praha, 2000.
- Leśnikowski, Wojciech, Šlapeta, Vladimír (ed.), *East european modernism. architecture in Czechoslovakia, Hungary & Poland between the wars*, London, 1996, pp. 72-73.
- Lichtenberger, Elisabeth, *Wien-Prag. Metropolenforshung.*, Wien, 1993, pp. 59-81.
- Maier, Karel, *Hospodaření a rozvoj českých měst 1850-1938*（『一八五〇―一九三八年におけるチェコ諸都市の経済発展』）, Praha, 2005.
- Málek Jiří, (ed.), *Nástin dějin dělnického a komunistického hnutí na obvodě Praha 8*, Praha, 1985, p. 5.
- Malíř, Jiří (ed.), *Politické strany. vývoj politických stran a hnutí v českých zemích a Československu v letech 1861-2004*（『チェコ地域における政党一八六一―二〇〇四年』）, Brno, 2005.
- Mamatey, Victor S and Luža, Radomír (ed.), *A history of the Czechoslovak Republic, 1918-1948*, Princeton University Press, 1973.
- Melinz, Gerhard and Zimmermann, Susan (Hg.), *Wien Prag Budapest. Urbanisierung, Kommunalpolitik, gesellschaftliche Konflikte (1867-1918)*, Wien, 1996.
- Merta, Andělín, "Vývoj pražské městské správy od roku 1922 do roku 1945"（「一九二二―一九四五年におけるプラハ都市行政の発展」）, in: *Pražský sborník historický*（『プラハ市論集』）, 9, 1975, pp. 147-195.
- Miller, Daniel E., *Forging political compromise. Antonín Švehla and the Czechoslovak Republican Party, 1918-1933*, University of Pittsburgh Press, 1999.
- Moutvic, Miroslav, "Spořilov, stavební družstvo zklamaných nadějí"（「スポジロフ―失望の住宅組合―」）, in: *Pražský*

sborník historický(『プラハ市論集』), 28, 1995, pp. 102-146.

- Myant, Martin R., *Socialism and Democracy in Czechoslovakia, 1945-1948*, Cambridge University Press, 1981.
- Olivová, Věra, *Dějiny první republiky*(『第1共和国史』), Praha, 2000.
- Osterloh, Jörg, *Nationalsozialistische Judenverfolgung im Reichsgau Sudetenland 1938-1945*, München, 2006, p. 59.
- Pelčák, Petr and Wahla, Ivan (ed.), *Josef Polášek 1899-1946*, Spolek Obecní dům Brno, 2004.
- Pelčák, Petr and Wahla, Ivan (ed.), *Jindřich Kumpošt 1891-1968*, Spolek obecní dům Brno, 2006.
- Pešek, Jiří, *Od aglomerace k velkoměstu. Praha a středoevropské metropole 1850-1920*(『集積から大都市へ―一八五〇―一九二〇年のプラハと中央ヨーロッパの首都―』), Praha, 1999.
- Pešek, Jiří, *Prag*, Praha, 2002.
- Průcha, Václav (ed.), *Hospodářské a sociální dějiny Československa 1918-1992*(『チェコスロヴァキア社会経済史一九一八―一九九二年』), Brno, díl. 1, 2, 2004, 2009.
- Rákosník, Jakub, *Odvrácená tvář meziválečné prosperity. Nezaměstnanost v Československu v letech 1918-1938*(『戦間期の繁栄の反対の顔―一九一八―一九三八年のチェコスロヴァキアにおける失業問題―』), Praha, 2008.
- Rákosník, Jakub, *Sovětizace sociálního státu, lidově demokratický režim a sociální práva občanů v Československu 1945-1960*(『社会国家のソヴィエト化―人民民主主義体制と市民の社会権一九四五―一九六〇年―』), Praha, 2010.
- Robék, Antonín and Moravcová, Milijan and Šťastná, Jarmila (ed.), *Stará dělnická Praha. život a kultura pražských dělníků 1848-1939*(『昔の労働者のプラハ―プラハ労働者の生活と文化一八四八―一九三九年―』), Praha, 1981.
- Rupnik, Jaques, *Dějiny Komunistické strany Československa. Od počátků do převzetí moci*(『チェコスロヴァキア共産党史―結成から権力掌握まで―』), Praha, 2002.
- Schulze Wessel, Martin (Hg.), *Loyalitäten in der Tschechoslowakischen Republik 1918-1938. Politische, nationale und kulturelle Zugehörigkeiten*, München, 2004.
- Ševeček, Ondřej, *Zrození Bat'ovy průmyslové metropole. Továrna, městský prostor a společnost ve Zlíně v letech 1900-1938*(『バチャ工業首都の誕生：ズリーンにおける工場・都市空間・社会一九〇〇―一九三八年』), Ostrava, 2009.
- Skalníková, Olga, Svobodová, Jiřina, *Etnografie pražského dělnictva* (『プラハ労働者のエスノグラフィー』), 1, no. 1,

Praha, 1975, pp. 430-434.
・Šorm,Vladimír, *Dějiny družstevního hnutí Díl. 3*（『組合運動の歴史第三巻』）, Praha, 1961.
・Šrajerová, Oľga (ed.), *České národní aktivity v pohraničních oblastech první Československé republiky*（『チェコスロヴァキア第1共和国の国境地帯におけるチェコ民族活動―』）, Olomouc, 2003.
・Švácha, Rostislav, *Od moderny k funkcionalismu*（『モデルネから機能主義へ』）, Praha, 1995.
・Tůmová, Vanda, *Pražské nouzové kolonie*（『プラハの仮設住宅』）, Praha, 1971.
・Urban, Otto, *Kapitalismus a česká společnost k otázkám formování české společnosti v 19. Století*（『資本主義とチェコ社会―19世紀チェコ社会の形成』）, Praha, 1978/2003.
・Urban, Otto, *Česká společnost 1848-1918*（『チェコ社会1八四八―1九1八年』）, Praha, 1982.
・Vondrová, Alena, *Český funktionalismus 1920-1940*, Díl. 1, Praha, 1978.
・Wiedemann, Andreas, *"Komm mit uns das Grenzland aufbauen!" Ansiedlung und neue Strukturen in den ehemaligen Sudetengebieten 1945-1952*, Essen, 2007.
・Wingfield, Nancy M., *Minority politics in a multinational state. The German Social Democrats in Czechoslovakia, 1918-1938*, Columbia University Press, 1989.
・Zahra, Tara, *Kidnapped Souls. National Indifference and the Battle for Children in the Bohemian Lands, 1900-1948*, Cornell University Press, 2008.
・Zarecor, Kimberlay Elman, *Manufacturing a Socialist Modernity: Housing in Czechoslovakia, 1945-1960*, University of Pittsburgh Press, 2011.
・Zimmermann, Volker, *Die Sudetendeutschen im NS-Staat : Politik und Stimmung der Bevölkerung im Reichsgau Sudetenland (1938-1945)*, Essen, 1999, pp. 212-214.

邦語文献

・ウィリアム・アシュワース（下総薫監訳）『イギリス田園都市の社会史―近代都市計画の誕生―』御茶の水書房、一九八七年。
・M・J・ドーントン編（深沢和子、島浩二訳）『公営住宅の実験』ドメス出版、一九八八年。

・シュテファン＝ルートヴィヒ・ホフマン（山本秀行訳）『市民結社と民主主義一七五〇―一九一四』岩波書店、二〇〇九年。
・エベネザー・ハワード（長素連訳）『明日の田園都市』鹿島出版会、一九六八年。
・ジョセフ・ロスチャイルド（大津留厚監訳）『大戦間期の東欧―民族国家の幻影―』刀水書房、一九九四年。
・今井勝人、馬場哲編『都市化の比較史―日本とドイツ―』日本経済評論社、二〇〇四年。
・大津留厚『ハプスブルクの実験―多文化共存を目指して―』春風社、二〇〇七年。
・小沢弘明、佐伯哲朗、相馬保夫、土屋好古『労働者文化と労働運動―ヨーロッパの歴史的経験―』木鐸社、一九九五年。
・川越修、辻英史編『社会国家を生きる―二〇世紀ドイツにおける国家・共同性・個人―』法政大学出版局、二〇〇八年。
・北住炯一『近代ドイツ官僚国家と自治―社会国家への道―』成文堂、一九九〇年、一八頁。
・北村昌史『ドイツ住宅改革運動―一九世紀の都市化と市民社会―』京都大学学術出版会、二〇〇七年。
・北山優子「オーストリアの借家人保護」早川和男編『講座現代居住五―世界の居住運動―』東京大学出版会、一九九六年、五八―五九頁。
・京極俊明「「ブルノ学校教会（Matice školská v Brně）」による「少数民族学校」建設運動（一八七七―一八八九）」『東欧史研究』二八号、二〇〇六年、四五―六四頁。
・桐生裕子『近代ボヘミア農村と市民社会―一九世紀後半ハプスブルク帝国における社会変容と国民化―』刀水書房、二〇一二年。
・香坂直樹「一九二〇年代初めのスロヴァキアの地位に関する諸構想―自治論と県制度擁護論に見るスロヴァキアの定義―」『東欧史研究』二八号、二〇〇六年、二―二三頁。
・小玉徹（ほか）『欧米の住宅政策―イギリス・ドイツ・フランス・アメリカ―』ミネルヴァ書房、一九九九年。
・後藤俊明『ドイツ住宅問題の政治社会史―ヴァイマル社会国家と中間層―』未來社、一九九九年。
・佐藤雪野「第一次世界大戦後チェコスロヴァキアにおける通貨分離」『福岡教育大学紀要』四四号第二分冊、一九九五年、四三―五三頁。
・篠原琢「一八四八年革命とボヘミアの農村住民」『史学雑誌』一〇〇巻一〇号、一九九一年一〇月、一六七三―一七一二、一八三〇―一八二八頁。
・篠原琢「地方自治と『国民社会』」『人民の歴史学』一二六号、一九九六年、一―一三頁。

・篠原琢「文化的規範としての公共圏―王朝的秩序と国民社会の成立―」『歴史学研究』七八一号、二〇〇三年一〇月増刊号、一六―二五頁。
・島浩二『住宅組合の史的研究―イギリスにおける持家イデオロギーの源流―』法律文化社、一九九八年。
・祐成保志『「住宅」の歴史社会学―日常生活をめぐる啓蒙・動員・産業化―』新曜社、二〇〇八年。
・高橋和「チェコスロヴァキア共産党結成期における民族問題とボフミール・シュメラル(一九一八―二一年)―最近の研究動向を中心に―」『東欧史研究』一二号、一九八九年、二―二〇頁。
・高橋和「社会主義者のジレンマ―ボフミール・シュメラルとチェコスロヴァキア独立運動―」羽場久浘子編『ロシア革命と東欧』彩流社、一九九〇年、四三―六〇頁。
・田中浩編『現代世界と福祉国家』御茶の水書房、一九九七年。
・中田瑞穂『農民と労働者の民主主義―戦間期チェコスロヴァキア政治史―』名古屋大学出版会、二〇一二年。
・中野隆生編『都市空間と民衆―日本とフランス―』山川出版社、二〇〇六年。
・西川祐子『住まいと家族をめぐる物語―男の家、女の家、性別のない部屋―』集英社新書、二〇〇四年。
・西山八重子『イギリス田園都市の社会学』ミネルヴァ書房、二〇〇二年。
・長谷川章『世紀末の都市と身体―芸術と空間あるいはユートピアの彼方へ―』ブリュッケ、二〇〇〇年。
・林忠行「チェコスロヴァキア第一共和国の内政システムの形成とその特質」『歴史学研究』一九八二年一〇月増刊号、一四二頁。
・林忠行『中欧の分裂と統合―マサリクとチェコスロヴァキア建国―』中公新書、一九九三年。
・林忠行「チェコスロヴァキアの戦後改革」油井大三郎、中村政則、豊下楢彦編『占領改革の国際比較―日本・アジア・ヨーロッパ―』三省堂、一九九四年、三七〇―四〇〇頁。
・福田宏『身体の国民化―多極化するチェコ社会と体操運動―』北海道大学出版会、二〇〇六年。
・森下嘉之「戦間期プラハにおける住宅政策―チェコスロヴァキア共和国における社会政策と社会主義諸政党―」『社会経済史学』七四巻一号、二〇〇八年、二三―四〇頁。
・森下嘉之「一九二〇年代チェコスロヴァキア首都整備事業における一考察―プラハ都市開発委員会の「都市計画」構想―」『東欧史研究』三一号、二〇〇九年三月、四三―五五頁。

・森下嘉之「一九二〇年代チェコスロヴァキアにおける住宅政策理念の変容―社会主義政党による『家族住宅』の選択―」『西洋史学』二三六号、二〇一〇年、六〇―七八頁。
・森下嘉之「チェコスロヴァキア第三共和国(一九四五―一九四八年)期における社会政策の変容―住宅政策の分析を中心に―」『スラヴ研究』五九号、二〇一二年、九三―一一四頁。
・柳沢のどか「一九二〇年代ドイツにおける新築借家入居と社会階層間格差―ゾーリンゲン・ヴェーガーホーフ団地の世帯モデルの事例―」『社会経済史学』七四巻二号、二〇〇八年、一七一―一九三頁。
・渡邊竜太「一九二〇年代末チェコスロヴァキアにおけるドイツ人社会民主党の市町村付加税論争―地方自治行政と国民的自治―」『西洋史研究』三四号、二〇〇五年、一〇九―一三二頁。
・渡邊竜太「戦間期チェコスロヴァキアにおけるドイツ人社会民主党の自治行政実践とその財政的背景」『社会経済史学』七五巻五号、二〇一〇年、五四一―五六一頁。

あとがき

本書は、二〇一〇年に東京大学大学院総合文化研究科・地域文化研究専攻に提出した博士論文「住宅から見る二〇世紀チェコ社会と住民―戦間期プラハの都市空間を中心に―」をもとに、大幅な加筆修正を施したものである。本書の内容は、下記の投稿論文をもとにしているが、章構成を大幅に組み替えたため、一部原型をとどめない部分もある。

第一章：「ハプスブルク帝国における住宅問題の一考察―オーストリア住宅改革中央協会のボヘミア領邦での活動を中心に―」『ヨーロッパ研究』東京大学大学院総合文化研究科・教養学部ドイツ・ヨーロッパ研究センター、第七号（二〇〇八年）、七五―九三頁。

第三―四章：「戦間期プラハにおける住宅政策―チェコスロヴァキア共和国における社会政策と社会主義諸政党―」『社会経済史学』第七四巻第一号（二〇〇八年）、二三―四〇頁。

第三章：「一九二〇年代チェコスロヴァキア首都整備事業における一考察―プラハ都市開発委員会の「都市計画」

構想―」『東欧史研究』第三一号(二〇〇九年)、四三―五五頁。
第二・三章:「一九二〇年代チェコスロヴァキアにおける住宅政策理念の変容―社会主義政党による『家族住宅』の選択―」『西洋史学』第二三六号(二〇〇九年)、六〇―七八頁。
第七章:「チェコスロヴァキア第三共和国(一九四五―一九四八年)期における社会政策の変容―住宅政策の分析を中心に―」『スラヴ研究』第五九号(二〇一二年)、九三―一一四頁。

本書の執筆にあたって、これまで数多くの方々のお世話になった。まだ完成と呼ぶには程遠い研究成果であるが、お世話になった方々に感謝申し上げたい。

筆者がチェコに関心を抱いたのは、神戸大学での卒論執筆時に、以前から関心があった「民族問題」にかかわるテーマを模索していたときのことであった。当時は、ソ連崩壊に伴って独立した諸国家の社会的混乱や、ボスニア内戦終結からほどなく勃発したコソヴォ紛争が伝えられていた時期であった。もっとも、当時はそうした現代の「生々しい」テーマを扱う勇気がなく、むしろ過去の歴史に取り組みたいと考えていた。その折に、文学部でハプスブルク帝国史を専門とされる大津留厚先生から、帝国統治下のチェコの歴史について教えていただいた。先生からは、ハプスブルク帝国というフィールドの魅力とともに、この地域を研究するにあたって、狭い意味での「民族問題」だけにとらわれない、多角的なテーマ選びの重要性を教えていただいた。この場を借りて感謝申し上げたい。

大学院進学後は、東欧バルカン地域研究を専門とされる柴宜弘先生からご指導をいただいた。先生は地域の現場に根差した研究の大切さ、狭い分野領域を超えた「東欧」を研究対象とすることの意義を説いておられた。結果的に、博士論文においては、本来歴史学からかけ離れた分野にまで不勉強なまま手を出してしまい、複数のテーマが入り乱れるような構成になってしまったことは筆者の実力不足の極みであり、東欧研究の意義が反映されているかどうかは甚だ心許ない。不完全ながらも、チェコの都市社会にこだわったことで報いることができればと思う。長い大学院生活を支え、このような拙い研究を受け入れてくださった先生、並びに大学院総合文化研究科にて論文審査に加わって下さった中井和夫先生、石田勇治先生、木畑洋一先生には心より感謝申し上げたい。

本書の執筆にあたっては、チェコ政府奨学生としてプラハ・カレル大学哲学部に留学(二〇〇四—二〇〇七年)できた経験が大きい。先に述べたテーマを温めて渡欧したが、現地で生活する間に、次第にチェコ・プラハの街並み・都市の形成過程に惹かれるようになり、最終的に「住宅」というテーマを扱うことにした。現地留学を受け入れてくださったカレル大学哲学部チェコ史学科のフラヴァチカ(Milan Hlavačka)教授は、私の拙いチェコ語にもかかわらず、折にふれてチェコ近代史のテーマ選びを導いて下さった。また、同社会経済史学科のラーコスニーク(Jakub Rākosník)氏及び社会学部中欧学科のペシェク(Jiří Pešek)氏、その他チェコの諸研究機関の方々から、貴重なご提言や文書館情報などを教えていただいたことに感謝したい。また、プラハでの研究滞在にあたっては、同時期にともに学んだ留学生諸氏、さらには、現地滞在の間、公私にわたって筆者をはじめとする日本からの留学仲間を助けてくれたカレル大学日本語学科の面々との出会いがなければ、この研究はなかったと思う。この場を借りて感謝を申し上げたい。

本書の執筆においては、学内外から数々の助言をいただいた。とりわけチェコスロヴァキア近現代史の分野においては、博士論文の外部審査に携わっていただいた林忠行先生をはじめ、篠原琢さんならびに福田宏さんら諸先輩方、長與進さんが尽力してこられたチェコ及びスロヴァキアの勉強会でお世話になった皆様方に感謝申し上げたい。また、小沢弘明氏をはじめ東欧史研究会ならびにハプスブルク史研究会の方々、大学院ロシア東欧科の仲間から、専門分野を研究するうえでの貴重なご意見をいただいたことに、改めて感謝の意を表したい。また、西洋近現代史研究会やドイツ近代都市史研究会でも発表の場を設けていただき、北海道大学スラブ研究センターからも研究支援をいただいた。お世話になった諸先生方、研究会ならびに研究機関の皆様にも、お礼申し上げたい。

本書の刊行にあたっては、日本学術振興会・平成二四年度科学研究費補助金・研究成果公開促進費からの助成をいただいた。出版においては、昨今の厳しい学術出版の状況下にもかかわらず、北海道大学出版会に引き受けていただいた。出版会の皆様、とりわけ、拙い原稿の編集に尽力してくださった同出版会の滝口倫子さんに、心よりお礼申し上げたい。

最後になったが、私のこれまでの決して短くない研究生活を支え、見守り続けてくれた両親に、この本を捧げたい。

二〇一二年一一月七日

森下嘉之

人名索引

た 行

タイゲ(Karel Teige)　189-195, 197, 199, 201, 252, 265, 267
タウト(Bruno Taut)　117, 185
チェフ(Ludwig Czech)　220
チャペック(Karel Čapek)　51, 160
ドゥヴォジャーク(Vílem Dvořák)　119
トゥサル(Vlastimil Tusar)　54, 57-58, 59
トゥチニー(Alois Tučný)　61

な 行

ネズヴァル(Vítězlav Nezval)　190, 195
ノイマン(Stanislav Kostka Neumann)　195

は 行

ハヴェル(Václav Havel)　273
ハヴリーチェク(Josef Havlíček)　192
バクサ(Karel Baxa)　100, 102, 104
バチャ(Tomáš Bat'a)　142-143
ハブルマン(Gustav Habrmann)　54, 56
ハワード(Ebenezer Howard)　116, 118, 119, 126
ハンプル(Antonín Hampl)　56
ヒルスキー(Václav Hilský)　252
ファビンゲル(František Fabinger)　118
フクス(Bohuslav Fuchs)　183, 185, 196, 226
プシェミスル・オタカル一世　89
プライス(Jaroslav Preiss)　54-55, 124
ブラナルド(Adolf Branald)　134
ブラーフ(Albín Bráf)　56
フーリエ(Charles Fourier)　116
ブロジェク(Vladimír Brožek)　126
プロハースカ(Ladislav Procházka)　104
ベネシュ(Eduard Beneš)　53, 62, 235, 259
ベヒニェ(Rudolf Bechyně)　54, 61
ベルトル(Josef Bertl)　39, 126
ペロウトカ(Ferdinand Peroutka)　51, 80
ベンシュ(Adolf Benš)　196
ヘンライン(Konrad Henlein)　220
ホジャ(Milan Hodža)　168
ポスピーシル(Vilém Pospíšil)　124
ホホル(Josef Chochol)　183
ポラーシェク(Josef Polášek)　183, 186, 188, 196, 226
ホンジーク(Karel Honzík)　192

ま 行

マイ(Ernst May)　117, 190
マイヤー＝ハルティング(Robert Mayr＝Harting)　217
マサリク(Tomáš Garrigue Masaryk)　51, 53, 56, 58, 62-63, 80, 104, 111, 121, 150, 217, 234
マツェク(Josef Macek)　121
マホン(Ladislav Machoň)　105
マレシュ(Walther Maresch)　216
ミース・ファン・デル・ローエ　185
ミリューチン(Nikolay A. Milyutin)　197
ムテジウス(Hermann Muthesius)　185
メルツェル(Eustach Mölzer)　107-109, 111-113, 116, 126
モドラーチェク(František Modráček)　38, 54, 61, 70-71

や 行

ヤナーク(Pavel Janák)　105, 119-120, 139-141, 156, 182
ヤヌー(Karel Janů)　197, 250, 256

ら 行

ラウフベルク(Heinrich Rauchberg)　211, 214-217, 227
ラシーン(Alois Rašín)　54-55, 66-68, 74-75, 79, 124, 214
ランゲル(Leopold Langer)　36
リンハルト(Evžen Linhart)　141, 252
ル・コルビュジェ(Le Corbusier)　114, 142, 183, 190-191, 198
ロシュチャーク(Jan Nepomuk Lošťák)　39
ロース(Adolf Loos)　182

地名索引

あ 行

アウジヒ　ウースチー・ナド・ラベム参照
イグラウ　イフラヴァ参照
イフラヴァ(イグラウ)(Jihlava)(Iglau)　207, 254
ヴィシェフラド(Vyšehrad)　42
ヴィノフラディ(Vinohrady)　27-28, 34, 91, 98, 110-111
ウィーン　3, 24, 31, 34, 40, 104, 107, 119, 157, 177, 180, 182-183, 187, 190, 208
ウースチー・ナド・ラベム(アウジヒ)(Ústí nad Labem)(Aussig)　28, 106, 214, 254
ヴルショヴィツェ(Vršovice)　96, 111, 192
エーガー　ヘプ参照
オストラヴァ(Ostrava)　25, 47, 49, 143, 167, 180, 251
オパヴァ(トロッパウ)(Opava)(Troppau)　13, 36, 207, 241, 260
オロモウツ(オルミュッツ)(Olomou)(Olmütz)　28

か 行

ガブロンツ　ヤブロネツ・ナド・ニソウ参照
カルヴィナー(Karviná)　263
カールスバード　カルロヴィ・ヴァリ参照
カルリーン(Karlín)　27-28, 34, 91, 102
カルロヴィ・ヴァリ(カールスバード)(Karlovy Vary)(Karlsbad)　206, 207, 220-221, 224-225
クラドノ(Kladno)　25, 47, 251
コシーシェ(Košíře)　145
コペンハーゲン　108
コモタウ　ホムトフ参照

さ 行

ジェチーン(テチェン)(Děčín)(Tetschen)　213, 251
ジシュコフ(Žižkov)　27-28, 34, 91, 96, 102, 110, 121
シャールカ(Šárka)　111
シュトゥットガルト　185, 190
シュレーヌ　117
シュンペルク(メーリッシュ=シェーンベルク)(Šumperk)(Mährisch Schönberg)　213
ジリナ(Žilina)　263
スミーホフ(Smíchov)　28, 34, 91, 102, 110
ズリーン(Zlín)　10, 141-143, 150, 251

た 行

チェスキー・クルムロフ　254
チェスケー・ブジェヨヴィツェ(ブドヴァイス)(České Budějovice)(Budweis)　28, 167
デイヴィツェ(Dejvice)　110-111, 140
テチェン　ジェチーン参照
テプリツェ(テプリッツ)(Tepice)(Teplitz)　25, 206-207, 225
テプリッツ　テプリツェ参照
ドレスデン　117
トロッパウ　オパヴァ参照

な 行

ニューヨーク　145
ヌスレ(Nusle)　170

は 行

バーミンガム　108
パリ　3, 7, 46, 104-145, 208
パンクラーツ(Pankrác)　110, 193

ビーリナ(ビリン)(Bílina)(Bilin)　219
ビリン　ビーリナ参照
ブジェフノフ(Břevnov)　111
ブダペシュト　24, 31, 200
ブベネチ(Bubeneč)　92
ブラチスラヴァ　49, 79, 99, 264
フラデツ・クラーロヴェー(Hradec Králové)　47, 218
プラハ　2, 8-10, 12-13, 16, 24-25, 27-28, 30-34, 39, 42, 47, 49, 57, 60-61, 63, 65, 73-75, 79, 87-92, 95, 98-100, 102-110, 112-116, 119-122, 125-127, 129, 132-135, 139-140, 143, 145, 148-151, 153, 159, 165-167, 169, 170, 172-173, 177, 180, 182-184, 186, 191-193, 197, 199, 206-208, 211, 217-218, 222, 226, 228, 230, 242, 248, 263, 265, 267, 272-273
フランクフルト　108-109, 117, 128, 154, 157, 183, 190-191
ブリュックス　モスト参照
ブリュッセル　191
プルゼン(Plzeň)　25, 36, 47, 167
ブルノ(ブリュン)(Brno)(Brünn)　10, 12, 25, 36, 47, 54, 63, 79, 99, 167, 170, 177, 179-187, 196, 199-200, 206, 207
プロセク(Prosek)　265
ペトルジャルカ(Petržarka)　264
ヘプ(エーガー)(Cheb)(Eger)　221, 223, 254
ベルリン　104, 117, 139, 223
ホムトフ(コモタウ)(Chomutov)(Komotau)　206-207
ホレショヴィツェ(Holešovice)　42, 91, 110-111, 133

ま　行

メーリッシュ=シェーンベルク　シュンベルク参照
モスト(ブリュックス)(Most)(Brüx)　25, 206-207, 254, 263
モトル(Motol)　145

や　行

ヤブロネツ・ナド・ニソウ(ガブロンツ)(Jablonec nad Nisou)(Gablonz)　206, 210, 214
ヨゼフォフ(Josefov)　61, 89, 91, 104

ら　行

ライヘンベルク　リベレツ参照
リジツェ(Lidice)　248
リトヴィーノフ(Litvínov)　252, 261
リベレツ(ライヘンベルク)(Liberec)(Reichenberg)　25, 36, 47, 167, 207, 210, 213-214, 221, 225
リベン(Libeň)　30, 34, 145, 148
ロッテルダム　183
ロンドン　108, 117, 121, 145, 245

森下　嘉之（もりした よしゆき）
1978年　兵庫県神戸市生まれ
2001年　神戸大学文学部卒業
チェコ・カレル大学留学（2004-2007年）を経て，
2010年　東京大学大学院総合文化研究科・地域文化研究専攻修了。博士（学術）
現　在　日本学術振興会特別研究員
専　攻　チェコを中心とする東欧近現代史・東欧地域研究

近代チェコ住宅社会史――新国家の形成と社会構想

2013年2月28日　第1刷発行

著　者　森下嘉之
発行者　櫻井義秀

発行所　北海道大学出版会
札幌市北区北9条西8丁目 北海道大学構内（〒060-0809）
Tel. 011(747)2308・Fax. 011(736)8605・http://www.hup.gr.jp

アイワード／石田製本

ISBN978-4-8329-6776-2

身体の国民化
―多極化するチェコ社会と体操運動―
福田宏著
A5判・二七二頁
定価 四六〇〇円

ポーランド問題とドモフスキ
―国民的独立のパトスとロゴス―
宮崎悠著
A5判・三六二頁
定価 六〇〇〇円

チェコの伝説と歴史
A・イラーセク著
浦井康男訳註
A5判・五八〇頁
定価 九〇〇〇円

ドイツ社会民主党日常活動史
山本佐門著
A5判・三八四頁
定価 六四〇〇円

近世ハンガリー農村社会の研究
―宗教と社会秩序―
飯尾唯紀著
A5判・二三四頁
定価 五〇〇〇円

〈北海道大学スラブ研究センター スラブ・ユーラシア叢書9〉
ポスト社会主義期の政治と経済
―旧ソ連・中東欧の比較―
林忠行
仙石学 編著
A5判・三六二頁
定価 三八〇〇円

複数のヨーロッパ
―欧州統合史のフロンティア―
遠藤乾
板橋拓己 編著
A5判・三六〇頁
定価 三二〇〇円

ロシア帝国の膨張と統合
―ポスト・ビザンツ空間としてのベッサラビア―
志田恭子著
A5判・二九八頁
定価 三二〇〇円

〈定価は消費税を含まず〉